本专著获江苏省高校哲学社会科学研究项目
"新时代江苏省学龄前儿童身体素养干预机制和路径研究"
（23SJYB1398）出版资助

强势开端

3-6岁
儿童身体素养之旅

陶小娟　著

上海人民出版社

序言

谨以此学术专著，献给我的父亲。

静坐在苏州市姑苏区东环路 50 号——苏州大学东校区体育学博士后流动站科研工作所在地——凌云楼 14 楼的办公室，不远处传来东吴桥另一头——天赐庄校区钟楼的整点报时钟声。这一刻，已是我博士毕业后的第三年，面对着电脑上这本我人生中的第一部学术专著——《强势开端：3—6 岁儿童身体素养之旅》的"序言"，脑海中不禁如放电影般回想起 2016—2022 年于华东师范大学（闵行）体育与健康学院的读博生涯，点点滴滴的艰辛，终生难忘！之所以萌生将博士学位论文《中国学龄前儿童身体素养体系的理论构建与实践探索》作为学术专著出版的想法，得益于一次与博士后流动站合作导师陶玉流教授面谈中的启发和指引，随即兴奋地决定把这 6 年读博期间最重要的研究成果进行系统整理、修订并出版为学术专著，2024 年 10 月就这一选题与多家出版社联系，最终与上海人民出版达成一致出版意向，希望这部专著的出版能供相关同行或幼儿园一线教师对"身体素养"展开进一步的理论研究和教学实践，随后我便开始了对我人生第一部学术专著的修订、完善的旅程。

诚然，《强势开端：3—6 岁儿童身体素养之旅》的主体内容源自我的博士论文，然而，博士论文的形成却几经波折——2018 年 9 月 8 日，作为中美联培博士生在获得国家留学基金委（CSC）的录用通知并办理好一系列出国手续后，也就是在出国学习的前一天、在母校华东师范大学体育与健康学院院长季浏教授的主持下，我以"幼儿体育与健康核心素养"作为研究主题和师兄李兴盈、张李强一起完成了由国内多位"重量级"学术大咖担任开题专家的学术开题报告。随后，我带着对美国这个国度的好奇进入俄亥俄州立大学 SKIP 儿童早期动作学习与发展实验室，因为需要全身心投入导师杰姬·古德韦（Jackie Goodway）"动作发展"的研究主题，这一选题被暂时搁浅。时隔 2 年即 2020 年年初，我从美国回国，届时国内"身体素养"比"核心素养"的研究热潮更甚，鲜有学者将其引介到学龄前阶段进行系统研究，学龄前阶段的"身体素养"究竟是什么？如何定义？如何针对学龄前儿童展开"身体素养干预和教学"？当时尚未出现"第一个吃螃蟹的人"。于是，与导师汪晓赞教授见面讨论后，导师决定将我出国前的"幼儿体育与健康核心素养研究"改为"学龄前儿童身体素养"，两者无论从起源、内涵、提出者等考量都大相径庭。因此，从本质上来说，这一"命题论文"对于我前期的研究积累是一次全新的挑战！回国后，我不得不从头开始着手研究。随后在经过文献查阅和研究过程中的多次修改后，最后题目演化为"中国学龄前儿童身体素养体系的理论构建与实践探索"，即这本专著的核心内容所在。

基于这样的研究背景，聚焦"幼儿体育"研究领域耕耘 4 年的我，在后续 2 年的研究生涯中对"3—6 岁儿童身体素养体系"进行了相对系统的研究。因为当时国内鲜有可供参考的先前研究经验，所以，查阅大量的国外资料就成了我前期研究的重要工作，研究发现：在全球范围，超重、肥胖、动作发展迟缓等健康问题趋向低龄化，电子屏幕时间过长导致的身体活动不足和久坐行为是造成这一趋势的重要决定因素。"身体素养"作为身体活动促进与健康促进的新概念，是统领当前国际体育教育改革的最新顶层设计和重点研究领域。英国、加拿大、美国、澳大利亚、丹麦等体育发达国家已将这一视点引入学龄前儿童研究领域，而我国与此相关的深入、系统研究却较为鲜见。学龄前（3—6 岁）儿童处于全生命周期发展的和理解力、体育参与 4 个要素构成，构成要素之间紧密相连，互相融通，作为身体素养的四大基石，在整体上共同促进个体身体素养的发展，是构建我国学龄前儿童身体素养体系的重要前提。

第三，学龄前儿童身体素养体系是由 4 个维度指标、15 个一级指标、48 个二级指标构成，对我国学龄前儿童身体素养的发展具有理论与实践的指导价值。

第四，研发的身体素养课程方案以学龄前儿童身体素养作为顶层设计，其框架结构包括"理论基础"→"预期学习产出"→"发展适宜和序列化的学习活动"→"独特的任务结构"→"课程中对师生行为的期望"→"教师的 CK 专长"→"学习成果的评估：课程评价"以及"测量课程实施保真度的机制"等 8 个环节，并遵循热身游戏→站点 1→站点 2→移动性动作技能的"赛一赛"→结束的课程结构。这与当前我国"中国健康体育课程模式"中"运动技能学习＋体能练习""勤练、常赛"的元素保持一致，体现中国本土化体育课程的色彩，符合儿童身心发展特点和幼儿园教学实际。

第五，研发的身体素养课程方案的内容体系包括运动技能、体能、学科融合内容以及中国传统节庆日元素等主体内容，与 2022 年版我国义务教育阶段体育与健康课程标准中的课程内容元素保持高度契合，有效实现体育课程的"幼小衔接"。

第六，学龄前儿童身体素养方案的课堂试用打通了"身体素养体系构建→课程方案开发→课程方案实践应用→体系指标的初步测评"这一一体化的体系实践路径，实现了学龄前儿童身体素养体系的落地，是对学龄前儿童身体素养体系课程化应用的积极尝试和对身体素养实证研究的有益探索。

第七，学龄前儿童身体素养课程方案的开发和实施为幼儿园注入新的儿童培育理念，在为幼儿园一线教师等利益相关方提供儿童身体素养干预载体的同时，也对其身体素养和专业能力提出全新挑战。

强势开端：3—6 岁儿童身体素养之旅

在这部以我的名字为独立作者出版的学术著作即将付梓之际，作为扎根"学龄前儿童身体素养"这一研究视点数载的青年学者，无疑是十分欣喜的！这一成果的取得是过往无数个夜以继日苦心钻研的结晶，科研的冷板凳曾一度让我感受到自己时常像是在大海中迷失方向、不得不不断挣扎的煎熬，抑或是独自在孤岛上生存的无助和恐慌感，这些体会更让我真真切切地体会到科研道路上前进的不易！好在当我在撰写这段文字之时，一切都已成为过去！我谨希望以上学术研究成果对于推进我国学龄前儿童身体素养的学术研究和教学实践产生积极影响，进而为中国培养具备高身体素养的学龄前儿童提供理论与实践的些许指引，使中国当下及未来学龄前儿童能以强势开端为生命全周期的"身体素养之旅"奠定坚实的身体、认知、情感、体育参与的基础！此刻，当我再次审视这份研究工作的形成过程并对这本书稿进行修订和校对时，最让我觉得值得高兴的是，这一路充斥了艰辛和苦难，但是我无疑是非常幸运的，幸运的是能够先后师从潘绍伟老师、汪晓赞老师、杰姬·古德韦老师、李卫东老师、陶玉流老师等国内外体育领域的一流专家，他们卓著的专业能力和科研水平令我十分钦佩，对于我的学术之路产生了十分关键的影响。同时在"学龄前儿童身体素养"整个研究过程中亦能有幸参照赵富学教授"核心素养体系构建与实践"的研究路径进行学龄前儿童身体素养体系的构建与实践研究。从选题确定到初稿形成，再到 W 团队吴世军、郝艳丽、杨燕国、陈君、李兴盈、陈美媛、徐勤萍等诸位同门的反复审读修改之后，我终于能在 2022 年 7 月 9 日下午正式参与答辩并获得博士学位。当然，最让我刻骨铭心的是，在整个论文写作的最关键之年却恰逢我最爱的父亲身患重病亟须我陪他四处求医、在病床前照料之年，为了不耽误我的研究和写作进度，父亲在疫情肆虐的情况下几度瞒着我他的病情、坚持在老家养病不让我分心，直到他生命的最后时刻……可以不夸张地说，这部专著凝聚了他用自己生命的托举换来我今后人生的光明，为我赢得了毕业前夕的那些宝贵而异常紧张的时光！这份人间真情和恩情我此生都难以回报，也终将成为令我泪目的卡点！如今，在这部专著即将出版之年，已是父亲离开的第三年！同时，也是我毕业工作后的第三年，它出版前后恰逢苏州大学体育专业建立 100 周年，在有幸见证这一历史荣光时刻之际，冥冥之中也算是我作为苏州大学体育人的一份学术"献礼"！每当我走在古朴的天赐庄校区，穿过"东吴大学门"，走过钟楼前的大草坪，都有一种与这座百年名校的历史同行感，年华流转，弦歌不断，学者心不变，师者魂永恒！古今交汇，代代赓续，希望新的百年，我能与苏州大学体育学院一起向新而行！我也诚挚地祈望：无论从各个角度，这部专著都能恰好成为一份特别的礼物，是世界赠予我的，亦是我赠予世界的。

2024 年 11 月

陶小娟

于苏州大学天赐庄东区凌云楼

体育学博士后办公室

目录
CONTENTS

第一章 导　论

2022 年北京冬季奥林匹克运动会开幕式主题短片中，一个个身着滑雪装备、在雪地上悠然滑行的学龄前儿童所展现出来的运动技能给全世界留下震撼的一幕，而这些运动技能正是身体素养的完美展现。在"向未来"的时代，我国若要获得全民体育的深化发展并成为真正的世界体育强国，在国民全生命周期发展开端的阶段，激发其运动潜能，培养其身体素养，对于其发展与识字、算术一样重要[①]。身体素养作为世界范围公共卫生和体育教育领域最热门的研究视点之一[②]，引起全球高度且广泛关注[③]。在新冠病毒疫情（COVID-19）全球性大流行的背景下，身体素养也恰恰是帮助学龄前儿童应对身体免疫力挑战，保持希望、做到平安、健康、快乐的途径之一[④]。学龄前儿童身体素养是国际体育教育领域前沿且重要的研

---

① Tyler R., Mannello M., Mattingley R., Roberts, C., Sage R., Taylor S. R., Ward M., Williams S., Stratton G. Results from Wales' 2016 Report Card on Physical Activity for Children and Youth: Is Walse Turning the Tide on Children's Inactivity? *Journal of Activity ＆ Health*, 2016, 13: S330—S336.

② 张恩华、李红娟、张柳、桂春燕：《身体素养：概念、测评与价值》，《首都体育学院学报》2021 年第 3 期。

③ Huang Y., Sum K. W. R., Yang Y. J., et al. Measurements of Older Adults' Physical Competence under the Concept of Physical Literacy: A Scoping Review. *Int J Environ Res Public Health*, 2020, 17 (18): 65—70.

④ WHO. New storybook to help children stay hopeful during COVID-19—Resource for parents, teachers and health professionals follows hugely successful first edition. [2021-09-24]. https://www.who.int/news/item/24-09-2021-new-storybook-to-help-children-stay-hopeful-during-covid-19.

究视点，也是解决学龄前儿童肥胖、动作发展迟缓、社会交往障碍等非传染性健康问题的新思路、新方法。我国这一领域尚存在研究缺口，国家对于学龄前儿童身体素养政策的发展和推行亟须加强。鉴于此，为弥合我国新时代背景下学龄前儿童身体素养研究与国际发达国家的差距，本研究试图放眼国际视野，立足本土实际，聚焦学龄前儿童身体素养体系的构建与应用，展开系统的探索性研究——探索学龄前儿童身体素养的国际趋势及我国身体素养实践中产生的若干盲点，探讨直面基于学龄前儿童身体素养体系的研究挑战，勾画我国新时代第一代具备身体素养的新型人才形象，规约幼儿园和家庭学龄前体育教育活动的方向、内容及标准，并提供基于身体素养的幼儿游戏课程化应用，帮助幼儿园一线教师在"身体素养—课程标准—单元设计—学习评价"这一紧密相连的链环中聚焦"身体素养"展开运作，开启我国身体素养在学前阶段的课程化应用指引。

本章是学龄前儿童身体素养体系构建研究相关"问题域"的开端，主要包括研究的缘起、研究目的与意义、概念界定、研究设计与框架等四节内容，系统阐释了本研究的逻辑起点、研究的问题与价值旨归、研究的关键词、研究思路及研究路径等，从而在理论上应答了"为什么要进行本研究？""本研究是什么？"及"怎样进行本研究？"这三个学术研究的元问题，进而为整个研究框架提供必要的理论铺垫。

第一节　研究的缘起

一、全球应对非传染性健康问题低龄化的新思路

"身体素养"由 1993 年英国现象学学者玛格丽特·怀特海德（Margaret Whitehead）提出，是近年来国际体育主流认可并向全世界推行的重要理念①。"身体素养"之所以能获得世界范围的迅速流传和广泛关注，其根本

---

① 任海：《身体素养：一个统领当代体育改革与发展的理念》，《体育科学》2018 年第 38 期。

原因是它能针对当今人类社会难以应付的健康危机提出新的应对思路。在21世纪的今天，由于手机、平板电脑等电子产品过早进入学龄前儿童的生活而导致其长时间地沉迷屏幕时间；城市化进程的加速、高楼大厦对城市空间的不断占用而导致的运动游戏和身体活动的安全空间不断减少①；专业的体育课程在幼儿园的广泛缺失而导致学龄前儿童基本动作技能（FMS）发展迟缓、协调性差、肌肉力量不足等恶果，严重阻碍当下的学龄前儿童运动能力、大脑执行功能、社会交往、行为习惯等方面的正常发展。随之而来的是肥胖、近视等非传染性健康问题低龄化现象的日益严重。关于儿童肥胖症的事实，世界卫生组织（WHO）发布的官方数据显示，发展中国家拥有国际上绝大多数的超重或肥胖婴幼儿（0—5岁），倘若此趋势继续蔓延，到2025年，在世界范围，超重婴幼儿的人数将达7 000万，若不进行干预，这部分人群在儿童期乃至青少年时期以及成年期可能继续肥胖②。2018年8月日本早稻田大学前桥明教授指出，在日本全国，学龄前儿童的身体活动量呈现剧减的倾向——保育园5岁的孩子，从上午9点到下午4点的步行数自1985—1987年的12 000步锐减到2000年以来的5 000步，并且回家后男孩、女孩排在第一位的活动分别是看电视、影像和画画，久坐行为正在成为学龄前儿童一种生活方式，威胁着其健康发展。2018年我国发表的《体育蓝皮书》指出，中国目前一个尚未引起足够重视的问题正在日益凸显——学龄前儿童参与身体活动的时间、质量普遍不足，肥胖率、近视率等指标持续攀升，我国已成为全球学龄前儿童肥胖和超重率最严重的国家之一③。

纵观当前国际发展现状，学龄前儿童的身心健康问题已引起全球的高

---

① Goodway J. D. SKIPing Toward an Active Start: The Importance of Promoting Physical Literacy in the Early Years. *Crane Center for Early Childhood Research & Policy of The Ohio State University*, 2019.

② 陶小娟、汪晓赞、Goodway J. D.，等：《3—6岁儿童早期运动游戏干预课程设计研究——基于SKIP的研究证据》，《北京体育大学学报》2021年第2期。

③ 慈鑫：《肥胖率、近视率不断攀升——我国幼儿体质状况恶化亟待关注》，《中国青年报》2018年8月13日。

度关注。在全球范围，肥胖、超重、动作发展广泛性延迟等非传染性健康问题日益呈现低龄化流行趋势[1]，预防肥胖、身体活动不足等慢性疾病在学龄前阶段蔓延已经成为全球公共卫生的重点。研究发现，针对学龄前儿童的早期干预行动能够有效地改变其行为，降低成年期超重的概率[2]，面对当前全球性肥胖、动作发展广泛性延迟等非传染性健康问题趋向低龄化的不良现象，"身体素养"的价值和意义重大[3]。学龄前儿童处于身体素养之旅的开端，是整个身体素养之旅的奠基阶段，也是身体素养发展的重要窗口期。如整个生命周期中身体素养不理想，应给予提升身体素养的干预措施。因此，未来的研究应不再仅仅关注身体活动或身体健康，而应涵盖身体素养的所有组成部分[4]，即身体素养干预是解决儿童肥胖症大流行问题的新思路。

二、当前国际体育教育研究的新潮流和新视点

"身体素养"这一新兴理念一经提出便受到全球学者的"热捧"并逐渐获得国际体育教育从业者的广泛关注和认可。在过去 20 余年里，人们对身体活动和体育教育的研究十分活跃，这使人们更加了解两者的重要性以及如何促进它们的发展[5]。作为当前国际体育教育领域颇具顶层设计意义的研究视点，身体素养对于人的全生命周期的身体活动至关重要。尽管人们已经非常重视促进儿童、青少年和成年人身体活动的重要性，但是还不知道如何在整个生命周期提高持续的身体活动水平。人们往往没有考虑到

---

① 陶小娟、汪晓赞、Goodway J. D.，等：《3—6 岁儿童早期运动游戏干预课程设计研究——基于 SKIP 的研究证据》，《北京体育大学学报》2021 年第 2 期。

② 奕阳教育：《OECD 发布〈强势开端 2017：早期教育发展关键指标〉报告》，https://www.sohu.com/a/164720481_154345，2017 年 8 月 15 日。

③ 陶小娟、汪晓赞、Jacqueline D. Goodway、范庆磊、张健、陈君：《3—6 岁儿童早期运动游戏干预课程设计研究——基于 SKIP 的研究证据》，《北京体育大学学报》2021 年第 2 期。

④ Patricia E. L., Mark S. T. Top 10 Research Questions Related to Physical Literacy. *Research Quarterly for Exercise and Sport*, 2016, 87 (1): 28—35.

⑤ Allan, V., Turnnidge, J., & Côté, J. (2017) Evaluating approaches to physical literacy through the lens of positive youth development. *Quest*, 69, 515—530.

动作技能能力（Motor Skill Competence，MSC）在身体活动的启动、维持或衰退中所起的动态和协同作用，以及这种作用如何随着时间的推移而改变。目前"身体素养"的研究主要局限于体育课堂环境中的儿童和青少年，少数人测量、评估研究成年人及老年人的身体素养[①]，但对于"学龄前儿童身体素养"的研究却被忽视[②]，这与"身体素养"学术创始人玛格丽特·怀特海德提出"身体素养"这一理念的初衷之一——"加强学龄前儿童动作发展"[③]形成鲜明对比。斯托登（Stodden）等人通过创建"儿童运动能力和身体活动发展轨迹"（Development mechanisms influencing physical activity trajectories of children）的概念假设模型，揭示动作技能能力（MSC）的发展是促进身体活动的主要潜在机制[④]，将动作技能能力引入"身体素养"研究者的视野[⑤]。动作技能能力低下，则身体素养便无从谈起，而学龄前儿童身体素养体系的构建和应用研究的介入将在很大程度上发展学龄前儿童身体能力即动作技能能力并辐射性地带动情感、认知、行为等方面的发展，缓解当前儿童早期身体素养发展的困境。加拿大身体素养研究小组发现，早年支持身体素养发展能增加身体活动的潜力。考虑到对学龄前儿童活动水平低和肥胖流行的担忧，了解和发展早年身体素养很重要[⑥]。

虽然近年来在国际范围内的"身体素养"研究逐渐进入学前教育领域，对于学龄前儿童身体素养理论与实践研究正在悄然兴起，但是相关系统的研究却较为鲜见。因此，"学龄前儿童身体素养"研究是当下国际

---

① Edward S. J. C., Bryant A. S., Keegan R. J., et al., "Measuring" Physical Literacy and Related Constructs: A Systematic Review of Empirical Findings. *Sports Med*, 2018, 48: 659—682.

②⑥ Cairney J., Clark H. J., James M. E., et al. The Preschool Physical Literacy Assessment Tool: Testing a New Physical Literacy Tool for the Early Years. *Frontiers in Pediatrics*, 2018, 6.

③ Ibid., 6: 1—9.

④ Stodden D. F., Goodway J. D., Langendorfer S. J. A Developmental Perspective on the Role of Motor Skill Competence in Physical Activity: An Emergent Relationship. *Quest*, 2008, 60, 290—306.

⑤ 顾亮、孙洪涛、张强峰：《国际身体素养研究的现状、演变和趋势——基于WOS数据库的可视化分析》，《西安体育学院学报》2020年第3期。

身体素养研究的主攻方向之一，也必将在未来一段时间内成为我国学界研究学龄前儿童健康促进"场域"的新热点和新方向。为参与这一学术前沿的对话，追逐国际体育教育改革浪潮，我国需要紧密关注这一国际研究的新视点。因此，面对这一国际崭新课题，本研究将着重为本国学龄前儿童的健康成长和全面发展寻找一个适切的、符合国际发展趋向的着力点。

三、我国新一代国民健康和高阶发展的迫切需求

早在近代，我国教育家及体育事业先驱张伯苓先生面对"军事救国"梦灭转向"教育救国"后就曾提出"强国必先强种，强种必先强身"的"体育强国"思想，对于新时代的中国仍然具有深远的现实意义。党的十九大报告提出"幼有所育"的重大民生问题，明确提出要"办好学前教育"。2021年，国务院发布《中国儿童发展纲要》，坚持"儿童优先"原则，助推儿童健康发展。多项重磅文件接踵颁布，关注学龄前儿童的发展是我国的战略选择，也是新时代赋予学前教育从业者的共同使命和担当[1]。学龄前儿童的身体素养是我国体育发展的基础所在，国民成年阶段面临的大量健康问题，其根源在学龄前儿童阶段。因此，培育学龄前儿童的身体素养是治本。身体素养理念与倡导"在生活中学习"的学龄前儿童教育理念不谋而合。21世纪之初，学前教育受到人们的广泛关注，这与人们对脑研究的新发现以及对学龄前儿童潜能开发的新认识，也与世界各国政府着眼于通过学前教育的途径有效地解决社会关注的问题有关联[2]。在新的历史百年的新起点，在体育教育领域，中国正在大力倡导"健康中国"和"体育强国"，在此背景之下亟须加快学龄前儿童体育教育的精细化发展步伐，学龄前儿童体育教育应该肩负培养学生身心发展的历史使命和时代责

---

① 孙鸿：《"上海学前教育年会开幕式暨主旨报告"在11月10日举行》，https://j.eastday.com/p/1636616316047891，2021年11月11日。

② 朱家雄：《让儿童的学习看得见——给学习与集体学习中的儿童》，华东师范大学出版社2007年版。

任，充分发挥体育培育学龄前儿童身体、认知、情感、行为等全面发展的学科价值和功能，为我国新一代学龄前儿童的健康成长和"高阶"发展奠定全生命周期发展之初的关键基础。

作为儿童数量位居世界第二的人口大国[①]，学龄前儿童身体活动不足、低龄化蔓延、基本动作技能（Fundamental Motor Skill，FMS）发展迟缓[②]等问题成为我国不容忽视的社会问题。学龄前儿童是成人的基质[③]，处于个体生命全周期的开端，是建立健康行为并参与身体素养，实现社交、情感健康（Social, and emotional wellbeing，SEWB）提升和认知技能（CS）相关的早期发展领域的关键期，如何从其基本动作技能发展着手，为学龄前儿童开发科学、适宜的身体素养指标体系，切实为我国新一代公民的健康成长、全面以及高阶发展提供动力引擎是新时代学龄前儿童利益攸关方共同肩负的历史使命和时代责任。令人震撼的是，最近的国际研究表明，许多学龄前儿童没有达到适当的身体素养标准[④]。作为儿童人口大国，在2030年之前我国对于学龄前儿童的投资将远超世界其他发展中国家，而我国学龄前儿童的身体素养水平、基本动作水平远没有达到国际标准。那么，学龄前儿童身体素养具体包含哪些元素？如何系统地发展身体素养？在学龄前儿童身体发展的敏感期应从哪些方面着手对其实施身体素养的干预？这一系列问题是摆在我国学者面前的现实且亟须解决的重要问题。我国对于"身体素养之旅"（Physical Literacy Journey）的理解有限，研究数据主要限于稳定环境中的学龄儿童[⑤]，身体素养干预研究成果尚未出现，

---

① 中国新闻网：《中国儿童数量位居世界第二位 将建设100个儿童友好城市》，http://www.chinanews.com/gn/2021/10-21/9591283.shtml，2021年10月21日。

② 汪晓赞：《上海市政府幼儿体育成果专报》，2020；刁玉翠：《济南市3—10岁儿童运动技能比较研究》，《山东体育科技》2013年第3期；李静、刁玉翠：《3—10岁儿童基本动作技能发展比较研究》，《中国体育科技》2013年第3期。

③ 叶澜：《深化儿童发展与学校改革的关系研究》，《中国教育学刊》2018年第5期，卷首语。

④ Usher T., Wayne. Analysing an Early Child Care Physical Literacy Program: A National (Australia) Rugby League Initiative. *Physical Literacy in Early Year*, 2018, 9 (2): 36—45.

⑤ Patricia E. L., Mark S. T. Top 10 Research Questions Related to Physical Literacy. *Research Quarterly for Exercise and Sport*, 2016, 87 (1): 28—35.

其本质原因是我国学龄前儿童身体素养是什么的问题没有得到根本解决。所以，如何进行干预的问题自然被"束之高阁"，从而与发达国家相比，身体素养干预的实践相对滞后，这就无形中对我国"体育强国梦""强国必先强种"的目标造成消极影响。我国学者在厘清"身体素养"概念、意蕴之后，如何将"身体素养"从研究阶段推进到实践操作层面，即如何跨越"身体素养"从理念层面走向干预层面的鸿沟，为广大一线教师、家长揭开学龄前儿童身体素养的"神秘面纱"，提供学龄前儿童身体素养的内容体系，进而使得孩子真正从中受益，实现体育强国"强种"的目的，这是本研究思考的逻辑起点。

第二节　研究目的与意义

一、研究目的

针对我国幼儿园对学龄前儿童身体素养发展忽视的现实短板和国际学术界对"身体素养"的概念界定尚无定论而导致的"学龄前儿童身体素养"无法尽快介入教学实践的尴尬局面，本研究试图通过对"学龄前儿童身体素养"概念的本土化界定，系统探察我国学龄前儿童身体素养体系的构成要素，并基于多种理论系统构建我国学龄前儿童身体素养体系并据此开展实证研究，旨在勾画我国第一代具备身体素养的学龄前儿童的新形象，以此规约广大一线幼儿园教师、家长、社会早教机构、学前教育决策层等利益攸关方培育儿童身体素养的目标、内容及方法。一方面为利益攸关方提供学龄前儿童身体素养干预的理论与实践依据。同时，帮助学龄前儿童在其人生发展的早期阶段重视并进行身体素养的培养和提升，促使我国学龄前儿童在生长发育的敏感期及时开启"身体素养之旅"并获得身体素养的养成机会，进而积极有效地为我国培育具备身体素养的学龄前儿童提供科学指引，使其无论是从个人发展历程层面抑或从民族未来兴盛层面，都能以强健的身体迎接人生开端，这是本研究根本的价值旨归。另一方面，也希望通过对研究问题的深层次思考，从真正意义上促进"学龄前儿童身体素养"研究的中国化，从而推动我国"学龄前儿童身体素养研究"保持与世界同步发展。

二、研究意义

身体素养贯穿人的全生命周期，学龄前儿童身体素养是玛格丽特·怀特海德提出的"身体素养之旅"的第一站，这一阶段儿童的身体素养研究是当前国际前沿性研究视点，仅见于英国、加拿大、美国、澳大利亚等发达国家的政府报告或非政府组织的相关文件中，相关的实证研究也并不多见。在全球肥胖、身体活动不足、社交障碍等健康问题渐趋低龄化的背景下，本研究是我国儿童早期阶段身体素养本土化研究的开端，针对这一阶段儿童的身体素养体系进行系统性研究具有重要的学术价值和实践意义，主要可以阐释为以下四个方面：

（一）有利于实现国际身体素养概念的本土转化

"身体素养"一词起源于英国，将这一国际化的先进理念引入中国不能仅靠简单的"拿来主义"，更好地推动其中国化是我国学者亟须关注的重要研究视点。近年来这一理念受到各个国家的认可——英国、加拿大、美国、澳大利亚等发达国家已经将之作为国家政策并引入学前阶段的课程，进行身体素养的课程转化。基于此，本研究试图通过对这一学术概念的系统化研究，促成这一国际概念在中国的"落地生根"。"身体素养"的全球化学术研究，也提供了中国学龄前儿童身体素养发展的方案，助推它的全球化和本土化发展。在国际"身体素养"尚无明确、统一定义的背景下，本研究以"学龄前儿童身体素养"的界定为起点，为我国学龄前儿童制定一个新的定义和框架。同时，本研究的完成将实现"学龄前儿童身体素养"概念内涵及其体系的中国化，开启我国学龄前儿童阶段的身体素养系统化研究，将在很大程度上实现我国"学龄前儿童身体素养指标体系"研究从无到有的突破，促进这一研究融入国际前沿性的研究领域，推动我国幼儿体育研究参与国际学术对话，为世界学龄前儿童身体素养发展发出中国声音。

（二）有利于推动我国身体素养发展的学前化

世界学前教育组织（OMEP）和中国学前教育研究会提出，"让每个儿童享有人生高质量的良好开端"是全球共识①。学龄前儿童处于人类生命历程的开端，这一阶段身体素养的发展对于终身体育的发展具有重要的奠基作用。换言之，良好的身体素养是人类个体在人生发展的早期阶段获得强健体魄、参与到未来国际竞争的重要基础。展望国际体育教育研究，身体素养研究已经成为一个被高度关注的热点领域，并被各发达国家接受和付诸实践。但针对的对象多为基础教育阶段的儿童青少年、大学生及其家长、幼儿园教师等，对于学龄前儿童身体素养研究的理论与实践却较为鲜见，折射出对学前阶段儿童身体素养发展的忽视现象。从整个身体素养之旅的不同发展阶段划分来看，本研究将目标锁定在学前阶段，紧扣学龄前儿童身体素养发展的"窗口期"，构建符合学龄前儿童的身心发展特点、动作发展规律、科学合理的身体素养指标体系，这对于中国幼儿体育教育发展意义重大，同时也恰恰弥补了国内目前这一研究领域的不足和缺失。作为勾连身体素养这一上层理念与一线实践操作之间的重要桥梁，本研究最终成果的取得将直接惠及学龄前儿童多方面发展，让他们在生活中更加活跃、愿意参与运动，以强势开端赢在人生发展的早期，在横向和纵向上促进中国学龄前儿童的身心健康、全面和谐发展，为其未来成为健康公民打下最坚实、最根本的基础。同时，帮助我国幼儿园一线教师、家长、园长等利益相关方理解这一年龄段儿童身体素养的实质内容，为身体素养发展提供理念引领、"营养"补给及实践操作指南。

---

① 庞丽娟、夏婧：《国际学前教育发展战略：普及、公平与高质量》，《教育学报》2013 年第 3 期。

（三）有利于落实新时代国民身体素养发展的战略需求

2017 年，"中国特色社会主义进入新时代"①，"幼儿体育"是国家新近战略中的重点名词——《体育强国建设纲要》提出"推进幼儿体育发展"②；《"健康中国 2030"规划纲要》提出要"强化对生命不同阶段主要健康问题及影响因素的有效干预，惠及全人群、覆盖全生命周期"③……国家在政策上颁布了越来越多的利好政策，充分体现我国领导人积极参与全球儿童健康治理以履行对联合国的承诺，践行对年幼国民"健康福祉"社会契约的重要举措。学龄前儿童身体素养指标体系的构建和应用研究，是落实"体育强国"和"健康中国 2030"等国家战略，重点关注学龄前儿童这一人群健康相关政策的突出体现。同时，本研究以学龄前儿童的健康为引擎带动全民健康的重要保障，为促进我国学龄前儿童身体素养的提升提供理论与实践参考，为培养我国未来健康、高阶的时代新人打下基础。

（四）有利于提供应对学龄前儿童健康危机的中国方案

身体素养是解决身体活动不足、久坐等非传染性健康问题的新型路径。在学龄前儿童肥胖、超重现象日趋流行的时代背景下，立足我国本体化的研究环境，对这一阶段儿童的身体素养体系构建与实践展开研究，有助于为学龄前儿童提供应对健康危机的解决方案。联合国儿童基金会（UNICEF）发布的《中国儿童人口状况——实施与数据》显示：中国儿童人口位居世界第二，占世界儿童人口的 12.9%④。在我国国内，2018 年全国幼稚园在园人数 4 960 万，从 2016 年 1 月 1 日国家施行二胎政策并迎来了新一轮新生潮，但两年后，我国人口数量出现"拐点"，人口出现负增

---

① 人民网：《关于十九大，你必须知道的关键词》，http://cpc.people.com.cn/19th/n1/2017/1018/c414305-29595155.html，2017 年 10 月 18 日。

② 中华人民共和国中央人民政府、国务院办公厅：《关于印发体育强国建设纲要的通知》（国办发〔2019〕40 号），http://www.gov.cn/zhengce/content/2019-09/02/content_5426485.htm，2019 年 8 月 10 日。

③ 中华人民共和国中央人民政府、中共中央国务院：《"健康中国 2030"规划纲要》，http://www.gov.cn/zhengce/2016-10/25/content_5124174.htm，2016 年 10 月 25 日。

④ 联合国儿童基金会：《2015 年中国儿童人口状况：数据与事实》，http://www.unicef.cn/cn/index.php?a=show&c=index&catid=226&id=4242&m=content。

长和"少子化"倾向，2020 年学前教育适龄人口超过 1.26 亿①。而本研究的价值恰恰在于为提高学龄前儿童人口的身体素养从而提高我国人口质量提供理论参考。整体上，我国是世界儿童人口大国，中国儿童的身体素养在很大程度上影响着全球儿童的健康发展态势。本研究旨在把握学龄前儿童身体素养课程化实践研究的先机，实现理论走向实践，将"身体素养"这一国际先进理念切实落脚到我国学龄前儿童日常体育课程中，支持我国创设学龄前儿童积极、活跃、健康的环境，确保为所有学龄前儿童发展身体素养，提供更多运动和更少久坐的机会。同时，对构建的体系展开深入的幼儿园课程化实证和应用，切实解决学龄前儿童身体活动不足、久坐不动的生活方式及其全面发展提供新的应对思路和方案，以创新性的研究成果助力我国新一代公民身体素养高质量的发展，进而为应对国际儿童的健康危机提供中国方案。

第三节　概念界定

概念分析被认为是探索概念属性和提供概念澄清的有效研究方法②，对于"学龄前儿童"、"身体素养"、"学龄前儿童身体素养"三个核心概念的界定和阐释，是本研究的一个重要视点，也是划定研究范畴、明确区分本研究与其他研究的重要操作，而"学龄前儿童身体素养"概念和内涵的重新审视，是构建我国学龄前儿童身体素养体系的基础与前提。玛格丽特·怀特海德认为身体素养必须注重个体文化差异和各国实际发展状况，其在各国的实践过程中也具有动态化、差异化和非线性特点③。因此，本

---

① 凤凰财经：《中国 0—6 岁孩子身体活动指南》，http://finance.ifeng.com/a/20180427/16218033_0.shtml。

② Lisa Y., Justen O. C. & Laura A. Physical literacy: a concept analysis. *Sport, Education and Society*, 2020，25：8，946—959。

③ 颜亮、孙洪涛、张强峰、申宝磊：《多元与包容：身体素养理念的国际发展与启示》，《武汉体育学院学报》2021 年第 8 期。

研究对"学龄前儿童"、"身体素养"、"学龄前儿童身体素养"、"身体素养体系"四个核心概念展开研究。首先,横向上从国外、国内的视角分别对"身体素养"、"学龄前儿童"两个基础概念的定义进行考察和审视,纵向上进行"身体素养"、"学龄前儿童"相关概念的辨析。其次,在此基础上对"学龄前儿童身体素养"这一概念和内涵进行分析和阐释,试图为我国学龄前儿童身体素养的理论发展与创新提供有益的借鉴,也为身体素养在我国的本土化实践作出创新性探索。

一、身体素养

"身体素养"(Physical Literacy)一词最早出现在 1938 年美国的《健康与体育教育杂志》刊登的文章中,旨在讨论公立学校应该为学生的身体素养和心理素养负责[①]。这一名词在学术研究领域的起源,最早由英国学者玛格丽特·怀特海德 1993 年在国际女性体育教育与运动大会上提出[②]并在西方普遍使用。对于这一外来词汇的中国化界定和阐释是探索我国学龄前儿童身体素养指标体系的重要前提。

(一)国外对"身体素养"概念的界定

对于"身体素养"这一概念,国际身体素养协会(IPLA)2017 年给出的最新定义是:身体素养可以被描述为动机、信心、身体能力、知识和理解,以重视和承担终身从事身体活动的责任。英国、澳大利亚、比利时、德国、意大利、新西兰等跨学科学术研究团体学者鲁德(Rudd)、克罗蒂(Crotti)、巴迪德(Bardid)等采用了 2010 年怀特海德和 2019 年凯尔尼(Cairney)等人的概念,认为身体素养可以理解为儿童的运动能力

① UNESCO. Quality Physical Education——Guidelines for Policy Makers,2015:24.张旋、段少楼、张旭:《国外青少年身体素养培育研究——以英、美、澳、加为例》,《中国青少年社会科学》2021 年第 1 期。

② Whitehead M. The Concept of Physical Literacy. *Eur J Phys Edu*,2001,6(2):127—138.

（身体），动机和信心（情感），知识和理解（认知）以及他们的环境之间的具体关系，塑造了运动和持续的身体活动行为①。目前国际上比较认可的是由怀特海德提出并被2013年成立的专门的身体素养国际性组织——国际身体素养协会（International Physical Literacy Association）采用的概念，即"身体素养是为了生活而重视和承担参与身体活动的责任所需要的动机、信心、身体能力及知识与理解"②，按照构成维度"身体素养"可分为：身体域、行为域、情感域和认知域③。可以看出，怀特海德对身体素养概念的研究为后续身体素养的研究奠定了重要的基础。值得称赞的是，许多团体在为身体素养而团结起来，而且在机构间的定义和合作方面似乎正在形成越来越多的共识④。谢拉尔（Shearer）等人通过专家确定的7个国际身体素养倡议的领先组织考察了国际上对于身体素养的各种定义和诠释（见表1-1)⑤。

表1-1　身体素养的国际定义

研究团体	起源国	参考、网页链接	身体素养定义
国际身体素养协会（IPLA）	英国（英格兰）	IPLA（2017）https://www.physical-literacy.org.uk/	可以被描述为动机、信心、身体能力、知识和理解，以珍视和承担终身身体活动的责任
威尔士运动（Sport Wales）	英国（威尔士）	Sport Wales（2017）http://physicalliteracy.sportwales.org.uk/en/	等于身体技能＋自信＋动机＋大量的机会

---

① Rudd J. R., Crotti M., Davies K. F., et al. Skill Acquisition Methods Fostering Physical Literacy in Early-Physical Education (SAMPLE-PE)：Rationale and Study Protocol for a Cluster Randomized Controlled Trial in 5-6-Year-Old Children From Deprived Areas of North West England. *Front. Psychol*, 2020，(76)：112—115.

② 陈思同、刘阳：《加拿大体育素养测评研究与启示》，《体育科学》2016年第3期。

③ Longmuir P. E., Boyer C., Lloyd M., et al. The Canadian assessment of physical literacy：Methods for children in grades 4 to 6 (8 to 12 years). *BMC Public Health*, 2015，15 (1)：767—778.

④ 布鲁斯·韦克斯勒、董进霞：《幼儿体育文摘》2018年第1期。

⑤ Shearer C., Knowles Z. R., Boddy L. M., et al. How is physical literacy defined? A contemporary update. *Journal of Teaching in Physical Education*，37 (3)：237—245.

（续表）

研究团体	起源国	参考、网页链接	身体素养定义
加拿大体育与健康教育（PHE）	加拿大（蒙特利尔）	PHE Canada（2017）http://www.phecanada.ca/programs/physical-literacy/what-physical-literacy	有身体素养的人能在多种环境下进行各种各样的身体活动，有利于整个人的健康发展
加拿大终身体育（CS4L）	加拿大（多伦多）	CS4L（2017）http://sportforlife.ca/qualitysport/physical-literacy/	是终身身体活动的动力、信心、体能、知识、价值观和责任心
健康与体育教育者协会（SHAPE）	美国	Mandigo et al.（2012）http://www.shapeamerica.org/events/physicalliteracy.cfm	指在多种环境中进行有利于全民健康发展的各种身体活动时，能够保持信心
新西兰运动（Sport New Zealand）	新西兰	Sport New Zealand（2015）http://sportnz.org.nz/about-us/who-we-are/what-were-working-towards/physical-literacy-approach	参加者所需要的动机、信心、体能、知识和理解力，使他们能够重视和承担终身从事体力活动和运动的责任
澳大利亚运动委员会	澳大利亚	Australian Sports Commission（2017）http://ausport.gov.au/physical_literacy	四个定义性陈述：1.核心、过程：终身在运动和身体活动环境中的整体性习得和应用。2.组成部分/结构：反映正在发生的变化，这些变化包括身体的、情感的、认知的和社会能力。3.重要性：通过运动和身体活动帮助我们过健康和充实的生活是至关重要的。4.结果：能够利用他们综合的身体、情感、认知和社交能力来支持促进健康、实现运动和身体活动——相对于他们的情况和环境

（二）国内对"身体素养"概念的界定

首先，我国对"Physical Literacy"一词的翻译比较混乱，主要有"体能认知""体育素养""身体素养"三种译法，为方便表述，本文统一使用"身体素养"进行阐释。其次，在我国，身体素养被理解为"体育的文化水平"[①]。起初，这一概念在我国并不统一，甚至存在分歧，当前我国对于身

——————————

① 赖天德：《试论素质教育与学校体育改革》（下），《中国学校体育》1998 年第 1 期。

体素养的概念的研究已经相对比较深入。陈思同、刘阳等对"Physical Literacy"翻译成"体育素养"，而任海等则认为"Physical Literacy"翻译成"体能认知""体育素养"是对原义的偏离①，应译为"身体素养"，在这一概念的界定上更加趋同国际观点。李英心亦认为，身体素养是体育的文化水平②。余智则认为，身体素养是基于遗传素质，并且通过个体体育教育与后天环境的积极影响获得的，是一种综合修养③。杨献南和鹿志海认为，"身体素养是指个体对身体文化和精神文化内在追求的综合性文化塑造"④。李永华认为，身体和精神是身体素养主要的两个重要体现，身体包括体质和运动能力等，而精神则包括体育品德、意识等⑤。吴文峰认为，身体素养，指体育修养，是一种体育能力和涵养，包括体育理论、体育知识和体育思想等⑥。从目前来看，国内学者对于"身体素养"的概念界定还相对比较单一、宏观、不够精确。

（三）身体素养、核心素养、健康素养概念辨析

在我国的研究语境下，与我国倡导的"核心素养"的概念相比，同样作为外来词汇，"核心素养"对应的词根为"Competencies"，由"关键能力"衍生而来，译为"能力"较为合适⑦；而"身体素养"的词根为"Literacy"，指的是一种平素的修为涵养，意思不同，不应混为一谈。应注意不能因我们将这两个英文均译为"素养"，就认为它们是一个东西。同时，从溯源上看，两者的起源主体也不尽相同，核心素养是由经合组织（OECD）发起，身体素养是由怀特海德提出。此外，另一个学术热词"健

---

① 任海：《身体素养：一个统领当代体育改革与发展的理念》，《体育科学》2018年第3期。

② 李英心：《对高校学生体育素养培养的探讨》，《贵州体育科技》1995年第4期。

③ 余智：《体育素养概念研究》，《浙江体育科学》2005年第1期。

④ 杨献南、鹿志海：《形式逻辑视角下的体育素养概念辨析》，《南京体育学院学报》2015年第29期。

⑤ 李永华、张波：《学校体育的使命：论体育素养及其提升途径》，《南京体育学院学报（社会科学版）》2011年第4期。

⑥ 吴文峰、王鑫等：《大学生体育素养培养体系研究》，《中国青年政治学院学报》2014年第1期。

⑦ 任海：《身体素养：一个统领当代体育　改革与发展的理念》2018年第3期。

康素养"起源于20世纪90年代,在内涵上更倾向于临床医学和公共卫生两个研究方向,强调的是内在的"知—信—行"①,两者的学术研究着眼点也存在差异。因此,身体素养与核心素养、健康素养在概念上并不一致。

综合以上国际学者对于"身体素养"的界定以及"身体素养"与其他相关概念之间差异的分析,本研究认为:首先,在翻译上,"身体素养"应凸显"Physical Literacy"的具身性特点,同时保持与国内"身体活动"(PA)这一关键词的主流翻译的一致性,本研究选择将"Physical Literacy"翻译成"身体素养";其次,关于其概念,应与国际学术主流接轨,尊崇国际普遍认可的解释定义作为源概念。故本研究将统一使用"身体素养"的规范表述,将其界定为:个体在不同环境之下进行身体活动所呈现出来的动机和信心、身体能力、知识和理解力等综合的修习涵养。

二、学龄前儿童

(一)国外对"学龄前儿童"的界定

学龄前儿童,顾名思义即未达到入学年龄的儿童②,其对应的英文在专业学术领域主要是"Preschool Child""Preschooler""Early Childhood"或者"Young Children",国际文献中对其皆有使用。其中,Childhood(童年)作为专业术语,在2019年加拿大最新颁布的身体素养文件 *Long-term Development in Sport and Physical Activity* 3.0③(《运动和身体活动的长期发展3.0》)中阐释为:通常跨越婴儿期的结束——第一个生日——到青春期的开始,其特点是生长和成熟过程相对稳定,认知和运动发育进展迅速。它通常分为儿童早期(包括1到5岁的学龄前儿童)、儿童中期(6到8、9岁的)以及儿童后期(8、9岁到青春期开始)。可以看出,

---

① 王芹、齐书春、周曰智:《生命历程视野下青少年体育健康素养研究》,《山东体育学院学报》2015年第4期。

② 黄松:《美术教学对学龄前儿童语言表达能力的作用研究》,沈阳师范大学2019年硕士学位论文。

③ Sport for Life. Long-term Development in Sport and Physical Activity 3.0, https://sportforlife.ca/physical-literacy/.

国外文献中的"学龄前儿童"对应的是1—5岁的儿童。

（二）国内对"学龄前儿童"的界定

在体育研究领域，学龄前儿童由于主要与幼儿体育研究相伴相生，故使用"幼儿"或"3—6岁幼儿"较多，而在学前教育研究领域，其研究水平相对成熟，与国际相比趋于一致，通常使用"Early Childhood"的翻译"儿童早期"或"学龄前儿童"的表述来指代这一研究对象。我国国家层面的相关政策中也逐渐将"儿童早期"指代以往的"幼儿"进行使用，保持与国际统称的一致性，例如国家卫生健康委员会最新发布的《健康儿童行动计划（2021—2025年）》中"儿童早期"这个词就多次出现，但在提及加强儿童运动指导行动时，采用了"学龄前儿童"指代"3—6岁儿童"[1]。在我国，学龄前儿童一般是0—6岁。在心理学中涉及的儿童，其年龄跨度为从出生到18岁。对"学龄前儿童"的界定，从狭义上来说，是指3—6岁在幼儿园学习和生活的儿童，从广义上来说，是指0—6岁的儿童，包括婴幼儿时期（0—3岁）和幼儿期（3—6岁）的儿童[2]。基于此，为了能够凸显与学龄儿童的差异性和特异性，同时体现本研究的"中国化"，本研究选择使用"学龄前儿童"。全文统一使用"学龄前儿童"统一指代上述其他对3—6岁儿童这一人群的称谓。

（三）学龄前儿童、学前教育、幼儿教育概念辨析

本研究还涉及与学龄前儿童紧密相关的几个概念，因为整个研究需要基于这些概念作为语言环境进行研究，因此，有必要对这些概念进行澄清。首先，对于学前教育，我国学者一般认为，学前教育是指对学龄前儿童进行的教育，即从出生至进入小学前的儿童进行的教育。《义务教育法》第十一条指出："凡年满六周岁的儿童，其父母或者其他法定监护人应当送气入学接受并完成义务教育；条件不具备的地区的儿童，可以推

---

[1] 国家卫生健康委员会妇幼健康司：《关于印发健康儿童行动计划（2021—2025年）的通知》（国卫妇幼发〔2021〕33号），http://www.gov.cn/zhengce/zhengceku/2021-11/05/content_5649019.htm，2021年11月5日。

[2] 华炜：《学前儿童心理健康教育》，中国人民大学出版社2015年版。

迟到七周岁。"①在我国，由于大多数儿童都在 6 周岁或者 7 周岁进入小学接受义务教育，因此，从年龄上讲，我国的学前教育主要指对从出生至 6 周岁或 7 周岁以前的儿童进行的教育②。其次，幼儿教育主要是指对 3—6 岁儿童进行的教育。再次，早期教育主要是指对从出生至 8 周岁儿童进行的教育。因此，在学前教育专业学科教材《学前教育概论》中认为，学前教育概念的外延要比婴儿教育、幼儿教育要大，它涵盖这两个概念。同时，学前教育这个概念的外延又要比早期教育要小，早期教育除了包含学前教育以外，还包含对小学低年级儿童进行的教育③。从国际上来看，各国对学龄前儿童的年龄界定也不尽相同，一般为 2—5 岁，而中国儿童学龄前儿童一般是指 3—6 岁前的儿童④。因此，本研究遵循国内的年龄范围，选择以 3—6 岁年龄段的儿童进行研究。

三、学龄前儿童身体素养

学龄前儿童的生长发育处于人生发展的开端，这一特殊性直接决定了其在身体、认知、情感、行为等领域的发展尚不成熟，这一年龄段人群的身体素养与儿童中期、后期以及青少年、成年阶段人群的身体素养存在本质上的区别。因此，在开创性地定义和界定学龄前儿童身体素养的概念时，需要尤为慎重并且应该根据这一发展阶段的身心发展特点、动作发展规律等元素进行界定。国外关于儿童早期身体素养的研究表明——所有年龄段的孩子都通过积极的游戏来学习，可以通过多种方式进行积极的游戏，包括成人主导或自由游戏，室内或室外，团体、双人或单独。积极的游戏可以提高孩子的运动技能和自信心⑤，游戏是学龄前儿童的主要学习

---

① 《中华人民共和国主席令》（第 52 号），中华人民共和国中央人民政府，http://www.gov.cn/ziliao/flfg/2006-06/30/content_323302.htm，2006 年 6 月 29 日。

②③ 李生兰：《21 世纪学前教育专业规划教材——学前教育概论》，北京大学出版社 2017 年版。

④ 吴忠观：《人口科学辞典》，西南财经大学出版社 1997 年版。

⑤ Healthy Families B. C. *Physical Literacy in the Early Years*，https://www.healthyfamiliesbc.ca/home/blog/physical-literacy-early-years，2018 年 8 月 28 日。

载体和身体发展媒介。加拿大皇家山大学幼儿身体素养研究团队 2016 年提出，学龄前儿童身体素养的概念是指：孩子从运动技能（Skills in move-ment）发展中获得的动力、自信和能力①。这一界定强调儿童获取身体素养的途径——"运动技能"和获取身体素养的结果——"动力、自信和能力"，在整体上体现了学龄前儿童身体素养概念的简洁性，是国际上为数不多的对"学龄前儿童身体素养"概念进行研究的重要观点。

鉴于以上对"身体素养"和"学龄前儿童"的界定基础，以及相关概念界定，参考加拿大皇家山大学幼儿身体素养研究团队 2016 年重要界定，本研究试图以"基本动作技能""初步具备"等用词充分体现学龄前儿童的身心发展特点；以"体育参与"而非"终身体育参与"区别于青少年儿童身体素养的用词；在遵循"身体素养"这一概念本源包含的四大核心内容，充分关照学龄前儿童年龄特点，以"适应当下乃至未来的健康挑战"来凸显这一概念的可持续化和动态发展性。同时，在对其身体素养进行界定时，试图保留国际身体素养协会（IPLA）既定概念中的"身体活动"，认为这一重要元素的纳入可以扩展 3—6 岁儿童以"运动游戏"参与为主的课内体育运动的界限，也能使这一概念的外延将以课内为主的体育活动外延充分拓展为课外的身体活动。因此，将"学龄前儿童身体素养"的操作性定义界定为：3—6 岁阶段的儿童为适应当下乃至未来的健康挑战，通过以基本动作技能为主的身体活动参与，初步具备基本的动机和信心、身体能力、知识和理解力以及体育参与的能力等综合的修习教养。

四、身体素养体系

体系是一个系统，一个有"生命"的组织系统②。指标体系是一个目标体系，由若干子目标与总体目标构成目标体系。身体素养体系本质上是

---

① Clark D, Ogden J. K., et al. *Preschool Physical Literacy Curriculum Framework*，2016.
② 高书国：《教育指标体系——大数据时代的战略工具》，北京师范大学出版社集团 2016 年版，第 80 页。

指标体系，其框架包括有三个层次的含义：一是价值框架；二是逻辑框架；三是结构框架。高书国认为，指标体系是一个"生命体"，用一个形象的比喻则会更加生动：价值体系是灵，逻辑体系是筋，架构框架是骨，具体的指标是肉，鲜活的数据是指标体系中流动的血液[①]。有鉴于此，依据指标体系的这一界定，学龄前儿童身体素养体系是指以学龄前儿童身体素养为价值指向，由维度指标、一级指标以及二级指标等三个逻辑层级构成的指标结构系统。从论文研究的内容看，将围绕这一体系的结构框架及各级结构中的指标展开系统研究。

第四节　研究设计与框架

一、研究思路

着眼于当前我国儿童身体活动不足、基本动作技能发展迟缓、近视眼低龄化问题，从时下国际流行体育教育研究领域前沿研究视点——身体素养出发，聚焦学龄前儿童身体素养展开研究。首先，遵循学龄前儿童的身心发展特点和动作发展规律，围绕"学龄前儿童身体素养是什么？"相关问题域，立足学前教育学、体育学、教育学等多学科研究视野和理论基础，通过文献梳理和分析国内外学龄前儿童身体素养的框架，深入探索我国学龄前儿童身体素养的概念、内涵、结构、指标等体系元素。其次，通过实证探索，开发具备科学性、创新性、合理性及系统性的中国本土化的学龄前儿童身体素养指标体系，为我国学龄前儿童身体素养养成提供针对性、专业性的参考和依据。最后，依据构建的学龄前儿童身体素养体系进行相关的课程方案设计及应用的实践探索。研究以期引领国内学龄前儿童身体素养的研究和培育，为我国学龄前儿童利益相关方进行学龄前儿童身

---

① 高书国：《教育指标体系——大数据时代的战略工具》，北京师范大学出版社集团 2016 年版，第 80 页。

体素养培育提供科学、合理的理论基础与实践指南。

二、研究内容

围绕学龄前儿童身体素养指标体系的构建和实证问题，主要从"为什么要构建学龄前儿童身体素养体系""学龄前儿童身体素养体系究竟是什么？""身体素养体系又该如何落地"这样三个宏观内容展开深入的思考和研究，进而在整体上应答"如何推动中国学龄前儿童身体素养的本土化？"问题，旨在回答以下七个方面的相关子问题：

第一，为什么要研究学龄前儿童身体素养体系？即为什么身体素养对于学龄前儿童如此重要？

第二，学龄前儿童身体素养是什么？与青少年阶段的身体素养有何区别？有何特点？

第三，国外学龄前儿童身体素养研究进展如何？具体框架是什么样的？对于我国学龄前儿童身体素养体系的构建与应用的启示如何？

第四，我国学龄前儿童身体素养指标体系应该包含哪些元素或指标？

第五，我国学龄前儿童身体素养体系指标元素应该如何架构？

第六，我国学龄前儿童身体素养体系如何落地化应用？

第七，我国学龄前儿童身体素养体系未来研究走向如何预判？

通过对以上七个方面不同学术问题的发问与思考，拟将整个研究体系分为七个章节解决上述问题：

第一章　导论

第二章　国际学龄前儿童身体素养的研究进展

第三章　学龄前儿童身体素养体系研究的理论基础

第四章　学龄前儿童身体素养体系的理论构建研究

第五章　学龄前儿童身体素养体系课程化的方案设计研究

第六章　学龄前儿童身体素养体系的实践探索研究

第七章　研究总结与展望

三、研究方法

（一）文献研究法

对华东师范大学图书馆、美国俄亥俄州州立大学图书馆电子资源数据库以及国际身体素养协会、加拿大 Sport for Life 等相关官方网站进行文献检索，同时，利用我在 2018 年 9 月至 2020 年 1 月为期 16 个月赴美国俄亥俄州立大学博士联培期间，搜集国内有关身体素养尤其是学龄前儿童身体素养的研究课本、图书资料，了解这一研究领域国内外最新信息和资料，为掌握学龄前儿童的国际研究进展奠定知识基础。

（二）问卷调查法

围绕"学龄前儿童身体素养体系构建的探索性研究"这一主题，以身体素养研究领域和学前教育领域等相关领域的专家进行问卷调查，咨询身体素养研究的方向、最前沿的研究进展、研究路径等具体内容，为展开学龄前儿童身体素养研究提供智库支持。此外，还对"学龄前儿童身体素养"的要素进行问卷咨询，以了解专家对于相关要素的认知，为本研究体系的构建提供支持。

（三）专家访谈法

利用赴美国俄亥俄州立大学（The Ohio State University，OSU）参加博士联培的宝贵机会，在聆听外导杰姬·古德韦（Dr. Jackie Goodway）教授关于学龄前儿童身体素养课程的同时，与其进行了多次关于英国威尔士儿童早期身体素养研究的深入访谈，以把握身体素养以及以身体素养为导向的学龄前儿童课程教学实践的最新国际进展。此外，通过对国内身体素养、学校体育专家的访谈，了解其对学龄前儿童身体素养要素、体系构建和课程方案设计研究的看法。

（四）焦点小组法

焦点小组法是调查研究方法之一，目的是通过和小组成员的交谈或讨论，以获取讨论者对于研究主题的看法[①]。聚焦"学龄前儿童身体素养体

[①] 百度百科：焦点小组法，https://baike.baidu.com/item/焦点小组?6523450?fr＝Aladdin。

系构建的探索性研究"这一研究的主题和关键技术，邀请 4 位专家对"学龄前儿童身体素养体系如何构建?""学龄前儿童身体素养与其他学段儿童乃至成人的身体素养有何区别?""如何实现学龄前儿童身体素养体系的落地化处理?"等主题展开半结构式（即预先设定部分问题）讨论，倾听专家、从业者对学龄前儿童身体素养及其体系构建与应用问题的真知灼见，试图在讨论中获得意想不到的研究思路和发现。

（五）德尔菲法

通过德尔菲法，有目的地在全国范围选取体育学科、跨学科专家 37 人组建德尔菲专家组，采用背对背的通信方式（E-Mail，微信，Tencent-Meeting 等）征询各领域专家对我国学龄前儿童身体素养应包含的内容及指标的建议。对每一轮反馈进行精心设计，每次调查反馈、反思都会反映到下一轮次，每一阶段调查都是由同一专家组成员①，经过 2—3 轮征询（见图 1-1），使身体素养研究专家小组的建议趋于集中以达成集体共识，最终确定我国学龄前儿童身体素养体系的指标。

（六）层次分析法

在第三轮德尔菲专家意见征询问卷中，根据两轮次专家意见征询所确定的学龄前儿童身体素养体系进行层次分析表格形式将维度指标、一级指标、二级指标这样三级指标体系进行分解，要求专家分别对维度指标、一级指标、二级指标进行两两比较，确定两个指标之间的相对重要性。最后运用 SPSS U 软件计算指标体系每一个层级指标的相对权重，从而进行权重的赋值。

（七）数理统计法

基于统计学的原理与方法，对德尔菲专家意见征询问卷调查的第一轮、第二轮、第三轮收集的数据进行了 SPSS 统计和分析，同时，对于围绕身体素养课程方案进行的课堂观测所收集到的数据进行 SPSS24.0 的数理统计与分析，完成整个研究过程中各项数据的量化分析。

---

① 李博、任晨儿、刘阳：《辨证与厘清：体育科学研究中"德尔菲法"应用存在的问题及程序规范》，《体育科学》2021 年第 1 期。

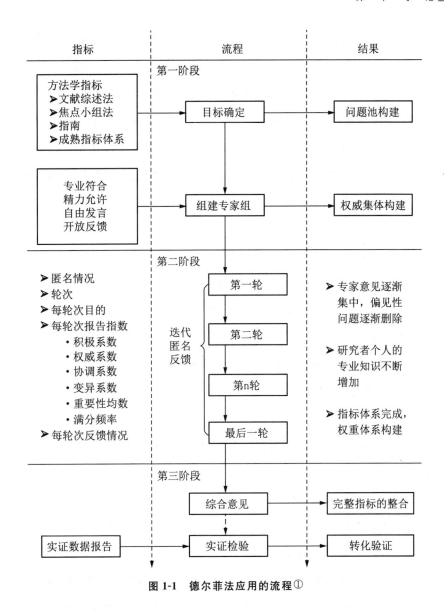

图 1-1 德尔菲法应用的流程①

四、研究框架

通过对研究内容框架的展开，试图对学龄前儿童身体素养体系这一研

---

① 李博、任晨儿、刘阳：《辨证与厘清：体育科学研究中"德尔菲法"应用存在的问题及程序规范》，《体育科学》2021 年第 1 期。

究域展开系统、深入的研究。整体上，遵循的主线为：背景介绍—问题的提出—概念辨析—国际研究进展—中国行动—理论基础—体系构建—基于体系的课程方案开发—基于体系的课程方案实践探索研究—研究总结与建议，理论结合实践，国际与中国互动，理念与实证融通，很好地阐释和解构了中国学龄前儿童身体素养的内涵与意蕴，并以此设计和筛选指标建构中国版学龄前儿童身体素养体系，并最终实现学龄前儿童身体素养体系课程化应用的探索性研究。

五、技术路线

围绕"学龄前儿童身体素养体系构建"这一核心内容，从学龄前儿童身体素养内涵的厘清和构成要素的萃取开始，先后经过初步构建指标体系，体系指标的三轮德尔菲专家意见征询，指标权重赋值，设计基于体系的课程应用方案以及课程方案的课堂观察和体系的测评等技术层面的研究程序。学龄前儿童身体素养体系构建的探索性研究技术路线具体操作如下：

第一步，厘清"学龄前儿童身体素养"的内涵与构成要素（文献资料法、调查法）

第二步，初步构建指标体系（文献资料法、专家访谈法）；

第三步，指标体系第一轮专家意见征询（组建专家组，向专家第一轮征询问卷并讲明填写细则和返回时间）；

第四步，收集数据＋数理统计（收取第一轮问卷并进行数据分析）；

第五步，指标体系专家意见征询（反馈专家第一轮统计信息、发放第二轮专家意见征询问卷）；

第六步，收集数据＋数理统计（收取第二轮问卷并进行数据分析）；

第七步，指标体系第三轮权重意见征询（根据第二轮统计结果，请专家继续对各个权重指标赋值）；

第八步，收回问卷＋数据统计＋指标体系建成（收回问卷并进行数理统计，指标体系最终建成）；

第九步，设计体系应用方案（基于建成的身体素养体系，设计幼儿园体育课程方案）；

第十步，基于身体素养体系的课程方案的课堂观察＋测评实证（进行身体素养体系的课程化实践，收集数据，结论性反思并向幼儿园提供测评反馈报告）。

第二章　国际学龄前儿童身体素养的研究进展

本章主要从"身体素养"的起源开始，系统梳理并评述该领域国际已有的研究脉络与研究内容，全方位勾画国际视角下"身体素养"发展和研究成果的图景，深度剖析各国学龄前儿童身体素养发展研究的突出特点及先进经验，以为我国"学龄前儿童身体素养体系"的构建和实践探索提供最前沿的国际借鉴。整体而言，旨在回答"国际相关组织和发达国家对于学龄前儿童身体素养的发展与推行作了哪些努力""国际学术界围绕学龄前儿童身体素养都进行了哪些研究"以及"这些研究对于本研究的启示如何"三重问题。

第一节　国际学龄前儿童身体素养的发展与推行概述

"身体素养"的概念源自西方，遵循"由外而内"的顺序对国外、国内"身体素养"，尤其是"学龄前儿童身体素养"的相关研究进展进行全方位的考察和梳理，试图站在前人研究的肩膀上一览当前这一研究领域的"全景"，为我国"学龄前儿童身体素养体系"的构建奠定文献基础。基于此，本节从"学龄前儿童身体素养"的发展脉络、国际组织及各发达国家的相关政策及行动推行展开文献研究，梳理并阐述目前国际"身体素养"、"学龄前儿童身体素养"的发展现状。换言之，遵循"由外而内"的顺序、以国际视角考察英国、加拿大、美国、澳大利亚、丹麦及中国等六国四洲的学龄前儿童身体素养发展现状、研究进展并基于此展开中国镜鉴思考，旨在回答世界对于学龄前儿童身体素养的发展与推行作了哪些努力？国际学龄前儿童身体素养研究动态如何？及这些发展现状和研究动态对于新时代中国的镜鉴如何？三重问题，为我国学龄前儿童身体素养的研究奠定文献基础。

一、学龄前儿童身体素养的发展脉络

（一）国外学龄前儿童身体素养的发展脉络

"身体素养"（Physical Literacy）一词的起源目前被世界所推崇和公认的是 1993 年"身体素养之母"玛格丽特·怀特海德在澳大利亚墨尔本举行的国际女童和妇女大会上首次提出①，2001 年，怀特海德发表了 *The Concept of Physical Literacy* 一文②，简要介绍儿童早期身体素养的研究发现，并基于存在主义和现象学背景、从特定的哲学角度思考"身体素养"概念的组成，对"身体素养"理念进行探讨，讨论分为三部分：第一部分简要介绍儿童早期身体素养研究的发现。第二部分提出一个可以界定"身体素养"概念的背景，并利用这一背景来讨论这一概念的组成部分，该研究是基于存在主义和现象学的背景下进行的，是从一个特定的哲学角度来考虑"身体素养"的概念。随后分别在 2008 年、2011 年及 2013 年召开三次学术会议，推动"身体素养"这一理念不断向前发展（见图 2-1）——其中，2008 年第一次会议在贝德福德郡大学举行，随后在拉夫堡、普利茅斯、坎特伯雷和德比郡举办研讨会；2011 年的第二次会议重点讨论学龄前儿童及小学生的身体素养发展；2013 年的第三次会议依然在贝德福德郡大学会议中心举行，但关注到中学阶段的身体素养，同时，还讨论决定成立国际身

---

① IPLA. "Choosing Physical Activity for Life", https://www.physical-literacy.org.uk/about/?v=0f177369a3b7.

② Whitehead M. The Concept of Physical Literacy, *Eur J Phys Edu*, 2001, 6 (2): 127—138.

体素养协会（IPLA）。2010 年，怀特海德在其专著《身体素养：贯穿一生》（*Physical Literacy：Throughout the Lifecourse*）中再次修正"身体素养"的概念。2013 年的会议上讨论中学阶段身体素养的发展并正式成立国际身体素养协会（International Physical Literacy Association，IPLA），随后"身体素养"理念引起各国各领域学者的广泛重视并得以在全球迅猛发展。2017 年英国发布《儿童早期身体素养框架》（*Early Years Physical Literacy Framework*），对 0—60 个月的儿童身体素养发展进行全面、系统的规划①，这一框架明确培养所有孩子身体素养的理念，身体素养进入学龄前儿童教育阶段。2019 年美国体育教育权威期刊《体育教学期刊》（*Journal of Teaching in Physical Education*）开设专刊发表 10 篇"身体素养"专题研究成果，在美国乃至国际体育教育界引起轰动，对此上海体育学院国际期刊《运动与健康科学》（*Journal of Sport and Health Science*）也随之迅速进行"身体素养"的专题研究报道②。"身体素养"研究一时间引起全世界学者的广泛关注和"热捧"，促使其成为统领全球体育教育改革与发展、国际体育教育不容忽视的一个前沿性研究视点，为各领域研究者重视。

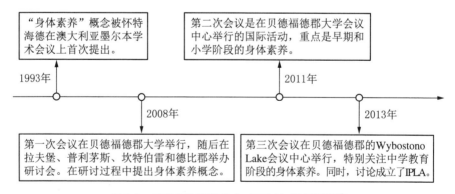

图 2-1　国际身体素养协会（IPLA）发展历程③

---

①　Youth Sport Trust. *Early Years Physical Literacy Framework*，2017.

②　Chen A.，Sun H.信仰的飞跃：JSHS"体育素养"特刊（英文），*Journal of Sport and Health Science*，2015，4（02）：105—107＋212。

③　Whitehead M. Physical literacy//International Association of Physical Education and Sport for Girls and Women Congress，Melbourne，1993.

总之，"身体素养"这一理念从提出至今在国外学者相对频繁、深入的研究推动之下在全球获得繁荣发展，引起体育、卫生、教育等众多领域学者的广泛关注，并由指向儿童青少年阶段逐渐向学龄前儿童阶段方向发展。这一理念虽然尚未形成国际共识，且主流采用的是由怀特海德提出的观点，但这一主题的研究已成为统领全球体育教育改革与发展的顶层设计，儿童青少年身体素养测评悄然向学龄前儿童身体素养干预的专业化实践方向发展。

（二）国内学龄前儿童身体素养的发展脉络

在我国，早在1986年就出现了第一篇有关"身体素养"的研究成果——张承云、杨新泰的《加强体育教育　增强学生体质——浅谈中医系学生所必备的身体（体育）素养》①，这比国际公认的怀特海德提出的时间早7年，但这一成果只是使用了"身体（体育）素养"的概念，并未对其内涵做深入、详细的阐释。近40年来我国相关的研究成果一直稳步升高，2019年学术成果发表量达到了229篇的顶峰。我国学者以"身体素养"或"体育素养"作为主题词展开持续研究，围绕身体素养、体育教育等研究视点展开的相关研究成果层出不穷，截至2021年9月，通过中国知网"主题分布"的可视化软件分析中国"身体素养"的研究主题分布发现，当前"身体素养"主题的发文量占据绝对优势，成果的发文量一直处于较高的水平，成为我国体育学科研究领域的一个颇具前沿性的重要研究视点。其中，2018年任海教授在《体育科学》发表的研究成果——《身体素养：一个统领当代体育改革与发展的理念》②影响力最甚，引起国内学者的高度关注。但与学前阶段相关的"幼儿体育"和"幼儿体育教育"的专题研究仅占1.34％和1.68％，共计3.02％，相对处于弱势。

"身体素养"已逐渐成为我国各项国家政策中的关键词，伴随着2021

---

① 主题："身体素养"检索，中国知网，https://kns.cnki.net/kns/brief/result.aspx?dbprefix
=CJFQ.

② 任海：《身体素养：一个统领当代体育改革与发展的理念》，《体育科学》2018年第3期。

年上海市学生身体素养评价体系的发布及其在全上海市中小学的测评实施①，我国实现了身体素养从理论研究层面进入实践应用层面的跨越式发展。从生命全周期纵向维度上看，"身体素养从娃娃抓起"的理念也越发引起党和政府的高度关注，国家层面针对学龄前儿童身体素养制定并颁布一系列相关利好政策，为促进学龄前儿童的身心健康及全面发展提供积极的理念引领，创设了宽松的实践环境。与此同时，伴随着一系列身体素养研究主题的高质量研究成果的高密度发表，我国以"身体素养"为价值取向的儿童运动游戏干预课程方案的设计②研究崭露头角，学龄前儿童身体素养的研究呈现直线上升的趋势，与新加坡、苏格兰和印度进行的身体素养课程开发研究步调基本保持一致③。总体来看，我国对于"学龄前儿童身体素养"的系统研究还十分匮乏，聚焦"学龄前儿童身体素养"进行的国际研究综述尚未出现。

二、国际组织的身体素养发展和推行

各国顺应国际身体素养发展的潮流，积极在学前阶段实施"身体素养"的各项政策和项目，试图让国民在"身体素养之旅"的第一站就能获得这一理念的"滋养"。这里分析各国典型的项目或计划，试图呈现国际学龄前儿童身体素养发展的前沿图景。

（一）国际身体素养协会开启"身体素养"的发展

1993 年，国际身体素养协会（International Physical Literacy Association，IPLA）在英国注册成立。协会致力于在全球宣传和推广"身体素养"的理念，并继续发展"身体素养"的概念，同时开展各类学术讲座，积极

---

① 人民网：《达标！上海市学生身体素养评价体系发布》，http://sh.people.com.cn/n2/2021/0606/c134768-34763382.html，2021 年 6 月 6 日。

② 陶小娟、汪晓赞、Jacqueline、D. Goodway 等：《3—6 岁儿童早期运动游戏干预课程设计研究——基于 SKIP 的研究证据》，《北京体育大学学报》2021 年第 2 期。

③ Shearer C., Knowles Z. R., Boddy L. M., et al. How is physical literacy defined? A contemporary update. *Journal of Teaching in Physical Education*，2018，37（3）：237—245.

传播身体素养理念，鼓励研究活动以及将研究和学术活动应用于政策和实践。国际身体素养协会致力于促进和支持世界各地的社区采用和推广"身体素养"。它将使个人更加意识到促进每个人身体素养的重要性。国际身体素养协会将为每个人提供更广泛的包容性、目的性、参与性、相关性和有益的身体活动体验，它还将鼓励相关组织、政策制定者和政府官员在全球范围支持和促进社区内的身体素养发展。

（二）联合国教科文组织明确提出"身体素养"是体育教育的基础和结果

自 2002 年以来，"素养"进入了全球教育领域，以应对世界日益增加的复杂性和互联性，并引起强烈反响。随着联合国教科文组织优质体育教育（Quality Physical Education，QPE）（见图 2-2）的发布，"身体素养"

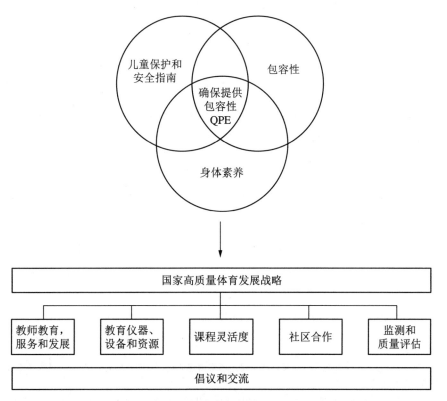

图 2-2　高质量体育教育框架

进入联合国教育文献政策制定者指南（Guidelines for Policy Makers）①，并明确提出：身体素养是体育教育的基础，它不是一个过程，而是任何结构化的体育教育的结果。

如图 2-2 所示，在优质体育教育框架中，"身体素养"与"儿童保护和安全指南"、"包容性"三个元素相互交融，共同构成"确保提供包容性 QPE"这一核心元素，成为指向"国家高质量体育发展战略"的顶层设计，而这一发展战略又由"教师教育，服务和发展"、"教育仪器、设备和资源"、"课程灵活度"、"社区合作"、"监测和质量评估"这 5 个综合元素构成。最终，这一战略在整个战略综合实施过程中进行积极的倡议和交流。

（三）世界卫生组织首次将"身体素养"纳入全球公共卫生身体活动计划

2018 年，世界卫生组织发布《全球身体活动行动计划 2018—2030》，该计划旨在促使各国政府和利益攸关方加强行动协作，以促进全世界人民的健康，改善健康公平，提升健康素养，建设一个更加积极活跃、健康的世界②。这一计划首次将"身体素养"纳入公共卫生领域全球性身体活动计划，世界卫生组织更明确地呼吁普及体育知识，为可持续发展目标作出贡献。该行动计划中的"行动 3.1"呼吁各国：加强为女孩和男孩提供高质量的体育教育机会、更积极的体验及积极的娱乐、运动和玩耍机会，重点是中等和高等教育机构，根据能力建立、加强终身健康和身体素养，促进学生享受和参与身体活动③。

（四）欧洲伊拉斯谟团体支持身体素养在不同环境中的发展

"终身身体素养项目"（Physical Literacy for Life）由欧洲伊拉斯谟

---

① UNESCO（2015）. Quality physical education（QPE）：Guidelines for policy-makers. Paris：UNESCO，https://en. unesco. org/inclusivepolicylab/sites/default/fles/learning/document/2017/1/231101E.pdf.

② 孔琳：《中国儿童青少年身体活动促进模式构建的理论与实证研究》，华东师范大学 2021 年博士学位论文。

③ Global action plan on physical activity 2018—2030：more active people for a healthier world. Geneva：World Health Organization；2018. Licence：CC BY-NC-SA 3.0 IGO.

（European Community Action Scheme for the Mobility of University Students，Erasmus＋）团体共同资助。该项目将"身体素养"的概念分解为"身体"、"心理"、"社交"、"认知"4个领域（见图 2-3），积极倡议在不同环境中宣传渗透与实际实施"身体素养"，促使决策者充分意识到"身体素养"对提升个人发展、卫生健康和社会就业等公共价值的关键能力，并充分考虑"身体素养"作为终身学习的影响因素，致力于使其成为欧洲人"体育教育"、"身体活动"和"运动终身学习之旅"的关键组成部分[①]。项目还架构了互补的合作伙伴组织关系，已有英国、法国、葡萄牙、瑞士和斯洛文尼亚5个欧盟成员国的教育和体育组织参与该项目，具体包括丹麦国际体育与文化协会、欧洲体育教育协会、国际身体素养协会、麦考瑞大学、里斯本大学、斯特拉斯堡大学、斯洛文尼亚体育联盟和UBAE[②]。该项目格外注重以不同的方式将学校作为提升身体素养、促进积极健康生活的最佳场所之一，并积极促成身体素养融入"国际学生评估

图 2-3　欧盟终身身体素养项目

---

①　Martins J.，Onofre M. S.，Repond R. M.，et al. Physical Literacy：A key competence for lifelong learning! The Erasmus＋Sport project sum up，2019.

②　Physical Literacy for Life. Physical Literacy for Life Partners，https://physical-literacy. isca.org/partners/.

计划（PISA）"在欧洲范围内进行定期评估，提供在不同环境中实际应用身体素养的工具（包括自我评估工具①）是该项目的目标之一。

三、英国学龄前儿童身体素养发展与推行

作为最早提出"身体素养"这一概念的国家，英国学龄前儿童身体素养的发展在国际上具有得天独厚的发展契机和优势，发展经验也相对丰富。以英国作为国际各国经验探索的研究起点国，首先从源头上探询英国学龄前儿童身体素养发展和推行的现状。

（一）《儿童早期身体素养框架》：为学龄前儿童提供具体的身体素养培养计划

自"身体素养"概念提出以来，英国是国际上推行学龄前儿童身体素养较早的国家。2013年，英国"青年体育信托基金会"（Youth Sport Trust）针对处于早期阶段的儿童实施"儿童早期身体素养发展计划 PLEY"（Physical Literacy for Early Years）（见图 2-4），围绕身体素养的发展，为学龄前儿童利益相关方创建了一套完整的培养资源，"儿童早期身体素养发展计划 PLEY"共包含"项目信息"、"伙伴关系"、"基于证据的资源"、"额外资源"、"培训"、"知识发展和交流"及"松散零件部分"等 7 个主题。其中"项目信息"主题作为招募战略的一部分，在项目开始之前已经分发给幼儿中心，教育工作者和政府顾问及父母，自己的孩子参加时，会获得一个验光仪，在整个项目过程中，向父母和儿童中心发送最新信息。"伙伴关系"主题则是指通过该项目，加拿大新斯科舍省（Nova Scotia）的不同大学、幼儿教育学院、许多早期学习中心等之间建立了伙伴关系。"基于证据的资源"主题提供了"身体素养的苹果模式"（Clark et al.，2017）以帮助受众及其相关方理解身体素养的概念。同时，向儿童中心分发"身体活动"资源（https://activeforlife.com/resources/and Canadian Public Health Association）。此外，一封额外的感谢邮件被发送到参与这项

---

① Assessment Tools，https://physical-literacy.isca.org/tools/.

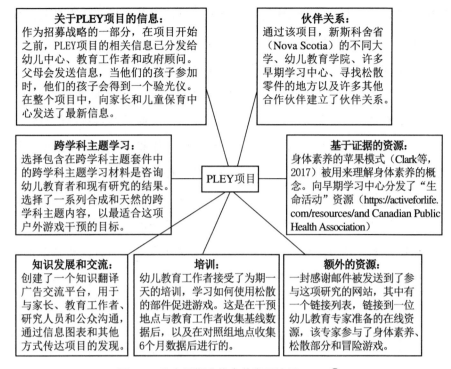

关于PLEY项目的信息：
作为招募战略的一部分，在项目开始之前，PLEY项目的相关信息已分发给幼儿中心、教育工作者和政府顾问。父母会发送信息，当他们的孩子参加时，他们的孩子会得到一个验光仪。在整个项目中，向家长和儿童保育中心发送了最新信息。

伙伴关系：
通过该项目，新斯科舍省（Nova Scotia）的不同大学、幼儿教育学院、许多早期学习中心、寻找松散零件的地方以及许多其他合作伙伴建立了伙伴关系。

跨学科主题学习：
选择包含在跨学科主题套件中的跨学科主题学习材料是咨询幼儿教育者和现有研究的结果。选择了一系列合成和天然的跨学科主题内容，以最适合这项户外游戏干预的目标。

PLEY项目

基于证据的资源：
身体素养的苹果模式（Clark等，2017）被用来理解身体素养的概念。向早期学习中心分发了"生命活动"资源（https://activeforlife.com/resources/and Canadian Public Health Association）

知识发展和交流：
创建了一个知识翻译广告交流平台，用于与家长、教育工作者、研究人员和公众沟通，通过信息图表和其他方式传达项目的发现。

培训：
幼儿教育工作者接受了为期一天的培训，学习如何使用松散的部件促进游戏。这是在干预地点与教育工作者收集基线数据后，以及在对照组地点收集6个月数据后进行的。

额外的资源：
一封感谢邮件被发送到了参与这项研究的网站，其中有一个链接列表，链接到一位幼儿教育专家准备的在线资源，该专家参与了身体素养、松散部分和冒险游戏。

图 2-4　儿童早期身体素养发展计划 PLEY①

研究的网站，其中有一个链接列表，链接到一位幼儿教育专家准备的在线资源，该专家参与身体素养和冒险游戏。项目将对学前教育工作进行为期一天的培训，帮助其学习如何使用跨学科学习知识包/跨学科学习材料促进游戏。这是在干预地点与教育工作者收集基线数据后，以及在对照组地点收集6个月的数据后进行的。"知识发展和交流"主题创建了一个知识翻译广告交流平台，用于与家长、教育工作者、研究人员和公众沟通，通过信息图表和其他方式传达项目的发现。"跨学科学习主题"选择包含在跨学科主题套件中的跨学科主题学习材料是咨询幼儿教育者和现已有研究的结果，选择一系列合成和天然的跨学科主题内容，以最适合这项户外干预

① Houser N. E., Cawley J., Kolen A. M., et al. A loose parts randomized controlled trial to promote active outdoor play in preschool-aged children: Physical Literacy in the Early Years（PLEY） project. *Methods and protocols*，2019，2（2）：27.

目标。整个"身体素养干预计划"集合了家园社等各个层面的力量共同发力以促进学龄前儿童身体素养的发展。

2017 年英国提出《儿童早期身体素养框架》(*Early Years Physical Literacy Framework*)（见图 2-5），将学龄前儿童身体素养培养划分为 0—11 个月、8—20 个月等不同的发展阶段，每一个阶段都有其对应的身体素养[①]。该框架提出，随着学龄前儿童不断获得身体能力，应该帮助他们增加运动词汇，扩展运动记忆并丰富运动质量，提出应该以儿童为中心的方法支持儿童提高身体素养。对于 30—50 个月的儿童，应该提供机会加强探索、创造和想象的能力，鼓励儿童通过增加运动词汇、发展运动记忆和丰富运动质量来提高身体能力。此外，还应该发挥成人、同龄人和兄弟姐妹的积极榜样作用，鼓励孩子多动少坐。

<table>
<tr><td>

30—40 个月

为加强探索、创造和想象的能力，提供儿童有机会：
- 单独，与成人和其他儿童一起尝试新活动、新运动以及不熟悉的玩具和设备，以增加运动词汇
- 学习遵循指示
- 增加出行方式（飞奔、跳跃和落地，滚动、攀爬）
- 重复和练习活动，以增强运动记忆
- 用手和脚操纵、平衡和控制物体（用手在身体周围传递，滚动，掉落和捡起、弹跳、踢球、瞄准和取回）与一系列物体
- 发展平衡和相关的平衡（在宽和窄的表面，低和高的表面，跳舞，攀登）
- 增加各种成人主导的促进正面、背面和水下游泳的水上游戏
- 通过音乐、故事、押韵增加各种动作和动作序列

</td><td>

50—60 个月

鼓励儿童通过增加运动词汇、发展运动记忆和丰富运动质量来提高身体能力：
- 平衡活动和平衡顺序（腿、脚、各种身体部位、倒置、静止和移动）
- 增加步行的速度和方向（跑步、跳绳、苏格兰跳、单脚跳）
- 积极的户外旅行（步行、骑平衡车、往返学校和户外区域）
- 物体操控和竞争活动（携带、滚动、推、转向、弹跳、投掷、传球、瞄准、踢、击球、接球）
- 探索新的运动和不熟悉的物体，和发展想象活动
- 用豆袋、气球、棍子和攀爬架等各种大小设备重复练习并提升技巧
- 成人主导的游泳和水管理活动
- 使用音乐、故事和押韵来创建复杂的动作和序列

</td></tr>
</table>

图 2-5　2017 年英国《儿童早期身体素养框架》[②]

---

① Houser N. E., Cawley J., Kolen A. M., et al. A loose parts randomized controlled trial to promote active outdoor play in preschool-aged children: Physical Literacy in the Early Years (PLEY) project. *Methods and protocols*, 2019, 2 (2): 27.

② Youth Sport Trust. Early Years Physical Literacy Framework, 2017: 3—5.

从内容上看，这一框架可以萃取的经验在于：第一，实现学前阶段身体素养发展的年龄细分即以"月龄"为单位；第二，明确学龄前儿童身体素养发展的"里程碑"及"学习遵循指示"，受众或利益相关方可以"有章可循"；第三，实现学科融合，譬如在发展身体能力的同时融入"运动词汇"的记忆，结合音乐、故事和押韵口令创建动作和序列等；第四，充分关照学龄前儿童认知等发展不完全的特点，强调利益相关方的榜样作用。

（二）"健康运动者计划"：强调家长对学龄前儿童身体素养培养的重要价值

"健康运动者计划"（The Healthy Movers Program）是由英国青年体育信任基金会发起的一项旨在培养2—5岁儿童的身体素养、自尊和幸福感的干预策略，以帮助获得更好的生活开端。该计划通过资源配置和培训的形式提供给相关从业人员和家长，让他们带领儿童进行居家运动，强调家长参与对学龄前儿童身体素养培养的影响[1]。"健康运动者计划"在学龄前儿童中是一个备受推崇的项目。所有参与者在为2—5岁的儿童提供身体发育和身体活动方面都感到更加自信、有能力和有动力，健康的运动者鼓励他们改变在各种环境中进行身体活动的方式[2]。该计划通过资源配置和培训的形式提供相关从业人员和家长身体素养培养资源和方法，让其带领儿童进行居家运动，强调家长参与对学龄前儿童身体素养培养的影响，凸显家庭、家长在学前身体素养培养过程中的重要引导、辅助作用。经过实施，在中期调研发现，70％的学龄前儿童身体素养各项指标均有所提升；97％的较大儿童表现出更好的运动动机；90％的较大儿童表现出更好的社会责任感。另外，在所有接受身体素养能力进步评估的学龄前儿童中，移动性动作技能和操控性动作技能都有改善，占比分别为88％和80％[3]。

---

① Goddard C. opportunity areas：West Somerset：On the move，*Nursery World*，2020（5）：30—31.

② Youth Sport Trust. West Somerset Healthy Movers：Interim Evaluation Executive Summary，2019，8.

③ Goddard C. opportunity areas：West Somerset：On the move，*Nursery World*，2020（5）：32—33.

（三）"基础阶段"：为学龄前儿童专门设计身体素养课程

2008 年威尔士议会政府开始为 3—7 岁的儿童实施一项新的基于游戏的整体学习连续体，称为"基础阶段"（The Foundation Phase）[①]。学习领域取代了科目，自此，威尔士 7 岁以下的儿童不再接受传统形式的体育教育。随着人们对于"身体素养"重要性的认识程度加深，体育教育在日常生活中的重要作用获得人们的普遍认可。一项关于这一新课程对儿童身体素养影响的研究显示，"基础阶段"对身体素养的发展作出了积极贡献。在英格兰，政府倡议，每周为学龄前儿童提供 30 小时免费的早期教育，并将"早期基础阶段"课程纳入对学龄前儿童发展身体素养的要求，该课程不仅包括身体发育的目标，还包括个人，社会和情感发展的目标[②]。因此，威尔士较早区分了学龄前儿童的独特性，针对这一特点设计了身体素养课程并每周向儿童免费提供。

四、加拿大学龄前儿童身体素养发展与推行

加拿大政府向来重视儿童青少年身体素养的培养。加拿大的身体素养发展和推行在各发达国家中是处于压倒性的领先地位的。从政府到地方组织机构，上下联动，形成较为完善的加拿大多元发展模式，以此提升国民的身体素养水平。

（一）长期运动员发展模型：提供了全生命周期的身体素养提升框架

长期运动员发展模型（Long Term Athlete Development Model，LTAD）是由加拿大国家体育组织于 2004 年发起的以身体活动为主的全生命周期身体素养提升框架[③]。该模型从生理学角度展示个体在所有年龄段的自然纵

①　Wainwright N.，Goodway J.，Whitehead M.，et al. The Foundation Phase in Wales—a play-based curriculum that supports the development of physical literacy. *Education*，2016，44（5）：513—524.

②　Foulkes，J. D. Foweather L. Fairclough S. J. et al. "I Wasn't Sure What It Meant to Be Honest"—Formative Research Towards a Physical Literacy Intervention for Preschoolers. *Children*，2020，7，76.

③　Balyi I.，Way R.，Higgs C. Long-term athlete development. Human Kinetics，2013. Corbin C B. Implications of physical literacy for research and practice：A commentary. *Research quarterly for exercise and sport*，2016，87（1）：14—27.

向生长与运动潜力的关系。身体素养是贯穿人一生的旅程，它从学龄前开始，并在青少年和成年期发展为更复杂的生活与技能的排列组合，不仅可以为个体成功地参与运动奠定基础，也可以提供更多健康、积极的生活方式或手段，还可以为个体职业发展提供更多的机会与可能①。该模型将人的运动能力发展划分为积极开始、基本技能、学习训练、竞争生活、积极生活和健康生活（见图2-6）等阶段②。每一个阶段的发展是以身体素养、身体特质、年龄、训练能力等10个关键因素为基础，身体素养位于所有因素之首，这充分证明身体素养的重要性。因此，"积极开端"的学龄前儿童身体素养已被纳入加拿大各省/地区和市政计划和政策。

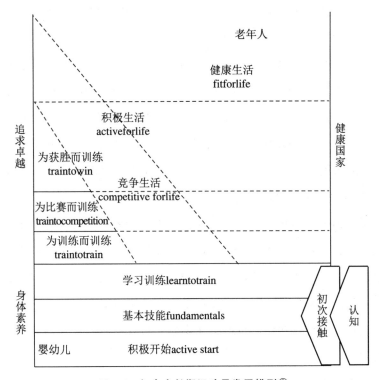

图2-6　加拿大长期运动员发展模型③

---

① Sport for Life. Long-Term Development in Sport and Physical Activity 3.0，https://sport for life.ca/physical-literacy/.

②③ 任海：《身体素养：一个统领当代体育改革与发展的理念》，《体育科学》2018年第3期。

（二）"积极开端"项目：身体素养的培养同学习算数和识字一样应从小培养

2019年加拿大终身体育组织发布"运动和身体活动长期发展3.0"，明确提出"积极开端"项目（Active Start），并认为，不论男孩还是女孩，在出生后都需要参与日常（身体）活动，身体素养的培养如同算术和识字的学习一样，应从很小就开始培养，这一点至关重要。在这一阶段，积极的游戏是关键，因为它在大脑内部以及大脑和儿童肌肉之间建立了重要的联系，帮助儿童在安全的环境中探索挑战。这一项目很好地展示了0—6岁儿童身体素养与终身参与身体活动的关系，具体分为婴儿、婴幼儿和学前儿童[1]三个阶段。婴儿主要发展坐、站、走等基本动作技能，随着月龄的增加，婴幼儿和学前儿童开始发展更复杂的运动模式，如跑步、跳跃和投掷等。在整个阶段，简单的身体活动和游戏可以极大地帮助儿童身体素养的发展。该项目还设计了"开启身体素养之旅"专题，希望让（身体）活动变得有趣，以发展运动技能并成为孩子日常生活的一部分。同时，该项目还提倡发展学龄前儿童在陆地、水面、冰/雪和空中的各种项目的基本动作技能，以满足学龄前儿童24小时运动指南中每天180分钟的身体活动要求。"积极开端"项目通过富有乐趣、丰富多彩的（身体）活动或游戏发展孩子的移动性动作技能、物体操控性动作技能，并努力让其成为孩子日常生活的一部分，以保证学龄前儿童每天都能有180分钟的身体活动。这些活动或游戏可以增加儿童在自然环境中的玩耍机会，同时也会创造一系列成功和失败的挑战，扩大孩子的社交关系[2]，这些不但可以发展儿童执行功能，帮助其逐步建立自我控制，以增强其自信心和社会交往。

据年度报告（如图2-7）所示，该项目所设计的由成人主导的年度游

---

① Sport for Life. Developing Physical Literacy—Building A New Normal for All Canadians，2019.

② Sport for Life. Long-Term Development in Sport and Physical Activity 3.0，https://sport for life.ca/physical-literacy/.

戏占据一年总游戏的 25％，而由学龄前儿童主导的自由游戏占据年内总游戏的 75％[1]，其中移动性技能、身体操控技能、物体操控技能的预计活动时间比例如图 2-7 所示。鼓励结构化（成人主导）、非结构化（儿童主导）的游戏，以及在自然环境中玩耍的机会，包括发展学龄前儿童执行功能的活动：工作记忆，认知灵活性以及建立自我控制意识，为学龄前儿童提供一系列成功和失败的挑战，以帮助其更好地建立自信。鼓励其在安全环境中探索风险和限制——包括在大自然中（如在冰雪上）的户外游戏；创造小挑战，扩大学龄前儿童的舒适范围，确保身体活动有趣并允许社交联系[2]。

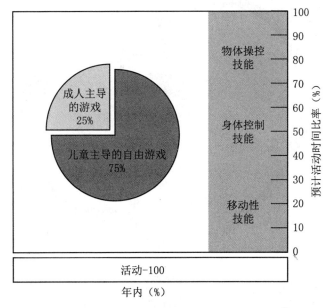

图 2-7　积极开端项目（Active Start）年度报告[3]

① Higgs C.，Way R.，Harber V.，et al. Long-term development in sport and physical activity 3.0. *Sport for Life*，2019：1—12.

② Sport for Life. Long-Term Development in Sport and Physical Activity 3.0，https://sport for life.ca/physical-literacy/.

③ Higgs C.，Way R.，Harber V.，et al. Long-term development in sport and physical activity 3.0. *Sport for Life*，2019.

（三）"苹果种子"课程：为学前体育教育提供专业化的身体素养培养资源

为应对 21 世纪以来加拿大大约 1/3 的 5 岁以下儿童超重或肥胖的可怕现状，2016 年加拿大儿童早期身体素养研究团队和皇家山大学研发了以"身体素养每一天"为理念的"苹果模型 1.0"（见图 2-8），在该苹果模型

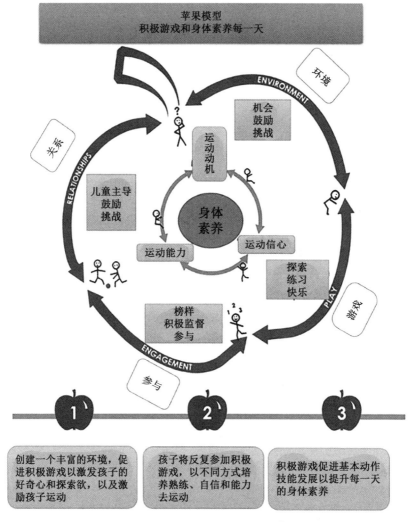

图 2-8　"苹果模型 1.0"示意①

---

① Early Years Physical Literacy Research Team. Early Years Physical Literacy，https：//www.earlyyearsphysicalliteracy.com/apple-model，2020-9-23.

中"身体素养"占据核心位置，通过积极的游戏发展，环境、游戏、参与和关系构成"苹果"的"外皮"。模型揭示学龄前儿童积极游戏和身体素养之间的密切关系，强调学龄前儿童需首先发展基本动作技能，以便其进行终身的身体活动。此外，学龄前儿童需通过环境和机会、积极玩玩具、器材和自然的环境刺激来发展这些技能。同时，运动的动机、信心和能力将允许学龄前儿童参加更广泛的身体活动。模型还提示形成和发展身体素养的三个步骤，即首先创建丰富的环境，通过积极游戏激发孩子的运动好奇心和探索欲，激励孩子运动；其次，在反复参加积极游戏中，以不同方式培养运动熟练度、运动自信和运动能力；最后，在积极游戏中发展基本动作技能以提升每天的身体素养。

2017 年该团队在先前资源的基础上，延伸性地开发设计了"苹果种子"为期两周的身体素养入门课程，开发并纳入"苹果模型 2.0"（见图 2-9）。苹

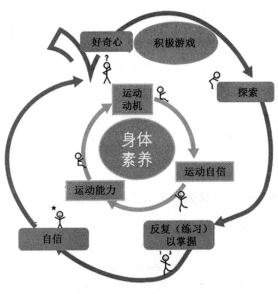

图 2-9　"苹果模型 2.0"示意

果种子中的每项活动都建立在前一项的基础上，包括帮助为儿童建立环境的介绍性活动、成人主导的活动以及大量的非结构化游戏时间。2.0在1.0的基础上作了内容上的简化，仍然以"身体素养"作为模型内核，以学龄前儿童的好奇心作为起点，通过积极性游戏激发孩子探索不同的运动技能，然后通过反复练习达成运动技能的掌握和精通，从而使得孩子从中获得自信，最后获得整个"苹果"的"果实"，整个模型提供了符合学龄前儿童身心发展特点的身体素养专业化发展的培养资源。

不论是1.0版还是2.0版，"苹果模型"均揭示了积极参与游戏活动与身体素养形成的紧密关系，"身体素养"作为模型核心，包括运动能力、运动动机和运动信心三部分，都可通过积极的游戏予以发展并都包含"核心""内核"及"外皮"三层，其中"外皮"和"内核"层构成2个循环层。不同的是，1.0版将环境、游戏、参与和关系四个方面分别作为苹果外层的表皮，同时还存在着参与、练习、探索、鼓励、榜样等"果肉"；而2.0版简称"苹果核计划"，去掉了1.0版中的"果肉"层和3个形成性步骤，整体上更简洁，注重以"儿童中心"视角完成身体素养的培养过程。它以"好奇心"为起点，以"积极游戏"为载体，"外皮"和"内核"各要素单向闭环、形成互为紧密相连的连续体，前一要素是后一要素的前提，把"外皮"简化为"好奇心—探索—反复练习—自信"，与"果肉"整体合并，其目的就是为了激励儿童探索、反复练习、提高自信并最终获得身体素养，并让缺少体育专业背景的学龄前儿童教育工作者能有效参与（身体）活动实施。

（四）《学前身体素养计划手册》：为学龄前儿童提供专业、周到的身体素养项目规划

加拿大学前身体素养研究团队为了给在保育环境中工作的学前教育工作者提供更多的支持与帮助，于2017年发布《学前身体素养计划手册》[①]。

---

① The Early Years Physical Literacy Team. Early Years Physical Literacy Planning Manual For Child Care Centres，https://www.earlyyearsphysicalliteracy.com/early-years-physical-literacy-plann，2017-9-22.

《手册》的目标是帮助保育人员照顾的学龄前儿童获得身体素养，包括动力、信心和能力。《手册》系统介绍学龄前儿童的身体素养，提供有关如何规划的建议和丰富、适当的身体素养活动案例，并结合苹果模型、身体素养观察工具及资源手册，为学龄前儿童提供周到的项目规划、刺激的环境及适合年龄的活动。此外，加拿大学前身体素养研究团队还积极开展"边学边玩"的主题网络研讨会，探讨如何为保育人员提供培训，较为系统地提供发展儿童身体素养的操作指南，以帮助儿童保持足够的活跃度，不断成长和发展。《手册》为学前教育工作者提供了"拿来即用"的指导指南和实践资源。

五、美国学龄前儿童身体素养发展与推行

美国身体素养的发展相对落后于英国、加拿大以及其他发达国家[①]。1992 年，美国儿科学会（the American Academy of Pediatrics）提出一份解决学龄前儿童体育参与和健康发展之间关系的政策文件[②]。21 世纪初期，美国上演了关于身体素养的争论，2011 年，美国健康与体育联合会（SHAPE America）启动关于身体素养的讨论和研究，2014 年联合会在国家 K-12 年级国家体育课程中将"培养具有身体素养的人"作为国家体育课程的顶层设计，譬如俄亥俄州的体育课程标准明确将"身体素养"作为儿童早期体育教育的核心培养理念。在这一背景下，美国也发起了多项与"身体素养"有关的干预措施：

（一）"学校综合干预行动"：全面推行学生身体素养的发展与实施

学校综合干预行动（Comprehensive School Physical Activity Programs, CSPAP）是一项在身体素养理念指导下的行动指南[③]，主要用于指导学校

---

① Roetert, E. P., & MacDonald, L. C. Unpacking the physical literacy concept for K-12 physical education: What should we expect the learner to master? *Journal of Sport and Health Science*, 2015, 4, 108—112.

② American Academy of Pediatrics（AAP）. Fitness, activity, and sports participation in the preschool child. Pediatrics, 1992, 1002—1004.

③ 赵富学：《身体素养导向的美国"综合学校体力活动计划"：目标指向、内容组构及运行启示》，《天津体育学院学报》2020 年第 2 期。

开展身体活动，帮助学生达到每天 60 分钟身体活动的硬性要求①。它是 21 世纪以来指导美国学校体育事业发展最全面、最系统的行动指南②，具体包括：高质量体育教育、校内身体活动、校外身体活动、教职工健康促进、家庭社区参与等 5 项干预措施（见表 2-1）。CSPAP 由专门的管理委员会负责推行实施，并负责评估学生身体素养现状③。推进的内容主要包括：学生身体素养发展目标的制定、学生身体素养发展的结果预设以及学生身体素养发展方案的设计与实施。

表 2-1　身体素养与美国学校综合干预行动

CSPAP 行动	身体素养
高质量体育教育	自我效能、自我管理、兴趣、运动技能等
校内身体活动	日常习惯、健康策略、发展潜能等
校外身体活动	提高运动能力、运动兴趣
教职工健康促进	健康生活方式
家庭社区参与	适应各种环境的身体活动、活动中增进沟通、建立自信

（二）"游戏计划"：推进儿童身体素养的实施与提升

美国学术智库阿斯彭研究所（ASPEN Institute）体育与社会项目于 2013 年发起游戏计划（Project Play)④，计划倡议召集了领导者，并创建了利益相关者可以动员的框架。聚焦"身体素养"这一顶层设计从国家到社区层面测评游戏状态，并且创建研究、见解和工具，供体育提供商用于改进青年项目的实施。每年该计划都会在游戏计划项目上注入新的想法，推动这项计划向前发展。游戏计划是国家领导人在青年、体育和健康的交汇点举办的首屈一指的年度活动。迄今为止，考虑到体育运动给儿童带来

---

① Centers for Disease Control and Prevention. Comprehensive School Physical Activity Programs：A Guide for Schools. Atlanta，GA：U.S. Department of Health and Human Services；2013.

② Beddoes Z.，Castelli D. M. Comprehensive school physical activity programs in middle schools. *Journal of Physical Education，Recreation & Dance*，2017，88（6）：26—32.

③ 闫静、徐双双：《基于身体素养的美国"综合学校体力活动计划"推行及启示》，《武汉体育学院学报》2021 年第 5 期。

④ Corbin C. B. Implications of physical literacy for research and practice：A commentary. *Research quarterly for exercise and sport*，2016，87（1）：14—27.

的诸多好处，计划的大部分工作都集中在体育系统的基础上。经过多年的实施，"身体素养"的理念已在各个部门得到明确和提升。在罗伯特伍德约翰逊基金会和来自教育、学术和体育专家的工作组的支持下，ASPEN在 2015 年发表了一份题为"美国的身体素养：模型、战略计划和号召行动"的报告①，这是美国关于如何让所有儿童获得高质量、适宜身体活动的重要框架之一。

（三）"终身强壮"项目：积极帮助家庭培养健康、安全、有"弹性"的儿童

美国重要的非营利性机构亚特兰大儿童保健中心打造的"Strong4life（终身强壮）"项目，目的在于在儿童医生、治疗师、护士、注册营养师和其他健康专家的配合下帮助家长培养健康、安全、有潜力的儿童。儿童积极活动的能力是身体素养的重要组成部分②。项目通过游戏和教育的结合方式，帮助孩子发展基本运动技能，使他们能够参与各种游戏和活动，掌握平衡、跑步、跳跃、投掷、举重和游泳等技能，为终身身体活动奠定基础。该组织提出，学龄前儿童这一阶段的里程碑是"提高技能和发展独立性"。同伴学习在培养学龄前儿童的基本动作技能并让其发展独立性方面起着重要作用③。

根据阿斯彭研究所的研究，共同参与者与朋友建立社交联系的能力是孩子保持活跃的顶级动力之一。鼓励孩子参加不同的活动和运动，不要忘记问他们喜欢什么。一些提高儿童运动技能的活动包括：在（家）附近骑自行车、在丛林玩、报名参加一项运动或活动、帮助做家务，如打扫房间或做饭、送他们去学校、跳绳等。如果我们希望孩子保持终身活跃，建立

---

① Healthy Families B. C. Physical Literacy in the Early Years，https://www.healthyfamiliesbc.ca/home/blog/physical-literacy-early-years，2015-8-28.

② Centers for Disease Control and Prevention. Comprehensive School Physical Activity Programs：A Guide for Schools. Atlanta. GA：U.S. Department of Health and Human Services；2013；45—49.

③ Rajbhandari-Thapa J.，Bennett A.，Keong F.，et al. Effect of the Strong4Life school nutrition program on cafeterias and on manager and staff member knowledge and practice, Georgia, 2015. *Public Health Reports*，2017，132（2_suppl）：48S—56S.

对孩子积极活动的信心是关键。除了能力和欲望之外，孩子享受体育活动的信心也是身体素养的重要组成部分。一旦孩子发展出积极主动的技能，玩得开心和自信是培养终身活跃的孩子的重要部分。在整个全生命周期的发展过程中，父母、教练、队友和同龄人的支持在建立终身信心方面起着关键作用，尝试为孩子制定一些计划，欢迎不同能力和技能水平的孩子参与，提高孩子运动的信心比人们想象的要容易①。

（四）SKIP 课程：为学龄前儿童提供身体素养干预的课程方案

作为美国国家级学前儿童干预项目 HeadStart（开端计划）的分支，成功的学龄前儿童动觉指导（Successful Kinesthetic Instruciton for Pre-schoolers，SKIP）课程是美国俄亥俄州立大学杰姬·古德韦教授及其同事研发的一项基于证据的儿童早期身体素养干预课程，它以游戏为载体、以基本动作技能为内容，重点是干预美国 2—8 岁动作能力发展迟缓和来自社会经济匮乏的城市地区的学龄前儿童。有研究表明 SKIP 可以提高基本动作技能能力、感知运动能力和发展体适能指标②，但古德韦认为 SKIP 的价值远不止于此，而是"在动作发展之山下钻探"。动作技能表面之下，大量可以被应用到广阔运动环境中的能力正在开发中，比如，多肢协调、控制精度、反应时间、手动灵巧、身体总体平衡、肢体运动速度、身体协调等③。当幼儿踢球时，他们也正在提高动态平衡能力，这里的"踢球"不应视为专项化运动能力，而是"踢"这一基本动作技能的学习和练习④。这一能力可以应用到生活中，幼儿从沿着墙走、学骑自行车到小学阶段的体育课，再到成年后的瑜伽以及老年时期的登山。因此，当幼儿学习踢球时他们正在学习发展至关重要的、将贯穿终生的能力。SKIP 对于科学解

---

① Physical Literacy for Life. Welcome to physical literacy for life Self-assessment Tools，https://physical-literacy.isca.org/tools/.

② Tsuda E.，Goodway J. D.，Famelia R.，et al. Relationship between fundamental motor skill competence，perceived physical competence and free-play physical activity in children. *Research Quarterly for Exercise and Sport*，2020，91（1）：55—63.

③④ Goodway J. D.，Branta C. F. Influence of a motor skill intervention on fundamental motor skill development of disadvantaged preschool children. *Research Quarterly for Exercise and Sport*，2003，74（2）：36—46.

决我国幼儿动作发展迟缓问题是一个重要的干预研究参照。

六、澳大利亚学龄前儿童身体素养发展与推行

（一）"澳大利亚身体素养框架"：明确学龄前儿童身体素养的具体指标

澳大利亚体育部主张通过学校和教育工作者来促进儿童的身体素养，于 2019 年发布"澳大利亚身体素养框架"（Australian Physical Literacy Framework，APLF），促进澳大利亚体育和教育部门身体素养的推行[①]，以推进国民身体素养[②]。框架通过建立一种共同语言来激活这一承诺，以支持所有澳大利亚人在生命的每个阶段发展其身体素养，进一步解释什么是身体素养以及如何发展身体素养的共同愿景、共同语言和一致理解。澳大利亚体育部关于身体素养的立场声明概述致力于创造更健康、更活跃的一代澳大利亚人的承诺。框架借鉴本地和国际实践，确定四个身体素养领域的 30 个要素——身体、心理、社会和认知——并使用一种简单、分阶段的方法帮助人们了解每个要素的进展（见图 2-10）[③]。框架还参考澳大利亚课程和同行评议的研究，探讨支持终生参与运动和身体活动的因素，认为身体素养的作用在于提高个体的身体技能和健康、激励其积极的态度和情绪，理解如何、为何以及何时运动的知识以及与他人积极相处的社交技能。

（二）澳大利亚体育委员会：身体素养的决定性声明为学龄前儿童身体素养的要素提供了积极借鉴

澳大利亚体育委员会就身体素养的发展和推行发表 4 份决定性声明：（a）身体素养是获得生命的学习，并应用于运动和身体活动的背景（核心/过程 94% 的共识）；（b）身体素养反映了身体、情感、认知和社会能力的

---

① Scott J. J., Hill S., Barwood D., et al. Physical literacy and policy alignment in sport and education in Australia. *European Physical Education Review*，2021，27（2）：328—347.

② 胡小清、唐炎：《〈澳大利亚身体素养标准〉的框架体系、特征与启示》，《上海体育学院学报》2020 年第 7 期。

③ Sport Australia. Australian Physical Literacy Framework Version 2, https://www.sportaus.gov.au/_data/assets/pdf_file/0019/710173/35455_Physical-Literacy-Framework_access.pdf，2019-1-9.

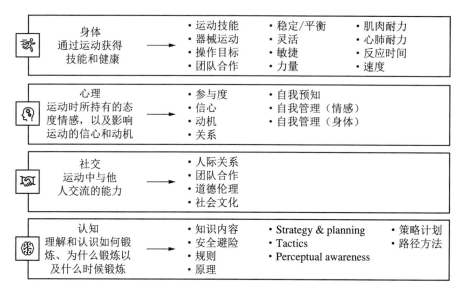

图 2-10　澳大利亚身体素养框架[1]

变化；（c）身体素养对于帮助我们通过运动和活动实现身体健康和生活至关重要（重要性 100% 共识）；（d）大多数人为了支持促进健康、实现运动和身体活动，在生命周期内，他们的身体、心理、认知和社会综合能力是相对于他们所处的特定场景和背景而言的。因此，"认知"、"身体"、"情感"和"社会"是个体的整体发展过程中需要跨越的关键学习要素。其中，身体领域包括身体能力、运动技能、健康相关的健身和技能、技术问题和精神运动技能。情感领域涉及一个人的内在信号体验，这种新的定义方法目前还处于初期阶段，但是这项工作已经在利益相关者焦点小组中广受欢迎[2]。以上声明为加拿大学龄前儿童身体素养要素的进一步厘定提供积极借鉴。

---

[1]　Sport Australia. Australian Physical Literacy Framework Version 2，https://www.sportaus.gov.au/__data/assets/pdf_file/0019/710173/35455_Physical-Literacy-Framework_access.pdf，2019-1-9.

[2]　Shearer C.，Knowles Z. R.，Boddy L. M.，et al. How is physical literacy defined? A contemporary update. Journal of Teaching in Physical Education. 37（3）：237—245.

七、丹麦学龄前儿童身体素养发展与推行

（一）哥本哈根 Erasmus＋直播研讨会聚焦身体素养的情感领域展开互动交流

2021 年 11 月 16 日，丹麦国家临床研究和预防中心（Center for Klinisk Forskning og Forebyggelse）组织召开了哥本哈根大学伊拉斯谟直播研讨会（Erasmus＋ live seminar）。为传播和渗透与儿童身体活动感受和态度相关的知识，该会议聚焦身体素养的情感领域展开了专家主题报告和互动访谈交流，主要包括内在动机和自信心，以有利于帮助公共卫生领域研究人员设计有效的身体素养干预措施，并帮助学校和体育俱乐部的从业者能够创造更易激发所有儿童情感领域的学习环境。这一重要会议引起世界身体素养领域从业者的广泛关注，提升了身体素养这一理念在国际相关研究领域的影响力。

（二）"丹麦身体素养网"全国研讨会在丹麦语境中理解、推广和发展身体素养

近年来，"身体素养"引起不同领域从业者或研究人员的极大兴趣，也因此出现对身体素养的诸多不同界定和理解，如身体素养被翻译为与运动能力、身体发育等概念的同义使用。为了能够在丹麦语境中理解、推广并发展身体素养，丹麦充分发挥网络资源的潜能，依托国家权威性学术团体网站——"丹麦身体素养网"（Physical Literacy Network Denmark）开展全国研讨会，来自许多组织和机构的广泛从业者和研究人员参会[1]，对身体素养在丹麦的实践进行细致讨论。最终，采用 2017 年国际身体素养协会的官方定义，即身体素养从动机、信心、身体能力、知识和理解四个方面来提高个体终身从事身体活动的责任和行动[2]。

因此，丹麦是诸国中旗帜较为鲜明地运用高新技术手段积极搭建全球

---

① PLNET. Danish common understanding. https://en.pl-net.dk/.
② PLNET. DEFINITION. https://en.pl-net.dk/.

"学龄前儿童身体素养"高端研讨会的国家，积极将包括"身体素养之母"玛格丽特·怀特海德在内的国际权威学者纳入国际尖端会议的"面对面"讨论，极大地缩短地理差距，有效推进"学龄前儿童身体素养"的研究进程。

八、中国学龄前儿童身体素养发展与推行

在新时代的中国，2016 年国务院办公厅首次从国家层面明确要求"将全面提高学生的身体素养作为未来我国学校体育工作的基本原则之一"，自此开启身体素养的发展和推行。

（一）《中国儿童发展纲要》：为身体素养体系研究创设优越的机遇和空间

为促进儿童这一特殊群体的全面发展和健康成长，我国于 2001 年起以 10 年为周期，相继向社会颁布实施《中国儿童发展纲要（2001—2010年）》《中国儿童发展纲要（2011—2020 年）》①，将"提高儿童身心健康水平"作为总目标、将"提高儿童身体素质""加强对儿童的健康指导和干预""加快发展 3—6 岁儿童学前教育""帮助儿童养成健康行为和生活方式""加强儿童视力、听力和口腔保健工作"等作为重要策略措施。2019年国家统计局发布《中国儿童发展纲要（2011—2020 年）》统计检测报告，对《纲要》在健康、教育等相关领域的落实情况进行综合分析。调查发现，儿童发育状况不断改善。2019 年，我国进一步推动儿童早期发展工作，倡导加强儿童健康风险因素干预，确保我国儿童健康成长②。2021 年9 月 27 日，国务院继续发布《中国儿童发展纲要（2021—2030 年）》，强调要"增强儿童身体素质，培养运动习惯"③。这些《纲要》的颁布，为学

---

① 国务院妇女儿童工作委员会.中国儿童发展纲要（2011—2020 年）. http://www.nwccw. gov.cn/2017-04/05/content_149166.htm，2017-4-5.

② 中华人民共和国中央人民政府.2019 年《中国儿童发展纲要（2011—2020 年）》统计监测报告. http://www.gov.cn/xinwen/2020-12/19/content_5571132.htm，2020-12-19.

③ 《国常会审议通过〈中国妇女发展纲要（2021—2030 年）〉和〈中国儿童发展纲要（2021—2030 年）〉》，新浪财经，http://finance.sina.com.cn/china/2021-08-25/doc-ikqcfncc4968832.shtml? cref=cj，2021-8-25.

龄前儿童身体素养的发展创设了优越的发展机遇和空间。

（二）《体育强国建设纲要》：首次明确提出"身体素养"，成为青少年体育教育的关键词

2019年9月，国务院发布《体育强国建设纲要》，提出"到2050年，人民身体素养和健康水平、体育综合实力和国际影响力居于世界前列"[①]的战略目标，同时，提出"促进重点人群体育活动开展""制定实施青少年、妇女、老年人、农民、职业人群、残疾人等群体的体质健康干预计划"。自此，"身体素养"作为一个关键词出现在国家战略文件中，但该文件中的重点人群并未将学龄前儿童纳入其中，而是关注到青少年等人群。2021年，上海市教委把学生身体素养管理纳入学校评价考核体系[②]，同年，在全上海市各级中小学全面实施身体素养评价工作，提倡进行身体素养测试工作，定期上报学生体育成绩和体育比赛情况，组织开展相关项目运动等级技能测试（具体测试要求另行发布）。组织开展针对学生、学校及家长的数据分析、信息反馈及干预指导等工作[③]。

（三）《3—6岁儿童学习与发展指南》：为跨学科研究提供专业参考依据

2012年，教育部发布《3—6岁儿童学习与发展指南》，这一纲领性文件一直是广大幼儿园教师教学、学前教育研究的"宝典"。其中从"健康""语言""社会""科学""艺术"五大领域提出学龄前儿童学习与发展目标。《指南》明确提出四大实施要点，即"1.关注幼儿学习与发展的整体性""2.尊重幼儿的个体差异""3.理解幼儿的学习方式和特点""4.重视幼儿的学习品质"。在健康领域，提出"身心状况""动作发展""生活能力"

---

① 《国务院办公厅关于印发体育强国建设纲要的通知》（国办发〔2019〕40号）.中华人民共和国中央人民政府.http://www.gov.cn/zhengce/content/2019-09/02/content_5426485.htm，2019-9-2.

② 《上海市教委：把学生体质健康工作及身体素养评价管理纳入学校评价考核体系》.上观（第一教育）.https://sghexport.shobserver.com/html/baijiahao/2021/06/08/455709.html，2021-6-8.

③ 上海市教育委员会：《关于进一步加强中小学体质健康管理工作的通知》，上海市教育委员会文件，2021。

三个方面的发展目标。在动作发展领域，明确三大目标——目标1：具有一定的平衡能力，动作协调、灵敏；目标2：具有一定的力量和耐力；目标3：手的动作灵活协调。指出要激发幼儿参加身体活动的兴趣，养成锻炼的习惯①。《指南》虽然并未明确提及"身体素养"的概念，但是包含了身体素养的身体域、认知域、情感域、行为域4个方面，规约了学龄前儿童的学习与发展目标、标准与方向，也为本研究体系中各级指标遵循学龄前儿童身心发展特点和发展规律的制定和修正提供了重要参照。

综上所述，国际身体素养组织、联合国教科文组织、世界卫生组织、欧盟等重要国际组织不断传播身体素养理念，例如，国际身体素养协会开启"身体素养"的发展、联合国教科文组织明确提出"身体素养"是体育教育的基础和结果、世界卫生组织首次将"身体素养"纳入全球公共卫生身体活动计划、欧洲伊拉斯谟团体支持身体素养在不同环境中的发展等，这些对于推动学龄前儿童身体素养理念和教育教学实践的国际化传播、发展及推行起到不可取代的作用。此外，英国、加拿大、美国、澳大利亚、丹麦、中国6国针对儿童身体素养的发展发布一系列重要且具有针对性的国家文件和身体素养计划，开展诸多专业、有效的行动和研究，推动身体素养概念的普及及实践的不断发展，为世界其他国家落实身体素养理念与开展身体素养行动树立重要典范。英国、加拿大成为推进学龄前儿童开启"身体素养之旅"的典范。与此相比，我国该领域的发展还存在差距，相关实证研究尚未开展。但自21世纪以来，我国针对学龄前儿童身体素养直接和间接地颁布了一系列战略性文件，研制了诸多有关身体素养的健康促进策略，高度体现了我国党和国家领导人对于中国最年轻一代公民健康权益的关注和维护。在21世纪的今天，学龄前儿童的健康问题必须结合整个社会的背景进行理解和思考。中国新时代的到来，无疑将在极大程度上为我国学龄前儿童身体素养的深入发展创造史无前例的大好环境和发展契

---

① 教育部：《3—6岁儿童学习与发展指南》，http://www.moe.gov.cn/srcsite/A06/s3327/201210/t20121009_143254.html，2012-10-9。

机。虽然我国各项国家政策中尚未过多地提及"学龄前儿童身体素养"的概念，但是无疑我国学龄前儿童身体素养迎来了发展的新时代①。因此，这样积极、良好的政策环境在无形中为本研究的开展、实施创设了良好的机遇与广阔的研究空间。

第二节　国际学龄前儿童身体素养研究的动态分析

在国际学术研究领域，自 1991 年第一篇身体素养英文研究成果发表②以来，国际体育学术界聚焦身体素养掀起一场波及全球且持续至今的激烈讨论，对于身体素养的研究从 2005 年逐年攀升、掀起高潮，在 2020 年达到论文发表量的制高点③。伴随着身体素养在全球体育教育研究领域的兴起和白热化，英国、加拿大、美国、澳大利亚等发达国家率先将研究的触角延伸到学龄前儿童体育教育领域，引领国际身体素养研究的最新发展。鉴于国外对于学龄前儿童身体素养内容的系统研究相对较少，本节在进行动态分析时，涵盖对上位概念"身体素养"研究的相关内容，试图从中挖掘学龄前儿童身体素养研究的要点。研究发现，当前各国学者对学龄前儿童身体素养研究领域主要进行内容要素、测量评价、应用实证等研究。

一、学龄前儿童身体素养要素的研究

（一）国外学龄前儿童身体素养要素的研究

国外学者主要就"身体素养的概念是什么"这一元问题展开激烈讨论。研究发现，70％的论文采用了玛格丽特·怀特海德对"身体素养"的

---

① 陶小娟、汪晓赞、范庆磊等：《新时代我国幼儿体育发展的现实问题与应对策略》，《体育科学》2021 年第 9 期。

② 王晓刚：《国际身体素养研究的前沿热点、主题聚类与拓展空间》，《北京体育大学学报》2019 年第 10 期。

③ Web of Science. Physical Literacy. https://www.webofscience.com/wos/alldb/analyze-results/76710a42-7312-460a-a4bc-69fd7850b408-2c9a704d.

定义，即"重视并承担终身身体活动的动机、信心、身体能力、知识和理解"①，国际身体素养协会同样采用该定义，认为"身体素养"由身体能力、自信、动机等元素循环作用后产生，目的是为了保持身体活跃（见图2-11）。爱德伍兹（Edwards）等人2018年首次对身体素养概念及其相关结构（即身体活动和健康结果）的测量/评估尝试进行系统综述，提出需要对"身体素养"的概念进行更多实证的研究②。

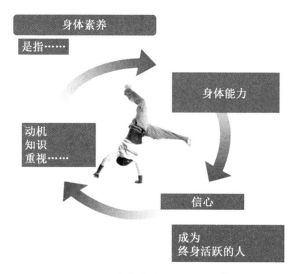

图 2-11　身体素养构成元素图③

具体来说，玛格丽特·怀特海德的身体素养概念基于整体个性化旅程，具有现象学、存在主义和一元论的哲学基础，这与上面概述的许多相互竞争的定义不同，这些定义通常没有详细说明它们的哲学基础。该领域的最新发展，特别是达德利（Dudley）等人的工作，承认虽然公共卫生、体育和教育政策之间的哲学方法可能有所不同，但政策中关于身体素养的

---

① IPLA. "Choosing Physical Activity for Life". https：//www. physical-literacy. org. uk/，2019-7-23.

② Edwards L. C.，Bryant A. S.，Keegan R. J.，et al. "Measuring" Physical Literacy and Related Constructs：A Systematic Review of Empirical Findings. Sports Med，2018，48：659—682.

③ IPLA. What is Physical Literacy. https：//physicalliteracy.ca/physical-literacy/.

目的存在凝聚力①。总体而言，在对身体素养的解释和操作存在不一致之处，导致干预设计缺乏清晰度。事实上，这些见解强调了对哲学范式进行批判性讨论的必要性，以确保不同政策中部署的概念化，衡量和干预措施与特定的哲学方法保持一致②。2017 年，澳大利亚体育部牵头制定了澳大利亚的身体素养定义，相关的澳大利亚身体素养框架（APLF）（2019 年发布）包括 4 个领域（身体-12 项、心理-7 项、社交-4 项和认知-7 项）中的 30 个元素③。APLF 的"协作"元素表明，每个有身体素养的人都应该具备所需的社交技能（即表现出同理心、冲突解决、合作和领导力），以便在运动和体育活动环境中与他人成功互动④。这个元素是基本的，可以说和其他元素一样重要，所以应该在儿童中进行评估。为教师提供全面、有效和可靠的身体素养代理报告工具，考虑到澳大利亚身体素养框架认可的所有要素，将为儿童提供机会，对身体素养的所有相关组成部分进行评估⑤。

2020 年沈剑威（Raymond Kim-Wai Sum）和玛格丽特·怀特海德研究发现，追溯到两千多年的中国古代"道"哲学可以解释身体素养的本质和哲学。将国际身体素养协会的概念——珍视并承担终身进行身体活动所需的动机、知识和理解、身体能力以及信心当作一个整体应用于哲学框架。该研究旨在提供东方视角（道家对身体素质的看法），开启对话以进一步澄清，并提供对当代身体素质认知的更广泛见解⑥。布赖恩特等通过

---

①　Donnelly P., Delaney B., News J., et al. Improving physical literacy. Belfast: Sport Northern Ireland, 2008: 34—39.

②　Edwards, L. C., Bryant, A. S., Keegan, R. J. et al. "Measuring" Physical Literacy and Related Constructs: A Systematic Review of Empirical Findings. Sports Med, 2018, 48, 659—682.

③　Barnett L., Lander N., Mazzoli E., et al. Journal of Science & Medicine in Sport, 2021, 24 (S1): S8.

④　Sport Australia (2019). The Australian Physical Literacy Framework version 2. https://www.sportaus.gov.au/__data/assets/pdf_file/0019/710173/35455_Physical-Literacy-Framework_access.pdf.

⑤　Essiet I. A., Salmon J., Lander N. J., et al. Rationalizing teacher roles in developing and assessing physical literacy in children. Prospects, 2021, 50 (1): 69—86.

⑥　Sum, K. W. R. & Whitehead, M. Getting up close with Taoist—Chinese perspectives on physical literacy. UNESCO Prospects—Special Issue, 2020, 1—10.

系统综述产出了第一篇对身体素养建构的核心属性，该研究包括身体素养的定义属性，哲学基础以及该建构的理论联系，研究发现当前文献对于身体素养建构有不同的表述——FMS 仅专注于提高身体技能，而身体素养也考虑了情感和认知因素，这暗示着 FMS 可能在更广泛的身体素养计划中发挥作用，作为发展身体素养的能力要素的一种方式。最终，身体素养是可测的，多元化的，研究人员需要对身体素养进行操作，并产生有意义的、可衡量的差异，这些差异将决定什么是身体素养，以及它是如何产生的[①]。因此，需要考虑定义和哲学基础，以确保测量/评估身体素养的方法适合研究目的，即确定干预措施的有效性。建议对身体素养的概念进行更多的实证研究；从本质上讲，需要对所使用的身体素养的概念和哲学方法以及测试的理论进行更多的研究。未来的研究应该超越身体熟练程度的构建来衡量/评估，并从更全面的角度衡量/评估身体素养。此外，迪尼亚、沙赫特等人考察了学前教育课堂身体素养环境的维度，从 245 间教室收集了有关课堂身体素养环境的数据。采用确认性和因子分析相结合的方法，以确定身体素养环境的五个不同层面。这五个维度显示了合理的信度和效度，讨论了研究身体素养环境的意义和未来的研究方向[②]。

（二）国内学龄前儿童身体素养要素的研究

我国学者对于学龄前儿童身体素养要素的研究较为少见，但是围绕其上位概念身体素养的相关研究已经逐渐出现。李嘉认为身体素养的要素主要是动机、运动技能、运动知识和理解、信心以及能够终身参与身体活动的能力。运动知识的掌握与理解，不同运动情境中的运动技能，动机、自信、价值判断、责任等，终身的体育参与是进行身体活动的根本目的[③]。

① Edwards L. C., Bryant A. S., Keegan R. J., et al. Definitions, Foundations and Associations of Physical Literacy: A Systematic Review. Sports Medicine, 2017, 47（1）: 113—126.

② Dynia, J. M., Schachter, R. E., Piasta, S. B., et al. An empirical investigation of the dimensionality of the physical literacy environment in early childhood classrooms. *Journal of Early Childhood Literacy*, 2018, 18（2）: 239—263.

③ 李嘉：《身体素养视角下对小学生身体活动现状及体育行为习惯养成的研究》，北京体育大学 2017 年学位论文。

这一概念的理解只罗列了三个要素，缺乏可操作性。李晨通过对比国内外的概念认为，身体素养是个体激发运动动机、储备运动知识、发展身体能力、培养运动自信、积累运动经验的过程，是一种动态综合能力，其内涵融合体育学、教育学、社会学、心理学等多种学科的特征①。查茂勇认为身体素养注重的是知识和精神方面的修养，不仅包括知识和精神方面，还包括运动能力的提高以及体育心理的发展②。刘少英等认为，身体素养包括体育意识、技能、行为、知识、品德和个性等③。张维凯等认为，身体素养包括身体、社会交往、精神、心理等生命多维度对学生进行全面教育，以实现身心健康与和谐统一④。张强峰认为，身体素养是知识、技能、理解和价值观的总和和综合表现。张震通过梳理具身哲学发展谱系和三位一体结构基础上，深度阐明具身哲学对于构建体育知识体系的特殊价值⑤。因此，国内学者对身体素养要素的观点主要是基于玛格丽特·怀特海德或国际身体素养协会提出的要素进行的中国语境下的衍化或修正。

虽然关于国内学龄前儿童身体素养要素的成果十分有限，但值得一提的是，公维娜从教学入手，分析了在幼儿园户外活动中提高身体素养的有效路径和方法，认为要"符合幼儿身心发展规律、要有趣味性、要注意安全性"的户外活动原则，提出要"基于幼儿发展水平，设计户外活动""定期调整活动内容，激发好奇心理""进行活动指导提高运动能力""注重开发幼儿潜能，实现统筹发展"以及"组织趣味主题活动，激发幼儿潜力"等⑥5个路径。陶小娟等基于国际著名的儿童早期运动课程SKIP的研

---

① 杜晨：《天津市 7—12 岁少儿身体素养研究》，天津体育学院 2020 年学位论文。

② 查茂勇：《大学生身体素养评价指标体系构建及自测量表编制》，南京师范大学 2014 年学位论文。

③ 刘少英：《新颖、实用、经典——邱建国著〈青少年身体素养培养探究〉评介》，《社科书评》2015 年第 4 期。

④ 张维凯、李士英、王宏伟：《生命关怀导向下青少年身体素养教育教学路径构建》，《中国教育学刊》2021 年第 2 期。

⑤ 张震：《整体性与独特性：体育只是基本问题的具身哲学阐析》，《体育科学》2021 年第 6 期。

⑥ 公维娜：《浅析如何在幼儿园户外活动中提升幼儿的身体素养》，《天天爱科学（教育前沿）》2021 年第 9 期。

究证据，探索以身体素养为顶层设计理念的运动游戏课程，率先在学龄前儿童运动游戏课程研究领域取得突破，开启我国身体素养概念课程化发展的进程，占据国内该领域的前沿[①]。宁科、王庭照等从立足学龄前儿童身体素养体系构建 6 类游戏结构[②]，真正意义上实现了对学龄前儿童身体素养本体进行的系统研究。

　　总体来看，当前国外对于"身体素养"的研究并未以"学龄前"和"学龄后"作为明显的研究界限展开研究，而是将"身体素养"作为一个整体概念进行研究。因此，这在无形中给本研究立足本国语境、展开学龄前儿童身体素养的探索，造成资料收集的困难。国外关于学龄前儿童身体素养要素的研究主要集中在概念的厘定，各国学者对此展开激烈的讨论及实证研究，同时也关注到学龄前儿童身体素养培养环境的营造等，这些研究在本质上为我国开展学龄前儿童身体素养的指标分析、萃取及体系构建奠定文献基础。当前我国从身体素养研究视域出发，积极展开对学龄前儿童身体素养的研究成果虽然十分有限，但是学龄前儿童身体素养的相关研究逐渐进入国内学者的研究视野并引起高度关注，呈现逐渐兴起的上升趋势。从国内现有研究视点来看，我国对于"学龄前儿童身体素养"这一研究的视点主要集中在课程设计、游戏化培育路径以及测评三个方向上，关于"学龄前儿童身体素养体系"的研究尚且处于空白，而探索我国学龄前儿童身体素养内容体系是进行一切相关本土化研究的前提，这为本研究的开展提供了重要的现实依据。值得一提的是，我国有少数学者[③]对身体素养进行界定时，与我国体育学科核心素养即运动能力、健康行为、体育品德的概念和内涵产生了混淆，在一定程度上阻滞了我国对身体素养的发展与渗透。

---

①　陶小娟、汪晓赞、Jacqueline D. Goodway 等：《3—6 岁幼儿运动游戏干预课程设计研究——基于 SKIP 的研究证据》，《北京体育大学学报》2021 年第 2 期。

②　宁科、王庭照、万炳军：《身体素养视域下幼儿体育的游戏化推进机制与发展路径》，《北京体育大学学报》2021 年第 8 期。

③　于永晖、高嵘：《身体素养研究》，《首都体育学院学报》2017 年第 6 期。

二、学龄前儿童身体素养的测评研究

（一）国外学龄前儿童身体素养的测评研究

随着"身体素养"研究在国际上越来越受到关注，儿童身体素养的测评研究成为研究热点，世界各国对此进行大量研究[①]。凯尔尼、克拉克等人针对学龄前儿童身体素养被国际学术界忽视的现实问题，于2018年研制出学前儿童身体素养的测评工具（Pre-PLAy），研究结果也初步支持了Pre-PLAy工具作为衡量学龄前儿童身体素养的测评工具[②]，2020年澳大利亚迪肯大学莉萨·巴内特（Lisa Barnett）等研发了针对4—12岁群体的"儿童身体素养测评工具"，以"图形测评"的方式开发"自我报告"量表以评估儿童感知身体素养[③]。2021年该团队基于澳大利亚身体素养框架，对于儿童身体素养问卷（PL-C Quest）进行设计和可靠性验证，这是目前国际上第一个旨在全面测量学龄前儿童感知身体素养的工具[④]。加拿大作为国际"身体素养测评工具"起步较早的国家，根据本国国情研发适合本国学龄前儿童身体素养测评的一系列测评工具，率先研发针对学龄前儿童的身体素养测评工具，这一较为成熟的身体素养测评工具已经成为各国重点关注的研究成果[⑤]，引领国际身体素养研究向更加全面的方向发展。

（二）国内学龄前儿童身体素养的测评研究

国内学者对于学龄前儿童身体素养测评的研究尚处于起步阶段且主要基于对其上位概念"身体素养测评"和国外"学龄前儿童身体素养测评工

①　陈思同、赵雅萍：《儿童体育素养的"图示化"测量与评价》，《上海体育学院学报》2022年第1期。

②　Cainey J., Clark H. J., James M. E., et al. The Preschool Physical Literacy Assessment Tool: Testing a New Physical Literacy Tool for the Early Years. *Frontiers in Pediatrics*，2018：6.

③　Barnett L. M., Mazzoli E., Hawkins M., et al. Development of a self-report scale to assess children's perceived physical literacy. *Physical Education & Sport Pedagogy*，2022，27（1）：91—116.

④　Barnett L., Lander N., Mazzoli E., et al. *Journal of Science & Medicine in Sport*，2021，24（S1）：S8.

⑤　赵雅萍、孙晋海、陈思同等：《加拿大幼儿体育素养测评工具PrePLAy解读及启示》，《成都体育学院学报》2021年第5期。

具"的研究。自陈琦 2002 年发表第一篇身体素养测评研究的成果①以来，国内学者对于身体素养测评主题类的研究硕果累累，且主要聚焦于对加拿大身体素养测评体系这一国际领先的测评工具研究。以陈思同、刘阳等领衔的上海体育学院研究团体率先以《加拿大身体素养测试研究及启示》一文开启国内学者对国外优秀身体素养测评工具的研究，通过详细分析 CAPL（Canada Assessment of Physical Literacy）测试模型及日常行为、动机与信心、身体能力、知识与理解等指标维度的相关情况，梳理我国相关研究的不足，试图为我国身体素养测评工具的发展提供思路②。赵雅萍、孙晋海等领衔的山东大学、山东体育学院研究团体先后对加拿大测评体系（CAPL、PL、PLAY）进行比较和分析③，通过对"生命护照"、PLAY 的研发背景、目标定位、测评内容与形式等方面的剖析④，认为身体素养研究与实践的关键环节是身体素养测评⑤，扎实、系统的介绍和解读为我国青少年身体素养测评工具的研究打开国际视野。此外，赵雅萍等对成熟的加拿大学龄前儿童身体素养测评工具 Pre-PLAy 进行深度解读⑥，系统分析这一测评体系的结构，包括运动能力、协调能力、动机与兴趣、身体素养的整体水平（主观评价），这对于国内极为匮乏的学龄前儿童身体素养测评工具的研究而言无疑是一场"及时雨"，此类研究处于国内前沿。

此外，李媛针对初中生身体素养进行指标体系研究，构建我国初中生身体素养体系，包括 4 个一级指标和 9 个二级指标以及 24 个三级指标⑦。

---

① 陈琦：《学生身体素养的评价》，《体育学刊》2002 年第 6 期。

② 陈思同、刘阳：《加拿大身体素养测试研究及启示》，《体育科学》2016 年第 3 期。

③ 赵雅萍、孙晋海、石振国：《加拿大 3 种青少年身体素养测评体系比较研究》，《首都体育大学学报》2019 年第 3 期。

④ 赵雅萍、孙晋海：《加拿大青少年身体素养测评体系"生命护照"研究及启示》，《成都体育学院学报》2018 年第 4 期。

⑤ 赵雅萍、孙晋海：《加拿大青少年身体素养测评体系 PLAY 解读及启示》，《首都体育学院学报》2018 年第 2 期。

⑥ 赵雅萍、孙晋海、陈思同等：《加拿大幼儿身体素养测评工具 Pre-PLAy 解读及启示》，《成都体育学院学报》2021 年第 5 期。

⑦ 李媛：《初中身体素养体系研究》，武汉体育学院 2016 年学位论文。

以桂春燕①、张塑华②领衔的北京体育大学学术研究团队以及赵海波③、张强峰④等学者也展开对美、加、澳、中等国内外身体素养测评工具的系统研究与分析，为我国本土学龄前儿童身体素养测评工具和体系研制提供宝贵的域外经验。

三、学龄前儿童身体素养的实证研究

（一）国外学龄前儿童身体素养的实证研究

实证研究是支持或反对任何特定理论的证据的积累⑤，在国外最近的一项研究中，焦点小组被用来探索父母和学龄前从业者对英国学龄前儿童中身体活动（PA）的认识，以及基本运动技能（FMS）能力。尽管这些研究检查了从业人员对 PA 和 FMS 的看法，但迄今为止，还没有一项研究单独解决身体素养（PL）的问题，更具体地说，是关于如何为培训课程和计划制定提供信息的研究。此前并没有研究使用专家和从业人员参与的两阶段方法来开发针对学龄前儿童的身体素养（PL）干预措施⑥。

在身体素养实践中，凯尔尼认为"常居室内确实减少了对儿童的一些危险；但其他风险会增加，包括对身心健康的风险、对自信心的风险以及辨别真正危险的能力"，要"抚养野花孩子"⑦。国外鼓励孩子走进大自然中运动，美国常用的社交网站 Twitter 上的儿童早期教育社区上展示了一

---

① 桂春燕、李红娟、王荣辉等：《儿童青少年身体素养测评工具研制进展》，《中国体育科技》2020 年第 4 期。

② 张塑华、李红娟、张柳等：《身体素养：概念、测评与价值》，《首都体育学院学报》2021 年第 3 期。

③ 赵海波：《加拿大身体素养测评体系的内容及启示》，《中国考试》2019 年第 11 期。

④ 张强峰：《加拿大身体素养测评演变的解析与启示》，《体育科学》2020 年第 8 期。

⑤ Edwards L. C., Bryant A. S., Keegan R. J., "Measuring" Physical Literacy and Related Constructs: A Systematic Review of Empirical Findings. *Sports Medicine*, 2018, 48: 659—682.

⑥ Foulkes J. D. Foweather L. Fairclough S. J., et al. "I Wasn't Sure What It Meant to Be Honest"—Formative Research Towards a Physical Literacy Intervention for Preschoolers. *Children*, 2020, 7, 76.

⑦ Cairney J., Clark H., Duddley D., et al. Physical literacy in children and youth: A construct validation study. *Journal of Teaching in Physical Education*, 2019, 38: 74—76.

个家长的短视频——一个 3 岁小女孩熟练地攀爬对她具有挑战的户外绳梯，旁白字幕显示：（家长这时）对孩子说"小心"只会打断她的专注力，这将对孩子的行为产生质疑和不确定性，也缺乏具体的帮助和指引。反之，只要在场，观察是否有任何失误或寻求帮助，相信你的孩子，他们是太能干了。同时，该网站中"泥巴脏手"、学龄前儿童攀岩的图片展示了学龄前儿童对于户外冒险类游戏的实践勇气，这些学龄前儿童身体素养实践的研究为本研究体系指标的设计提供了重要的理念参考。韦恩赖特（Wainwright）和古德韦（Goodway）通过定性和定量互补混合分析的方法，考察了威尔士基于游戏的学前身体素养课程"The Foundation Phase"（基础阶段）对培养儿童身体素养的贡献，研究认为作为一种自然干预措施，该课程是儿童早期建立身体素养基础的课程，特别是物体操控技能，尽管这些技能只对心理运动方面的身体素养有所贡献，但与后期参与身体活动强烈相关[1]。卡斯特利·达拉（Castelli Darla）等人使用多个搜索引擎来确定围绕身体素养和身体活动干预的现有文献，通过循证实践论证了学校综合身体活动计划（CSPAP）的各个组成部分，旨在探讨 CSPAP 作为组织框架，为儿童提供最有可能培养身体素养的身体活动机会。该研究还表明，优质体育教育、课前/课后、学校期间、工作人员的参与及家庭和社区的参与，可作为合乎逻辑的干预点，提供更多参与身体活动的机会以促成儿童身体素养。卡尔德威尔（Caldwell）等人在加拿大托儿所实施了 6个月的游戏干预，检验了 PLEY 项目对身体素养的身体活动、身体能力、自信和动机、知识和理解等 4 个领域的影响，认为户外松散的游戏有助于4 个身体素养领域的发展，包括增加运动项目、社交发展和享受身体活动，未报告干预的不良事件或副作用[2]。莱恩等人探索了以父母为中心的学龄

① Wainwright N., Goodway J., Whitehead M., et al. The Foundation Phase in Wales—a play-based curriculum that supports the development of physical literacy. *Education*，2016，44（5）：113—118.

② Caldwell H., Spencert R. A., Joshi N., et al. Impact of an outdoor loose parts play intervention on Nova Scotian preschoolers' physical literacy：a mixed-methods randomized controlled trial. *BMC Public Health*，2023，23：1126.

前儿童身体素养干预工作坊 PLAYshop 的实用对照试验认为，PLAYshop 参与改变父母身体素养知识和信心，增强与孩子的游戏，实施可行性很高，计划实施问题因环境（地点和参与者）而异[①]。曼尼托巴大学克里埃拉尔斯（Kriellaars）主任领导的研究探讨了教授儿童马戏艺术的新颖效果及其对他们身体素养的影响。研究人员采用准实验设计，全面展示在运动能力、儿童自信和动作术语理解以及积极参与方面的显著进步。在马戏艺术干预中，女孩和男孩之间的运动能力差距较小[②]。琳恩和娜丁研究认为，幼儿教育者对于学前儿童身体素养的养成十分关键，若其不能全面了解身体素养各个领域，则无法有效开发塑造运动体验和创造游戏环境来支持幼儿身体素养发展的方法，而身体素养的发展可与早期学习课程计划相结合，比如加拿大艾伯塔省的《早期学习和护理框架》就侧重于通过儿童主导的课程游戏使其获得技能，平衡游戏和创造熟练运动发展的机会有助于培养一个平衡良好、身体素养不错的孩子[③]。阿利亚蒂（Aryati）等人评估了印尼学龄前儿童身体素养与教师感知、积极参与及学校之间的相关性，认为教师的感知对于儿童身体素养参与之间存在显著相关性，教师可以帮助儿童变得更加活跃[④]。

　　综上所述，国外学龄前儿童身体素养的培养注重适当的户外冒险、自我探索、专注、自信等，注重对一线教师、父母等利益相关方身体素养的实证研究，强调"以科研数据指导实践"，即通过身体素养的干预实验或相关性研究的数据支持学龄前儿童身体素养各个领域发展。国外的相关

①　Lane C., Naylor P. J., Predy M., et al. Exploring a parent-focused physical literacy intervention for early childhood: a pragmatic controlled trial of the PLAYshop. *BMC Public Health*, 2022, 22: 659.

②　Dudley D., Cairney J., Goodway J. Special Issue on Physical Literacy: Evidence and Intervention. *Journal of Teaching in Physical Education*, 2019, 38: 77—78.

③　Lynne M. Z., Nadine V. W. Physical Literacy From the Start! The Need for Formal Physical Literacy Education for Early Childhood Educators, *Journal of Physical Education*, *Recreation & Dance*, 2024, 95: 3—5.

④　Aryati, Yetti E., Tarwiyah T., et al. Assessing early childhood physical literacy score in Indonesia: exploring the correlation between teacher perception, active teacher involvement, and school status. *Retos*, 2024, 59: 165—171.

实证研究已相对深入，相应的身体素养专业化实践也相对全面、系统，这与我国广大学龄前儿童利益相关方过多关注运动保护，强调"安全第一"的理念形成鲜明对比。实证研究已经相对深入，相应的身体素养专业化实践也相对全面、系统，为我国学龄前儿童身体素养的实证研究提供典范。

（二）国内学龄前儿童身体素养的实证研究

在我国，学龄前儿童身体素养的实证研究十分少见，学者较多地关注青少年学生群体的实证研究。于秀等通过对深圳、武汉、包头三个城市中学生进行身体素养的问卷调查后发现，深圳市中学生的身体素养整体水平高于武汉、包头，且不同指标表现出地域差异。认为造成这种差异的原因可能在于城市经济竞争力、人才竞争力、城市基础设施竞争力、文化竞争力等因素综合差异造成的[①]。马宏霞通过对河南大学生进行调查发现，河南省大学生整体身体素养偏低，且学校间、年级间、性别间差异显著[②]。张维凯等人建构了以生命关怀为导向、以生命健康为目的、以体育教育为核心的身体素养教育教学路径（见图 2-12），即以体育教育为核心，坚持生成性教育思维和以人为本的教育原则注重师、生与环境之间的多重交流互动，将运动嵌入身体，促进学生的身心发展，保证学生的生命完整和全面发展。上海体育学院学术团体通过"中国儿童青少年身体（体育）素养测评体系"研究在上海市杨浦区、松江区进行了初步的试点应用[③④]，研究发现上海市 50 万中小学生身体素养指数为 80.2[⑤]，这一研究是目前我国

① 于秀、孙夕鹭、刘海燕：《城市学生身体素养评价指标的研究》，《沈阳体育学院学报》2012 年第 5 期。

② 马宏霞：《河南大学生身体素养调查》，《体育文化导刊》2009 年第 12 期。

③ Chen S. T., Tang Y., Chen P. J., Liu Y. The Development of Chinese Assessment and Evaluation of Physical Literacy (CAEPL): A Study using Delphi Method. *International Journal of Environmental Research and Public Health 2020*; 17（8）: 2720.

④ 刘阳、陈思同、唐炎等：《中国儿童青少年身体素养测评体系的产生背景、构建应用及未来发展》，《上海体育学院学报》2021 年第 3 期。

⑤ 上海教育：《上海市教育委员会关于开展 2021 年本市中小学生身体素养测评相关工作的通知》，https://edu.sh.gov.cn/xxgk2_zdgz_qtjy_01/20210804.html，2021-8-10。

身体素养应用研究的前沿之一。香港中文大学沈剑威（Raymond Kim-Wai Sum）教授作为国际身体素养协会专家，带领香港身体素养研究团体进行香港儿童感知和实际的身体素养和身体活动的反向路径测试的横断面研究①。这一研究突破我国以理论研究为主的研究样态，参与国际前沿身体素养实证研究的学术对话。

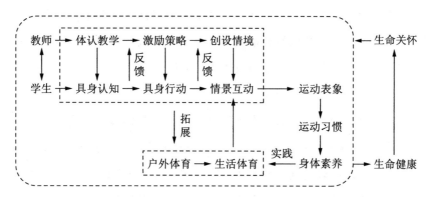

图 2-12　身体素养教育教学路径②

由此可见，当前我国多数身体素养应用实证研究主要聚焦青少年和大学生，对学龄前儿童身体素养的相关研究较为鲜见。而这一阶段对于儿童的成长至关重要，他们处于"身体素养之旅"的开端，身心发展具有独特性，许多能力尚未成熟，因此其身体素养的培养与其他年龄段群体存在差异，亟须引起重视。已有的应用研究结果表明，我国青少年及大学生身体素养整体水平不高的现状恰恰为我国儿童早期身体素养干预的必要性提供了论据支持——学龄前儿童的身体素养培育对于每个生命个体的"身体素养之旅"整个过程起着启蒙作用，对这一阶段实行身体素养干预将有效避免青少年身体素养并不乐观的现状。因此，从国内现状来看，学龄前儿童阶段身体素养的培育理应受到国家层面的重视。

---

① Li M. H., Sum K. W. R., Cindy H. P., et al. Perceived and actual physical literacy and physical activity: A test of reverse pathway among Hong Kong children. *Journal of Exercise Science & Fitness*. 2021, 19（3）: 171—177.

② 张维凯、李士英、王宏伟：《生命关怀导向下青少年身体素养教育教学路径构建》，《中国教育生命学刊》2021 年第 2 期。

四、学龄前儿童身体素养体系的方法研究

研究方法是牵一发而动全身的问题，是科学研究的生命线①。国外一般鲜少以"身体素养体系"展开专题研究，主要针对"身体素养"概念展开德尔菲法的系统研究。本研究"体系的构建与应用方法"的研究主要聚焦我国国内研究语境展开。因此，本部分拟汲取国外学龄前儿童身体素养的研究方法，探索在我国研究语境下体系构建与应用的研究方法，为后续学龄前儿童身体素养体系构建与应用奠定方法论基础。

（一）国外学龄前儿童身体素养的方法研究

国际身体素养研究领域鲜少出现学龄前儿童身体素养研究主题，英国学者福克斯（Foulkes）等人针对学龄前儿童进行身体素养干预的形成性研究，研究采用两阶段定性研究方法（Two-Phase Approach）寻求学者、专家、学前教育从业人员对身体素养研究的见解，以便为学龄前儿童身体素养干预措施的设计提供信息，即第一阶段：采用半结构化电话访谈，涉及身体素养或体育锻炼与健康领域的国际专家（学术界、有经验的从业人员，并且具有幼儿的专业知识），访谈主题包括对身体素养概念的观点以及针对旨在改善学龄前身体素养干预措施的建议；第二阶段：采用焦点小组。由来自四个当地儿童中心的从业者组成的焦点小组组成。专题小组探讨关于拟议的身体素养（PL）干预措施的可行性和可接受性的观点。研究表明，尽管学前教育者对身体素养概念的了解有限，但对儿童发育的了解却很明显，所有参与者都同意有必要对从业者进行进一步的培训②。这一研究是国外学龄前儿童身体素养应用的典型研究，代表了国际这一领域顶尖的研究水平，该研究采用的两阶段定性研究方法为本研究中学龄前儿童身体素养要素的形成和指标体系的构建和应用研究提供重要的方法论支持。

---

① 张力为：《体育科学研究方法》，高等教育出版社 2006 年版。

② Foulkes J. D., Foweather L., Fairclough, S. J., Knowles, Z. "I Wasn't Sure What It Meant to Be Honest" —Formative Research Towards a Physical Literacy Intervention for Preschoolers. *Children*，2020，7，76.

（二）国内学龄前儿童身体素养的方法研究

1. 学龄前儿童身体素养体系构建的方法研究

研究发现，德尔菲法在我国近 20 年的体育科学体系构建研究中的应用逐渐增加，作为科学预测性研究的典型方法，最常用于指标体系的构建研究（67.7％）[①]。德尔菲法的主要特征是"匿名反馈"、"迭代"，即在意见征集的过程中形成的问题列表项目较多，应进行逐步筛选、做到收敛，意见趋向集中。该研究还指出，在每次迭代开始之前对于上一轮意见的保留、分歧作出必要的解释。对于大多数研究而言，需要 2—3 轮次的专家意见征询[②]。

学者赵富学通过文献资料法对体育学科核心素养要素进行选取，并使用访谈和问卷调查结合的方法进行第一轮、第二轮专家体育学科核心素养的调查问卷，通过数据分析和整理，根据 AHP 层次分析赋配体系结构的指标权重形成第三轮专家意见征询，继而进行个别专家访谈法对指标体系进行确认，最后进行针对构建的指标体系进行课堂观察并向学校、政府等相关机构提供提高学生身体素养的建议和意见[③]。胡月英运用文献资料法、比较研究法、定性定量多重论证法、问卷调查法、德尔菲法、层次分析法、测量法、数理统计法等研究方法构建儿童青少年体育健身评估指标体系[④]。该研究同样采用德尔菲法进行体系的构建研究。查茂勇从体系构建的理论基础、指标选取原则、指标选取的确定方法（德尔菲法）和权重系数确定过程对大学生身体素养评价指标体系进行研究[⑤]。马跃华通过文献资料研究、专家访谈、德尔菲法等构建初中生身体素养评价指标体系[⑥]。

①② 李博、任晨儿、刘阳：《辨证与厘清：体育科学研究中"德尔菲法"应用存在的问题及程序规范》，《体育科学》2021 年第 1 期。

③ 赵富学：《课程改革视域下体育学科核心素养研究》，南京师范大学 2018 年学位论文。

④ 胡月英：《儿童青少年体育健身评估指标体系构建及应用研究》，上海体育学院 2017 年学位论文。

⑤ 查茂勇：《大学生身体素养评价指标体系构建及自测量表编制》，南京师范大学 2014 年学位论文。

⑥ 马越华：《初中生身体素养指标体系构建研究》，中北大学 2021 年学位论文。

赵研等通过德尔菲法建构我国青少年身体素养的测评结构和路径模型①。此外，郭浩基于健身气功视角探索大学生身体素养评价指标体系②。但研究表明，德尔菲法在我国体育科研应用中存在以下不规范之处：（1）方法误用；（2）方法学报告不严谨，缺少必要的指标报告；（3）方法学特征不清晰；（4）判定和选取专家的依据模糊；（5）专家意见纳入、删除标准不清晰；（6）体系构建研究中缺少"预先定义的问题表"和"应用规范"③。提示本研究在应用德尔菲法进行专家咨询过程中需要规避以上问题，注意德尔菲法的规范应用。

总体而言，国内以"身体素养体系构建"为主题的研究成果主要采用德尔菲法，并多遵循以下研究思路：通过文献资料萃取指标，形成第一轮德尔菲专家调查问卷——搜集、分析第一轮问卷，根据专家意见继续修订问卷，计算平均数、标准差、变异系数等相关统计学指标，形成第二轮专家调查问卷——根据 AHP 层次分析法及相关统计学方法，量化各级指标的权重④，最终形成指标体系。鉴于此，将注意规避以上既有研究中存在的问题，严格参照规范的德尔菲法研究程序⑤，以此提升德尔菲法的应用质量。此外，拟攫取国内对于指标体系构建的主流研究方法，遵循以下程序：文献萃取指标→德尔菲专家意见征询→每一轮计算专家协同系数、均值、标准差、变异系数等统计指标，形成体系→通过统计分析赋权重→形成具有权重的指标体系→专家意见征询→体系优化→最终形成相对科学、合理的指标体系。

2. 学龄前儿童身体素养体系应用方法的研究

在体系应用研究方面，赵富学在构建体育学科核心素养体系之后，花

① 赵研：《我国青少年身体素养测评结构研究》，《沈阳体育学院学报》2019 年第 2 期。
② 郭浩：《健身气功选修大学生身体素养评价指标体系构建研究》，西南大学 2017 年学位论文。
③⑤ 李博、任晨儿、刘阳：《辨证与厘清：体育科学研究中"德尔菲法"应用存在的问题及程序规范》，《体育科学》2021 年第 1 期。
④ 马跃华：《初中生身体素养评价指标体系构建研究》，中北大学 2021 年学位论文。

费大量笔墨进行策略探讨和实践设计，主要从能力化、课程化、专业化对体系应用主体进行理论分析，阐释"能力化、专业化、课程化"的体育学科核心素养体系落地化处理的机制和路径①，进行课程改革视域下体育核心素养体系实施信度、独立测评者信度检验、素养中的结构效度并通过课堂观察日志案例分析的实证研究②，为素养体系走向实践进行科学化论证。查茂勇的研究进行自测量表编制的应用研究③，较早地开启我国身体素养评价指标体系的应用研究，但其应用研究的深度还有待进一步的加强。殷宪阳研制长春市大学生身体素养评价指标体系④。柴梓构建沈阳市高中生身体素养评价指标体系后通过调查分析发现：学生整体的身体素养情况不容乐观，男生整体优于女生，各个指标在不同性别和年级上具有差异性，随着年龄增长呈现不同趋势⑤。此外，郭浩基于健身气功视角探索大学生身体素养评价指标体系⑥，杜晨的体系应用方法主要是依据构建的指标体系维度设计相应问卷，并对天津市儿童身体素养情况展开调查分析，认为整体呈良好态势⑦。总之，在体系应用研究方面，国内学者对于相关指标体系的应用研究主要采用体系的信效度检验、不同应用人群的理论应用报告分析、自测量表的编制以及问卷调查等方式进行体系的应用研究，这为本研究的体系应用提供方法论启示。

综上所述，由于研究语境的差异，国外学者鲜少进行"身体素养体系"的相关研究，主要是对于"身体素养"本身的专业化实践，尤其是在学龄前阶段的应用和实践研究。而我国在体系应用方面的研究主要围绕

---

①② 赵富学：《课程改革视域下体育学科核心素养研究》，南京师范大学 2018 年学位论文。

③ 查茂勇：《大学生身体素养评价指标体系构建及自测量表编制》，南京师范大学 2014 年学位论文。

④ 殷宪阳：《长春市大学生身体素养评价指标体系构建研究》，吉林体育学院 2020 年学位论文。

⑤ 柴梓：《沈阳市高中生身体素养评价指标的构建与应用》，沈阳体育学院 2018 年学位论文。

⑥ 郭浩：《健身气功选修大学生身体素养评价指标体系构建研究》，西南大学 2017 年学位论文。

⑦ 杜晨：《天津市 7—12 岁少儿身体素养研究》，天津体育学院 2020 年学位论文。

"儿童青少年"阶段展开，且研究成果主要产自硕士学位论文，针对学龄前儿童身体素养体系、颇具研究深度的博士学位论文相对较为鲜见，这为本研究提供了广阔的研究机会和空间。根据研究方法的可复制性原则，本研究拟采用赵富学博士的理论与实践研究的思路进行体系构建和实践应用研究。

第三节　国际学龄前儿童身体素养发展与研究的特点与启示

为进一步掌握国际学龄前儿童身体素养的发展趋向和研究方向，汲取学龄前儿童身体素养研究的经验，进而为本学龄前儿童身体素养体系的构建与实践研究提供积极的借鉴，本节对当前国内外学龄前儿童身体素养发展与研究的特点和启示进行深入分析和提炼。

一、国际学龄前儿童身体素养发展与研究的特点

（一）强调学龄前儿童身体素养的具身性和全局性

作为学术研究的"舶来品"，身体素养自从进入我国体育学者的研究视野起，概念、内涵、元素、理论的研究就相继被"提上日程"，神秘面纱也在百家争鸣中彰显众说纷纭、莫衷一是的本色。实际上，身体素养贯穿于人的整个生命周期，在不同阶段对其身体素养的要求也有所不同。从各国发布的各项学龄前儿童身体素养的相关政策及项目可见，具身性是学龄前儿童身体素养继承身体素养的先天"基因"，也是国外身体素养发展和研究中强调的重要特性之一。此外，无论是英国、加拿大、美国，或者是澳大利亚，对学龄前儿童身体素养的内容解析均包括认知、身体、心理和社会适应四个方面，即："重视并承担终身体育活动的动机、信心、身体能力、知识和理解"。这样既关注学龄前儿童的心理健康发展，也关注其身体和社会适应等方面的共同发展。

（二）重视学龄前儿童身体素养的课程开发与实施

课程实施是实现学龄前儿童身体素养培养和养成的重要途径，对学龄前儿童身体素养的发展与培养有着不可忽视的作用。对国外学龄前儿童身体素养发展现状和研究的梳理与分析显示，发达国家不仅制定了各自的身体素养标准，而且重视以学龄前儿童身体素养为导向的体育课程、运动游戏课程的开发与实施，如：加拿大 PHE Canada 项目通过促进和推进高质量的体育和健康教育以及健康的学习环境，确保加拿大的每一个儿童和青年都拥有知识、技能和态度，过上舒适、积极和健康的生活。通过将身体素养培养与体育课程相衔接，实现学龄儿童身体素养的培养发展。

（三）聚焦学龄前儿童身体素养的实践与应用

通过梳理发现，各国政府及相关部门不仅对学龄前儿童身体素养的理论体系进行详细解析，而且还对身体素养的实践指导进行落地化设计与应用，以提升身体素养在身体发展过程中的作用和价值。针对学龄前儿童身体素养的实践与应用，各国从学校体育课程开发、社会体育俱乐部发展、运动员选材等方面都将身体素养作为核心，对儿童青少年加强干预和培养，形成全社会参与的干预氛围，并且在学龄前儿童身体素养的科学研究领域获得丰硕成果。此外，各个发达国家还重视对学龄前儿童身体素养的精细化培养，以"月龄"为单位对学龄前儿童展开有针对性的培养，注重不同学段和年龄段之间身体素养培养的衔接，为不同阶段儿童身体素养的发展奠定良好的理论基础和实践基础。我国多数身体素养研究成果只是针对青少年和大学生，没有关注学龄前阶段儿童培育重要性的研究，对于身体素养早期培育的研究成果及相关理论均较为鲜见，学龄前儿童身体素养领域的研究与实践刚刚起步，相关的科研成果十分有限和匮乏，专业化实践研究更是无从谈起。

二、国际学龄前儿童身体素养发展与研究的启示

在掌握当前国际学龄前儿童身体素养发展和研究趋向的基础上，为进

一步汲取研究经验，切实为中国学龄前儿童身体素养发展与专业实践提供世界经验，在深入分析和提炼当前国际发展与研究的启示后，立足中国的国情，认为中国镜鉴在于：

（一）加强政府对学龄前儿童身体素养的宏观指导和监管投入

英国、加拿大、美国、澳大利亚、丹麦五国的发展经验显示，我国政府在政策层面亟须视"身体素养"同算数、识字一样重要，高度重视对学龄前儿童身体素养的培养和宏观指导：第一，应尽快将对学龄前儿童身体素养的培养纳入国家各级战略的政策文件中，引起利益相关方的高度重视，尤其要加强国家层面《学龄前儿童身体素养发展指南》的研制和推行，建立中国学龄前儿童身体素养发展的标准，确保学龄前儿童能直接获得身体素养的科学指导和专业化干预能够"有的放矢"。第二，在师资培养上，不仅要注重高素质专业化学前体育师资的培养和培训，还应建立学前教师体育教育专业发展的长效机制，为一线学前教师提供更多的身体素养理论学习和进修机会，鼓励一线幼儿园教师不断提升自身身体素养，从而帮助我国新一代国民在根本上获得身体素养的优质指导。第三，在物力投入上，政府除需改善各级幼儿园户外和室内体育设施资源和教学环境外，还应及时进行运动设施的更新和维护，确保学龄前进行儿童身体活动的安全性和适用性，为其身体素养的养成提供周到的活动平台和培养资源。第四，为确保相关政策有效落实，可设立专门的"学龄前儿童身体素养"的监管机构，依据监督政策的执行情况和学龄前儿童身体素养的发展水平，每年定期向社会反馈《学龄前儿童身体素养报告》，逐渐形成全社会密切关注和了解"学龄前儿童身体素养水平"的积极氛围。

（二）重视家长的作用并尽早实施学龄前儿童身体素养综合干预行动

各发达国家开展的一系列学龄前儿童身体素养的政策、行动及计划，为本国国民从中收获身体素养做出了积极探索。学龄前儿童身心发展尚不完全、需充分发挥家庭、家长的积极引导作用。此外，学龄前儿童身体素养的发展是一项系统性、整体性工程，应积极整合学校、家庭及社区力量参与学龄前儿童身体素养发展，建成基于学龄前儿童身体素养的"共同体"，共同参与，共建共享，共同打造基于学龄前儿童身体素养的综合干预行动。一方面，从国家层面制定与之匹配的政策文件，营造良好的政策支持环境，为学龄前儿童身体素养提升提供政策保障。另一方面，教育、体育有关部门，应及时研发、出台家长、教师等利益相关方的辅助操作指南，实施学龄前儿童身体素养的干预方案，指导和帮助基层单位开展有效干预。最后，家庭、学校和社区应形成基于学龄前儿童身体素养的"共同体"，建立综合性的干预行动网络，从而为学龄前儿童身体素养养成和提升营造良好的社会支持环境和措施。家庭的作用至关重要，家长要增强自身的教育意识，积极参与儿童的身体素养培养。除了日常的户外活动，还可以和孩子一起制定运动计划，记录孩子的成长过程，培养孩子的自律性和坚持性。同时，家长要注重自身的榜样作用，保持健康的生活方式，为孩子树立良好的典范。社区要积极构建儿童友好型环境。除了组织体育活动和比赛外，还可以建设儿童专属的运动场地和设施，如小型足球场、儿童游乐设施等。社区与学前教育机构的合作应更加紧密，共同开发适合儿童的课程和活动，形成教育合力。

（三）加强对学龄前儿童身体素养构成要素的科学遴选及其体系构建

在"身体素养"研究中，国外学者对于"Physical Literacy"一词的概念界定尚不明确，亟待澄清。而对于其下位概念"学龄前儿童身体素养"的界定研究也较为鲜见，我国亟须加强对学龄前儿童身体素养构成要素的科学遴选和指标体系构建的研究，这是学龄前儿童身体素养发展和研究的先决条件。具体而言，可以从以下两个方面着手：

首先，明确学龄前儿童身体素养构成要素的遴选思路。通过对国际研究领域"身体素养""儿童早期身体素养"等相关主题的文献分析，萃取密切相关的关键要素，同时以符合学龄前儿童身心发展特点和发展水平为基本准则，纳入具备中国文化特色的元素以及幼儿园一线教学中相关联的教学实践元素，形成系统的元素列表（即"指标池"），供多学科研究专家精准筛选，以定性与定量相结合的方式，最终确定学龄前儿童身体素养的构成要素，打通理论与实践融合的构成要素选取通路。

其次，应遵循合理的遴选依据，确定学龄前儿童身体素养的构成要素。第一，放眼国际视域，从概念源头探寻构成要素的同质化遴选。在遴选构成要素时需追溯这一理念的本源，以确保体系构成要素的同宗同源。近年来，在身体素养研究场域，国外学者非常重视对这一概念的界定，但是尚无定论，而对于其下位概念——学龄前儿童身体素养的内涵界定研究也较为鲜见。为弥补这一研究缺口，顺应当前国际研究的主流趋势，充分遵照首创者对于 Physical Literacy（身体素养）界定中最核心、最根本的内涵，即攫取内涵本源进行构成要素的同质化界定，并以此为基础实现体系内容和结构的构建。第二，立足本土实际，从传统文化中挖掘构成要素的生长之基。在本研究中，学龄前儿童身体素养体系最终的适用环境是在我国广大幼儿园、家庭或社区等学龄前儿童所生长的本土环境之中。因此，对其构成要素的遴选需要充分考虑我国研究语境的实际，将这一学术研究的"舶来品"深植中国深厚的文化之中，从而使其获得可持续发展的生命力。第三，遵循发育规律，彰显学龄前儿童身体素养的阶段性特色。与上位概念身体素养相比，学龄前儿童身体素养指向的是学龄前儿童，而这一阶段的儿童认知、动作发展等方面的发展还尚不完全。因此，在进行构成要素筛选时需要充分考虑这一阶段儿童的身心发展特点及其动作发展规律，使学龄前儿童身体素养构成要素以及体系的指标设计符合学龄前儿童的能力范围，避免超纲或者说过于成人化，即学龄前儿童通过努力能够达成身体素养体系中的指标。第四，紧随时代潮流，赋予内涵以新时代发展的鲜明特征。在 21 世纪的当下，一个新生事物的产生需要与时俱进地贴合所处的时代背景才能具备长久的生命力。学龄前儿童身体素养这一概念作为当前国际上前沿性地研究视点在新时代中国的介入和发展势必具备时代特征和印记。因此，需要关照这一概念所处的时代背景，赋予其新时代背景之下国际前沿性研究视点的鲜明时代特征。

（四）尽早研发基于学龄前儿童特点的身体素养框架和课程方案

由综述可知，各国积极响应国际身体素养发展潮流，已经相继出台本国学龄前儿童身体素养框架和项目，譬如，英国发布《儿童早期身体素养框架》，开展"健康运动者计划"和"基础阶段"等项目；加拿大形成完善的多元发展模式，包括"积极开始"项目、"苹果种子"模型和《学前身体素养规划手册》；美国则发起多项干预措施，如"学校综合干预行动""游戏计划""终身强壮"项目和 SKIP 课程等。澳大利亚、丹麦也都以相应的举措推动学龄前儿童身体素养的发展。各国为本国儿童身体素养发展提供了直接的身体素养发展"里程碑"的操作指引，而这也是我国继《3—6 岁儿童学习与发展指南》颁布之后亟须弥补空白的重要行动。同时，学龄前儿童身体素养的课程化实践已成为发达国家的一个重要研究趋势。因此，我国应积极研发基于学龄前儿童身心特点的身体素养干预课程。由于学龄前儿童时期形成的行为习惯对于人的一生具有深远的影响，同时，学前期是发展基本动作技能的"窗口期"。因此，基本动作技能是这一时期需要发展的重点。然而，目前我国仍缺少旨在系统发展学龄前儿童身体素养或基本动作技能的体育游戏课程方案，幼儿园的课程设置相对忽视学龄前儿童身体素养的培养与提升。因此，应积极与国际学龄前儿童身体素养发展研究的前沿保持同步，研发基于学龄前儿童身体素养干预的体育游戏课程或课程方案，从而为推动我国学龄前儿童身体素养的养成提供重要的干预载体。

（五）尽快探索我国学龄前儿童身体素养测评工具的科学开发

澳大利亚、加拿大等国学术团体已经围绕儿童身体素养测评展开图形化定量测评，我国学者也对学龄前儿童身体素养的测评工具进行了有限的探索，但仍未形成本土化的统一、公认的测评工具。因此，我国应积极进行学龄前儿童身体素养的测评工具的探索，为了解我国学龄前儿童身体素养的发展水平并促进其身体素养水平的提升提供媒介。积极制定基于学龄前儿童身体素养的观测系统，主要以主观观察记录的方式对学龄前儿童身体发展进行观察记录；同时，积极研发基于学龄前儿童身体素养的测评系统，以量表填写形式对学龄前儿童身体发展进行测试；开发基于学龄前儿童身体素养的智能监测系统，依托大数据、人工智能等技术实现学龄前儿童身体素养测评自动化、数字化。

（六）积极采用数字技术促成学龄前儿童身体素养研究的国际交流与合作

丹麦哥本哈根大学应用直播技术召开了伊拉斯谟直播研讨会（Erasmus＋live seminar），汇聚众多专家进行相关知识的渗透，因此，作为在学龄前儿童身体素养研究领域尚不"出挑"的中国，则应应用本国发达的智能化学术交流平台和手段，以更加积极主动的姿态广泛参与当前"学龄前儿童身体素养"研究领域的国际前沿对话和交流，聚焦"学龄前儿童身体素养"这一研究主题，积极应用"抖音直播""腾讯会议"等新兴交流软件平台汇集来自全球的专家、学者进行"国际交流与合作"，并将之作为我国谋求本国学龄前儿童身体素养高质量发展的新选项。除了像丹麦等积极开展国际学术交流的"直播研讨会"外，中国还可针对"学龄前儿童身体素养发展和研究"建立相对频繁的高品质国际学术合作项目，有针对性地"请进来"，邀请国际顶尖专家与中国学者进行深度学术对话和合作，将其纳入我国学龄前儿童身体素养发展的"国际智库"。同时，也应大胆提倡"走出去"，鼓励该领域的中国专家积极走向国际学术研究的舞台，将中国学龄前儿童身体素养研究的最新实践动态和研究成果向世界传播，让世界了解中国学龄前儿童身体素养的最新发展状况。在交流与合作中，注重吸收和转化，不仅要引进先进的研究方法和技术，还要结合中国国情进行本土化改造，形成具有中国特色的学龄前儿童身体素养的培养道路。

综上所述，新时代的中国正迈向美好的未来，成长于新时代的学龄前儿童的生活和思维方式已发生极大变化，对其培养的顶层设计势必需要改变。面对"如何帮助中国学龄前儿童应对未来挑战？"这一时代教育命题，本章立足体育学科、聚焦健康领域"身体素养"前沿视点,对英国、加拿大、美国、澳大利亚、丹麦和中国的学龄前儿童身体素养的发展现状、研究进展进行系统梳理,试图把握其中要义并进行深度思考,为我国学者和一线幼儿园教师打开研究视野,这是我国学龄前儿童身体素养研究本土化的开端。从国际态势看,在发展现状方面,各发达国家已将"身体素养"这一体育教育的顶层设计理念逐渐渗透到学前阶段并开始"身体素养干预"的实践研究。而中国虽起步较晚,但已在政策层面给予重视。在研究动态方面,英国、加拿大、美国、澳大利亚、丹麦五国学龄前儿童身体素养的研究主要集中在构成要素、测评工具及其实证等方面,而中国在这些方面的成果则十分有限。总体来看,当前国际上身体素养已然从理念研究向干预实践跨越,并实现了从青少年向学龄前儿童的学段前移。虽然各国推行的政策、项目内容及研究进度并不相同,但都在积极参与国际学龄前儿童身体素养研究和实践的对话,努力让本国国民在"身体素养之旅"的第一站就能获取早期培养,使其以强健的运动能力、扎实的运动知识、健康的行为及丰富的情感在未来的国际竞争中发挥优势。希望通过本研究引起更多中国学龄前儿童利益相关方对"学龄前儿童身体素养"的重视,并为切实解决我国学龄前儿童身体活动不足、近视眼激增、肥胖儿增多、社交障碍等令人担忧的健康问题打好"组合拳",为新时代中国培养身体素养高的新一代国民提供有力支撑。此外,构成要素的遴选应基于科学合理的选取思路,同质化、本土化、阶段性以及时代性是进行本研究中学龄前儿童身体素养的内涵界定的四大考虑因素。在对学龄前儿童身体素养构成要素以及体系指标进行遴选时,需要综合考虑学龄前儿童身体素养的特殊性。同时,应积极研发学龄前儿童身体素养干预的课程方案,架构身体素养的理论与学龄前儿童之间的勾连,积极探索学龄前儿童身体素养测评工具,并联动家长、教师等利益相关方的力量,共同促进学龄前儿童身体素养的发展。

第三章　学龄前儿童身体素养体系研究的理论基础

　　本研究以"学龄前儿童身体素养体系"为研究视点，核心内容是针对学龄前儿童的身心发展特点进行的身体素养体系理论构建与实践探索，是学前教育、身体素养、体系构建、体育教育等多个研究领域的交叉性研究，涉及学龄前儿童身体发育、认知发展、心理发展、动作发展等多领域的理论知识，其知识点和研究点相对比较繁杂。

　　因此，势必需要在多学科理论的襄助之下才能确保研究"地基"的扎实。对学龄前儿童身体素养体系基础理论的系统梳理是夯实本研究根基的重要途径。同时，还应兼顾学龄前儿童身体素养体系设计的整体性和系统性原则，以及身体素养课程方案设计的科学性。通过紧密围绕学龄前儿童身体素养体系构建、基于身体素养体系构建的课程方案等研究主题，多视角、跨学科地挖掘扎实支撑本研究的一系列基础理论，以期以跨学科理论群为学龄前儿童身体素养体系构建奠定理论支撑。

第一节　学龄前儿童身体素养体系构建的相关理论

一、具身认知理论

　　具身认知理论（Embodied Cognition，EC）是身体素养产生的重要理论之一。该理论认为身体是能思想的物体，思想、心灵和肉体之间相互联系，互为一体①。与将头脑视为抽象信息处理器的传统观点不同，具身认知理论表明，对物体和事件的表征是以行动为基础，且运动心理学（尤其是运动技能专业知识研究）对于促进具身认知理论发展至关重要②。与经典认知理论相反，具身认知理论提出，行为和身体经验（如直接的感觉运动交互作用）对认知过程至关重要③。当认知深深地依赖于一个主体的身体特征时，认知就体现出来了④。具身认知理论还认为，思考情感话题会增加心率和体温。从认知角度来看，身体需求（如饥饿）会不自觉地将注意力转向环境中的相关物体（如食物）；心理想象用于某个动作会激活大脑的运动前皮质和运动皮质，进而影响想象中肢体的肌肉张力⑤。同时，研究证据表明，身体状态、感知和行动的特定形态系统是信息处理的基础。这种具身化有利于心理现象的各个方面⑥。

由此可见，具身认知理论的主要观点在于身体、认知、情感以及行为等内在要素紧密相关并且彼此促进。这一理论对于本研究的启示是在学龄前儿童身体素养体系构建过程中，应注意身体素养的具身性特点，不能将身体、认知、情感等维度人为割裂，要将身体素养的各个维度和各级指标视为一个不可分割、相互联系的整体。同时，在进行学龄前儿童身体素养体系实践过程中，充分关注到身体素养具身性的天然特点，在横向和纵向上展开体系的维度指标、一级指标以及二级指标的整体性联系，最终促使学龄前儿童获得身体、认知、情感等方面整体性的发展。

---

①④⑥ Foglia L., Wilson R. A. Embodied cognition. *Wiley Interdisciplinary Reviews*：*Cognitive Science*, 2013, 4 (3)：319—325.

② Beilock S. L. Beyond the playing field：Sport psychology meets embodied cognition. *International review of sport and exercise psychology*, 2008, 1 (1)：19—30.

③ Borghi A. M., Scorolli C., Caligiore D., et al. The embodied mind extended：using words as social tools. *Front. Psychol.* 2013, 4：214. doi：10.3389/fpsyg.2013.00214.

⑤ Goldinger S. D., Papesh M. H., Barnhart A. S., et al. The poverty of embodied cognition. *Psychonomic bulletin & review*, 2016, 23 (4)：959—978.

二、儿童发展敏感期理论

儿童发展敏感期理论最早是由奥地利著名动物习性学家康拉德·劳伦兹（Konrad Lorenz，1903—1989）在研究中发现和提出的——通过动物观察发现，小鸭刚刚出生的时候，对于自己第一眼看到的动物具有追随的行为特征，并将之作为今后的一种固定的行为方式，且终生不变，劳伦兹将这一有趣的现象称作为"母亲印刻"，并且把发生"母亲印刻"的这段时间称之为"敏感期"[①]。敏感期是孩子感知和智性发展、心灵美化和人格成长的阶梯。与动物一样，人类的成长同样存在不同的时期，且每个时期的发展并非平衡一致，儿童发展就存在语言、感官、动作等8个不同的敏感期，本研究相关的敏感期主要为7个（见表3-1）：

表3-1 儿童发展的7个相关敏感期[②]

序号	敏感期	年 龄	行为表现
1	语言敏感期	0—6岁	咿呀学语即开始了语言敏感期，语言能力影响儿童的表达能力。
2	秩序敏感期	2—4岁	常常表现在生活习惯、秩序性、所有事物的要求上，培养时需要建立自己与外界关系的认知。
3	感官敏感期	0—6岁	儿童通过通常会根据感官来分析、判断环境中的事物。
4	对细微事务感兴趣的敏感期	1.5—4岁	儿童常能捕捉到周围微小事物的奥秘。如儿童对衣服上的细小图案或者是泥土里的小昆虫产生兴趣。
5	动作敏感期	2—6岁	2岁是学龄前儿童最活泼好动的时期，应充分让儿童充分进行粗大动作技能的发展，使其肢体动作正确、熟练，并帮助儿童均衡开发左、右脑。
6	社会敏感期	2.5—6岁	逐渐脱离自我为中心的时期一般发生在儿童的2.5岁左右，这一时期的儿童对群体活动和结交好同伴或者朋友感兴趣。应帮助儿童明确生活规范、日常礼仪。
7	读写敏感期	3.5—5.5岁	在敏感期内，如果儿童的语言、感官、肢体动作得到充分发展，其阅读和书写的能力将会自然产生。

---

① 华炜：《学前儿童心理健康教育》，中国人民大学出版社2015年版。

② 罗家英：《学前儿童发展心理学》，科学出版社2011年版。

　　儿童发展敏感期理论对本研究的启示是紧密结合学龄前儿童不同敏感期，设计身体素养体系维度指标和具体指标，尤其是为一级指标、二级指标的设置提供重要的理论支撑，能够有效提高指标设计的科学性和适切性，进而促使学龄前儿童能够在敏感期范围内及时获得相应的身体素养发展。同时，儿童发展敏感期理论在学龄前儿童身体素养体系课程方案研发方面，给予科学、针对性的理论指导，帮助幼儿、教师或家长准确了解和掌握儿童心智、动作、行为发展的方向、特点与阶梯，为身体素养的教学引导与家庭教养提供重要的实践参考。

第二节　学龄前儿童身体素养体系构建的相关模型

一、身体素养—身体活动—健康循证模型

　　2019 年，约翰·凯尔尼（John Cairney）博士及其同事发表了身体素养—身体活动—健康循证的关系模型（见图 3-1），该模型显示个体整个生命过程中身体素养、身体活动和健康结果之间的相互关系，涉及身体活动以及个人水平和社会/环境条件对该过程的潜在调节（交互）影响。该模型将身体素养描述为"运动""社会""情感"和"动机"四个因素之间的闭环式、周期性的互惠发展与影响（这样的描述符合公认的身体素养定义）[1]。需要注意的是，该模型更加强调四个因素在周期性发展中的积极循环参与，将知识置于闭环循环之外，知识是循环过程的结果产出，但知识同时也会影响儿童参与运动的积极性，故使用双向箭头予以标识。可以看出，该模型既强调不同概念之间动态关联的重要性，又从相互依赖性的角度强化身体素养的整体性特征。

　　身体素养、身体活动和健康的关系循证模型，从宏观上提供了身体素

---

[1]　Edwards L. C., Bryant A. S., Keegan R. J., et al. "Measuring" physical literacy and related constructs: a systematic review of empirical fndings. Sports Med. 2018; 48（3）: 659—682. https://doi.org/10.1007/s40279-017-0817-9.

养与身体活动、健康之间动态关联的证据，也从微观上为学龄前儿童身体素养体系要素的内在关联提供强有力的逻辑关系框架，为本研究身体素养体系构成要素的遴选、体系的维度指标、具体指标的确立，提供有力的理论支撑。

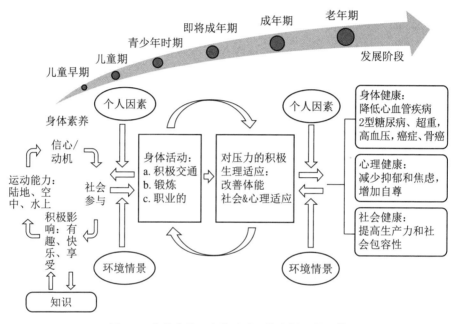

图 3-1　身体素养—身体活动—健康循证模型①

二、动态系统理论模型

动态系统理论（Dynamic System theory，DST）中的"动态"一词传达的理念是运动发展变化是不连续和非线性的，这会造成个人经历不同的发展途径可以产生相同的发展结果。这一理论认为个人在多个子系统之间相互作用即产生了运动技能等方面的表现，这些相互作用的子系统都有不同的发展速率②，动态系统理论是解释动作发展研究领域最著名的

---

① Cairney J., Dudley D., Kwan M., et al. Physical literacy, physical activity and health: Toward an evidence-informed conceptual model. *Sports Medicine*, 2019, 49 (3): 371—383.

② Smith L. B., Thelen E. Development as a dynamic system. *Trends in cognitive sciences*, 2003, 7 (8): 343—348.

方法之一①。动态系统理论建议儿童可以按照自己的发展顺序发展自己的运动技能，这就意味着一些学龄前儿童可能会跳过某些阶段，或以非顺序的方式发展技能。②运动的发展并不是一个按照基因规定出现技能顺序的过程，而是婴儿不断在身体和环境约束下，通过积极地整合技能来实现其目的的过程。

因此，在身体素养体系指标的设计过程中，需注意动作技能任务，且要根据每个儿童不同的发育水平进行灵活变化和调整环境，而不能以同一个标准进行"一刀切"，注意动作发展不是线性的而是动态的，发展发生在不同的时间尺度上，涉及多个子系统。同时，应注重在学龄前阶段进行大肌肉动作技能的"刺激"，有助于儿童动作技能的掌握，尤其是设置他们能力范围以外"够一够，能够着"的挑战性水平，能激发其运动兴趣，促使其努力达成技能目标，使学龄前儿童在原有的运动能力水平基础上收获更大提升。

三、动作发展序列模型

1980 年西费尔德特（Seefeldt）开发了动作发展顺序模型（见图 3-2）。该模型描述 4 个水平阶段的动作发展，认为儿童的动作发展具有一定的发展序列，学习者学习新的运动技能的前提是必须获得某些关键的能力。运动技能从一个阶段发展到下一个阶段对于获得高水平的技能至关重要。第 2 层级的基本运动技能阶段处于学龄前阶段（儿童早期），包括移动性技能（例如跑步、跳）和操控性技能（例如运球、踢球），基本运动技能是更复杂的运动和舞蹈技能的基础。在基本动作技能阶段和过渡动作技能阶段之间，西费尔德特设定了一个假想的、处于模型核心的"能力障碍"。能力

---

① Ku B. The Effects of Motor Skill Interventions on Motor Skills in Children with Developmental Disabilities: A Literature Review. *The Asian Journal of Kinesiology*，2020，22（4）：11—22.

② Smith L. B. Cognition as a dynamic system: Principles from embodiment. *Developmental Review*，2005，25（3—4）：278—298.

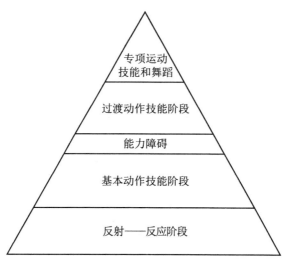

图 3-2　动作发展序列模型

障碍的下一个阶段是过渡运动技能阶段，这一阶段促成专项运动技能阶段，即包括篮球、排球和网球等各种运动技能。从模型的纵向结构看，如果没有获得关键的基本动作技能，儿童将无法继续进入更复杂的运动和游戏。值得注意的是，每个儿童达到成熟阶段的速度不一，若运动发展过于滞后，同时又缺乏额外努力，一些运动技能就永远达不到成熟水平[①]。

　　学龄前儿童是发展基本动作技能的关键阶段，掌握学龄前儿童动作发展序列和规律是进行学龄前儿童身体素养体系科学化构建研究的关键。应通过发展基本动作技能提升身体素养。同时，基本动作技能也应成为身体素养体系中不容忽视的一个重要指标。遵循动作序列化发展的规律是进行学龄前儿童身体素养体系构建和身体素养体系实践的科学化保障。

四、社会生态学模型

　　美国心理学家尤里·布朗芬布伦纳（Urie Bronfenbrenner）在 1998 年

---

　　①　Famelia R. Getting an active start：Evaluating the feasibility of INDO-SKIP to promote motor competence，perceived motor competence and executive function in young，muslim children in Indonesia. Columbus：The Ohio State University，2018.

通过研究提出社会生态学模型①，这一模型得到国际各学科学者的广泛应用。这一模型认为儿童的成长过程受宏观系统、中观系统和微观系统三个层次因素的影响（见图 3-3）。社会生态模型鼓励从"关注单一问题、风险因素和线性因果关系"转向整体关注以发展人们生活场所的支持性环境。学龄前儿童身体素养的培养和干预实践需要与学龄前儿童所处的环境——家长、照料者、教师、同伴、兄弟姐妹等诸多利益相关者的共同协作。因此，学龄前儿童身体素养的培养同样需要涉及家、校、社等因素的影响，即与学龄前儿童的家长、幼儿园教师、运动教练等息息相关。实践应用中，加拿大在鼓励妇女、女童参与身体活动——解决心理—社会因素时提

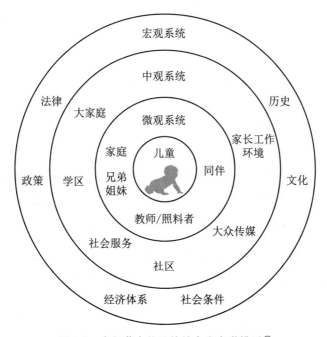

图 3-3　布朗芬布伦纳的社会生态学模型②

①　Goodway J. D., Branta C. F., 2003a. Influence of a motor skill intervention on fundamental motor skill development of disadvantaged preschool children. *Res Q Exerc Sport*，74（1）：36—46.

②　Niederer I., Kriemler S., Zahner L., et al., 2009. Influence of a lifestyle intervention in preschool children on physiological and psychological parameters（Ballabeina）：study design of a cluster randomized controlled trial. *BMC Public Health*，9：94.

出：通过体育和体育活动系统增加妇女和女童的积极参与，需要各种有助于综合方法（A Comprehensive Approach）的策略——没有其他神奇的解决方案[①]，认识到人内在、人际、环境和政策因素对妇女和女童参与的影响，妇女和女童会影响他人并被周围的人影响。

本研究中，社会生态学模型是学龄前儿童身体素养体系指标理论设计的重要理论参照，以综合的视角和方法提供策略，将家长或者照料者等元素纳入身体素养培育中。学龄前儿童身体素养受到家长、照料者、幼儿园教师、社区环境、国家政策等多维因素影响，尤其是对于学龄前不爱运动的女童的身体素养发展和培养，社会生态学模型具有重要价值。

第三节　学龄前儿童身体素养课程方案设计的相关理论

一、儿童运动能力和身体活动发展轨迹理论

2008年美国南卡罗来纳大学体育系戴维·斯托登教授和同事研发运动能力（Motor Competence，MC）和身体活动（Physical Activity，PA）发展轨迹理论[②]（见图3-4），因强调基本动作技能对终生参与身体活动的重要性，而成为许多国家研究相关工作的基础。该理论认为，运动能力是驱动儿童青少年及成人身体活动行为的关键潜在机制[③]。国外越来越多的实证研究支持这一概念假设，认为学前阶段和小学阶段发展的运动能力可以预测成年后的身体活动水平[④]。运动能力和身体活动是身体素养发展的重要载体

---

① Canadian Sport For Life. Actively Engaging Women and Girls—Addressing the Psycho-Social Factors (a Supplement to Canadian Sport for Life). The Canadian Association for the Advancement of Women and Sport and Physical Activity，2012.

② Stodden D. F.，Goodway J. D.，Langendorfer S. J.，et al. A developmental perspective on the role of motor skill competence in PA: An emergent relationship. *Quest*，2008，60（2）：290—302.

③ Stodden D. F.，True L. K.，Langendorfer S. J.，et al. Associations among selected motor skills and health-related fitness: Indirect evidence for seefeldt's proficiency barrier in young adults?. *Research Qua Quarterly for Exercise Sport*，2013，84（3）：397—403.

④ 吴升扣、张首文、邢新菊：《动作发展视角下幼儿体育与健康领域学习目标的国际比较研究》，《成都体育学院学报》2014年第5期。

和最直接体现，存在不可分割的内在联系。

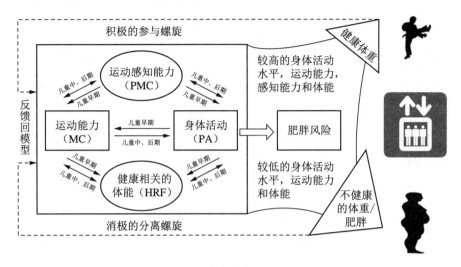

注：MC. Motor Competence，PA. Physical Activity，PMC. Perceived Motor Competence，HRF. Health-related Fitness。

图 3-4　儿童运动能力和身体活动发展轨迹理论①

由图 3-4 可见，在这一理论的核心部分，运动能力和身体活动是动态、互惠的关系。随着时间的推移，身体活动和运动能力之间的关系处于动态的变化中，在儿童早期参与身体活动的机会会影响运动能力的发展。如果儿童很少参与身体活动，则其相应的运动能力较低。运动感知能力即儿童对自己运动技能的感觉如何，是运动能力和身体活动间的调节变量，极为重要。学龄前儿童通常没有很高的认知能力准确判断自己的运动技能。运动技能水平较高的儿童更可以感知其运动能力，并从参与运动游戏中获得内在愉悦和运动乐趣。因此，较高水平的运动感知能力和实际运动能力（Actual Motor Competence，AMC）驱使较高水平的身体活动。当儿童参加更多的身体活动，这将带给他们更加活跃的欲望，肥胖风险降低，身体活动、运动能力、健康相关的体能水平增高，进而获得健康的体重，这样

---

① Stodden D. F.，Goodway J. D.，Langendorfer S. J.，et al. A developmental perspective on the role of motor skill competence in PA：An emergent relationship. *Quest*，2008，60（2）：290—302.

的交互作用形成了"积极的参与螺旋"；如果运动能力较低，则运动感知能力将下降，而身体活动也将下降，继而导致"消极的分离螺旋"，即在整体上遵循以下逻辑路线：低运动能力→选择退出身体活动→拥有更低的运动能力，更少的身体活动影响→更少的机会练习→更低的运动能力。古德韦认为这样的"螺旋"就好比电梯（见图3-4），是上升获取健康的体重，还是下沉接受不健康的体重或肥胖，运动能力起到关键作用，高运动能力的学龄前儿童会更加积极[1]。研究显示，身体运动与自由游戏能够最大限度地保障认知、情感、行为等领域的发展[2]。

学龄前儿童处于基本动作技能发展和运动能力的"窗口期"，这一阶段儿童应专注于发展基本动作技能，并在不同的环境中广泛应用进而提高运动能力。该模型在微观层面作出提示，即设计基于证据的学龄前儿童身体素养课程，势必需要以动作技能发展为目标取向，厘清运动能力和身体活动的内在关系，从发展学龄前儿童的运动能力入手，提高学龄前儿童的运动能力，以运动能力的发展带动学龄前儿童认知、情感、行为等其他领域的发展。

二、纽威尔约束视角理论

纽威尔约束视角理论（Newell constraint perspective，NCP）是源自动态系统的一种理论视角，该理论将约束分为三类：个人约束（学习者）、任务约束和环境约束。纽威尔认为，个人约束、任务约束、环境约束相互影响运动表现[3]。个人约束是影响发展的内部或生物学因素。任务约束分为三类：（1）任务的目标。例如，为了距离而投掷或为了准确性而投掷。（2）任务或活动的规则。例如，用脚背踢而不是用脚踢。（3）动作中使用的器具。例如，击球的球棒的长度。环境约束是任务的外部约束，包括设

[1] Goodway J. D. Knpe 2542-lifespan motor development（3）Handout. 2019.

[2] 钟启泉：《基于"跨学科素养"的教学设计——以STEAM与"综合学习"为例》，《全球教育展望》2022年第1期。

[3] Goodway J. D., Robinson L. E. Developmental trajectories in early sport specialization：A case for early sampling from a physical growth and motor development perspective. *Kinesiology Review*，2015，4（3）：267.

施、设备条件、教学方法、社会文化、温度和海拔高度等。每个运动技能都有独特的环境约束，通过操纵这些环境约束能使任务变得更难或更轻松。例如，球的大小、质地和重量以及扔球的距离是接球的影响因素。在教学过程中，教师可以改变任务约束和环境约束促进儿童的动作发展，从而促进动作技能从不太熟练的模式转变为更加熟练的模式[①]。图 3-5 展示任务、环境是如何约束个人或者对个人起作用，最终影响接球技能的运动产出和表现水平。

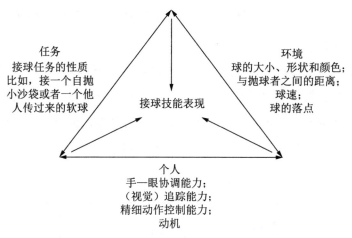

图 3-5　纽威尔约束视角理论——以接球技能为例

综上所述，纽威尔约束视角理论提出的个人、任务、环境相互约束，为身体素养课程方案的设计提供以下理论支撑：（1）通过调整相互作用的个体约束、环境约束或任务约束，促使学龄前儿童从较差的运动能力模式向较熟练的模式转变。（2）教师应注意学龄前儿童的个体约束，利用环境约束设计合理的发展任务。

三、梅茨勒教学模型理论

梅茨勒（Metzler）教学模型理论提出个体通过 6 个环节构成的教学模

---

① Newell K. M. Constraints on the development of coordination. WADE MG，WHITING HT. Motor development in children：Aspects of coordination and control. Dordrecht，The Netherlands：Nijhoff，1986.

型获得成长：预期学习产出、发展适宜和有序的学习活动、独特的任务结构、课程方案中对师生行为的期望、教师的内容知识专长、学习成果的评估①。与传统的泰勒课程模式相比，除了囊括"目标—内容—实施—评价"4个内容（即"预期学习产出""发展适宜和有序的学习活动""课堂中对师生教学行为的期望""学习结果的测量——课程评价"）外，还纳入了"独特的任务结构""教师CK专长"元素，从"预期学习产出"到"课程评价"构成了课程设计的实体，在结构上更为创新、全面、具体，该模型为设计基于学龄前儿童身体素养体系的课程方案提供了学理分析的理论框架和技术支持。

本研究采用梅茨勒模型进行身体素养课程方案设计框架（见图3-6），该框架具体包括预期学习产出、发展适宜和有序的学习活动、独特的任务结构、课程方案中对师生行为的期望、教师的内容知识专长、学习成果的评估——课程评价，促进学龄前儿童身体素养的培育。

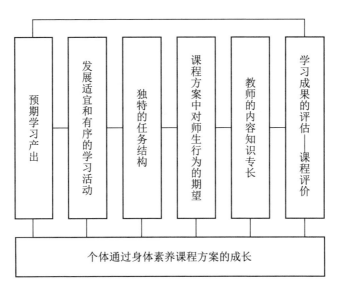

图3-6 基于梅茨勒教学模型的身体素养课程方案设计框架

① SU CW, FOU L. L. Inquiry-based mathematics curriculum design for young children teaching experiment and reflection. *Eurasia Journal of Mathematics*, *Science & Technology Education*, 2016, 12 (4)：843.

第四章　学龄前儿童身体素养体系的理论构建研究

国际学者对于身体素养的概念界定众说纷纭，尚无定论。随着这一概念日趋全球化发展和应用，明确、统一的身体素养概念终将是促进这一理念可持续化发展不可回避的一步。对于身体素养要素的遴选是各国学者正在着力解决的重要问题。作为这一重要概念的下位概念，学龄前儿童身体素养的内含要素同样是这一年龄段身体素养的实践与发展的前提，具有举足轻重的价值。与英国、加拿大、美国等发达国家相比，我国学龄前儿童身体素养的系统研究相对匮乏。因此，结合学龄前儿童身心发展特点，创新性地构建科学、合理的身体素养体系，将为我国相关从业人员系统地展开专业化实践提供理论参考和操作依据，进而在根本上推动我国学龄前儿童身体素养发展。基于此，通过借鉴国际相关组织和英国、加拿大、美国、澳大利亚等发达国家身体素养研究，尤其是学龄前儿童身体素养研究进展的先进经验，在具身认知理论、儿童敏感期理论、身体素养—身体活动—健康循证模型、动作发展序列模型、社会生态系统理论等相关理论和模型的襄助下，结合我国国情，初步构建学龄前儿童身体素养体系，并对此进行三轮德尔菲专家意见征询和体系的信效度检验，最终形成科学化的学龄前儿童身体素养体系，实现从个人的理论研究到凝结专家集体智慧的科学化构建，进而为学龄前儿童身体素养体系实践应用的探索性研究做好理论铺垫。

第一节　研究设计

一、研究目的

本研究旨在借鉴国内外学龄前儿童身体素养研究的基础上，通过文献资料调研、专家访谈、德尔菲法等方法，遴选学龄前儿童身体素养的要素，在具身认知理论、动态系统理论、社会生态学模型理论等理论的襄助下，初步构建学龄前儿童身体素养体系，并采用德尔菲法征询专家意见确定体系的修订、反馈等指标优化过程和指标权重，最终建成科学、合理的学龄前儿童身体素养体系，制定一个系统且科学的学龄前儿童身体素养要素框架。

二、研究对象与方法

（一）研究对象

学龄前儿童身体素养体系构建这一研究内容涉及身体素养、学前教育和体育教育等多个研究领域。因此，研究对象较为多元，主要包括体育学科学术理论专家、体育学科一线教学专家、学前教育学术理论专家、学前教育一线教师、幼儿体育俱乐部教练、家长等与学龄前儿童成长关系紧密的群体，共对 40 位理论与实践专家进行访谈并征询意见（见表 4-1），邀请其完成《学龄前儿童身体素养体系构建的探索性研究访谈提纲》（附件 A）和《学龄前儿童身体素养指标池专家意见调查表》（附件 B）。

（二）研究方法

1. 文献资料法

以"身体素养""学龄前儿童身体素养""儿童早期身体素养""学龄前儿童身体素养体系"及其对应的英文单词"Physical Literacy""Physical Literacy for Preschoolers""Physical Literacy for Early Childhood""Physical

表 4-1　征询专家名单

序号	姓名	性别	职称	文化程度	专业领域	工作单位	工作年限
1	任 ＊	男	教 授	博士	身体素养	北京体育大学	49
2	沈＊威	男	教 授	博士	身体素养	香港中文大学/IPLA	45
3	林＊萍	女	教 授	博士	身体素养	国立台湾师范大学	25
4	陈＊同	男	研究员	博士	身体素养	〔澳〕维多利亚大学	5
5	尹＊华	男	副教授	博士	身体素养	华东师范大学	7
6	宁 ＊	男	副教授	博士	幼儿体育	陕西师范大学	18
7	赵＊萍[1]	女	图书馆员	博士	身体素养	山东体育学院	8
8	高＊利[1]	男	副教授	博士	身体素养	天水师范学院	13
9	潘＊伟	男	教 授	本科	学校体育	扬州大学	43
10	唐 ＊	男	教 授	博士	学校体育	上海体育学院	20
11	赵＊学	男	教 授	博士	学校体育	武汉体育学院	18
12	马＊浩[1]	男	副教授	博士	学校体育	华东师范大学	7
13	曾 ＊	男	副教授	博士	学校体育	湖北文理学院	26
14	张 ＊	男	副教授	博士	体育哲学	华东师范大学	4
15	王＊平	男	中学高级	本科	学校体育	镇江新区教育发展中心	20
16	庄 ＊	男	教 授	硕士	学校体育	广东省教育厅	43
17	侍崇艳	女	副教授	硕士	学校体育	南京体育学院	13
18	赵＊波	男	教 授	博士	幼儿体育	温州大学	46
19	张 ＊	女	教 授	博士	幼儿体育	浙江师范大学	30
20	马 ＊	女	教 授	博士	幼儿体育	上海师范大学	26
21	李＊敏	女	副教授	博士	幼儿体育	澳门大学	15
22	郭＊华	女	教 授	博士	幼儿体育	长沙师范学院	29
23	刘 ＊[1]	女	副教授	博士	学前教育	华东师大学前教育学院	6
24	侯＊琳	女	幼教二级	硕士	学前教学	深圳盐田区教科院	1
25	武＊平	女	幼教高级	本科	学前教育	山西太原大马幼儿园	26
26	王＊美	女	幼教高级	本科	幼儿体育	烟台市刘家沟幼儿园	6
27	白＊好	女	幼教二级	硕士	学前教育	山东蓬莱区幼儿园	8
28	陈 ＊	男	幼教高级	本科	学前教育	山东蓬莱区幼儿园	26
29	门＊坤[1]	女	幼教高级	本科	学前教学	北京中美贝蔻教育咨询有限公司	7
30	范＊磊[1]	男	幼教副高	本科	幼儿体育	华东师大附属紫竹幼儿园	9
31	向＊兵	男	幼教高级	本科	学前教学	深圳盐田机关幼儿园	1
32	张＊杰	男	幼教二级	硕士	学前教学	首都师范大学附属幼儿园	3
33	刘＊璐	女	幼教一级	本科	学前教学	大连高新技术园区实验幼儿园	10
34	迟＊文	女	幼教二级	硕士	学前教学	烟台市刘家沟幼儿园	1

（续表）

序号	姓名	性别	职称	文化程度	专业领域	工作单位	工作年限
35	李＊飞₁	女	幼教二级	硕士	学前教学	苏州歌斐运动科技有限公司	5
36	王＊₁	男	小学副高	本科	幼儿教养	深圳荔园教育集团	23
37	李＊₁	男	助教	博士	幼儿教养	上海体育学院	1
38	叶＊雷₁	男	助理研究员	本科	幼儿教养	南京体育学院	10
39	龚＊₁	男	小学二级	本科	幼儿教养	重庆市珊瑚浦辉实验小学	12
40	常＊斋₁	男	大学讲师	硕士	幼儿教养	江苏科技大学（张家港）	11

注：工作年限以调查年份为计算截止年限，即2021年9月1日为界。其中"专业领域"中，"学前教育"主要指学前教育理论专家，"幼儿体育"主要是体育学科领域从事学前教育的专家，"学前教学"主要指一线幼儿体育教师或幼儿体育俱乐部教练。其中专家姓名含"₁"（下标）者为学龄前儿童家长，"专业领域"统一设置为"幼儿教养"，这一类专家均含有体育学科教育背景。

Literacy System for Preschoolers"等作为关键词或研究主题，在中国知网、EBSCO、Web of Science核心合集、ProQuest等国内外文献数据库以及国际身体素养协会、摩洛哥身体素养官网等平台进行专业文献的检索和研读，以收集和补充学龄前儿童身体素养的最新概念和要素的最新研究成果，确保能够深入、全面地掌握这一学术概念的最新国际内涵和要素，为体系中各级指标的精准设计奠定理论基础。

2. 访谈法

使用自编的访谈工具《学龄前儿童身体素养体系构建的探索性研究访谈提纲》（附件A），以线上腾讯会议或微信语音、E-Mail等混合方式，针对学龄前儿童身体素养体系架构的相关内容，对受访专家进行了一对一线上访谈，并在征得专家同意的前提下，对受访专家进行现场信息的录音或录屏，结合手记的形式记录访谈过程中的相关信息，以供后期数据的整理和分析。

3. 问卷调查法

通过自编的《学龄前儿童身体素养指标池专家意见调查表》（附件B）对专家组成员进行学龄前儿童身体素养体系构成要素、框架结构问卷调查

（发放之前完成问卷的信效度检验），为构建学龄前儿童身体素养体系提供参考。

4. 德尔菲法

通过线上 E-mail、微信的形式，向专家组的各位专家发放《学龄前儿童身体素养体系构建研究德尔菲第一轮专家意见征询表》（附件 C）、《学龄前儿童身体素养体系构建研究德尔菲第二轮专家意见征询表》（附件 D）以及《学龄前儿童身体素养体系的构建研究指标相对权重调查问卷》（附件 E），每一轮次的意见征询表发放时间间隔控制在 3 周以内。

每个阶段都对相同的专家小组成员进行意见征询，包括三轮正式调查和若干次在线研讨会（腾讯会议、电话等），以确保开发和制定一个以证据为基础的体系框架。在分发各轮次意见征询表之前，与始终参与本研究思路研讨的专家进行讨论和确定，每轮调查的内容根据研究的要求提供。根据每个调查轮次收集到的反馈对学龄前儿童身体素养体系构建初稿进行修改和校正，每次调查的反馈和反思都会反映到下一轮专家意见征询中。通过改进的三轮次德尔菲问卷调查完成学龄前儿童身体素养体系指标的确定。

5. AHP 层次分析法

通过 AHP 层次分析法，依据多个专家打分的均值两两比较构建判断矩阵，计算学龄前儿童身体素养体系的维度指标和一级指标的权重，最终形成体系的权重。指标体系分为指标 A、指标 B、指标 C，A、B、C 层级指标继续分解为不同的子指标，直达最后一级指标。

6. 数理统计法

通过 EXCEL97-2003 和 SPSSAU 软件，对学龄前儿童身体素养体系构建研究过程中收集到的文献研读数据、访谈数据、问卷调查数据、德尔菲问卷数据等各类数据进行数理统计和分析，并系统统计权威系数、积极系数、协调系数、平均值、满分频率、变异系数等 6 项指标，为体系的指标筛选、体系的构建等提供数据源。

三、研究步骤

（一）遴选学龄前儿童身体素养构成要素

首先通过广泛的文献资料调研，遵循国际上对于身体素养概念界定的主流趋势，基于文献资料的研究启示，在获取学龄前儿童身体素养构成要素的遴选思路和遴选依据（见第二章）的基础上，对国际上既有的身体素养构成要素进行理论分析、推理，进而结合学龄前儿童身心发展的特点，在理论层面对适宜于我国学龄前儿童身体素养的构成要素进行科学化、合理化的选取，最后，对基于理论驱动产生的构成要素进行专家的实证调查，获取专家意见趋向集中的要素和专家补充的相关要素，最终以理论分析和实证研究相结合的方式推理、归纳、遴选出学龄前儿童身体素养的构成要素，并将其作为整个体系的维度指标。

（二）初步构建学龄前儿童身体素养体系

在确定体系维度指标的基础上，通过归纳法、演绎法对四个维度指标进行了逻辑推导，进而形成四个维度之下的一级指标，以此类推，将各个一级指标再次分解为二级指标，并初步形成由维度指标、一级指标以及二级指标构成的体系的框架和内容。在设计体系的最后一个层级即二级指标过程中，由于这一级指标是整个体系的"最远抵达"，也是距离体系实践操作最近的一个层级指标，因此，充分考虑到学龄前儿童认知和身心发展特点，纳入社会生态学模型的理论，将"在成人的指导下"等辅助性表述纳入二级指标的设计，以此提高指标的实践应用价值。

（三）编制专家意见征询表

依据初步构建的学龄前儿童身体素养体系编制第一轮专家意见征询表，征询表纵向上摆放体系的各级指标，横向上依据"符合""修改后符合""不符合"三类供专家勾选，并在每一项指标下方设置"修改意见"供专家填写质性意见。在第二轮专家意见征询表中纳入第一轮的平均数、标准差、变异系数、满分频数等迭代报告指标，向专家反馈第一轮的统计信息。在第三轮专家意见征询表中设置各级指标的权重排序供专家填写。

（四）组建专家组

最新的研究发现，德尔菲法应用的核心要素是通过专家的专业知识对研究主题进行专业的判断，研究质量主要取决于两个因素——专家的权威程度和专家群体的数量①。基于此，在组建专家组前，本研究需要明确"专家选取依据"和"专家数量的确定"两个问题②。

1.专家选取依据

研究表明，在专家组组建的实际操作中，通过社会网络分析法和引文分析法等方法，对于冷门研究领域，可采取专家互荐的"滚雪球"法③。因此，在专家资质上，通过查阅国外、国内核心期刊文献、国际组织官网以及专家互荐等多种形式，遴选相关研究领域的国内外活跃的研究专家形成专家组名单，尽可能将该领域的顶级研究人员和从业者纳入研究小组，试图在这些专家的支持下，汲取其权威的专业知识、经验，为本研究保持与国际同步创建坚实、高水平的研究智库。此外，鉴于学龄前儿童日常与家长的时间相对较长，家长对于学龄前儿童身体素养的培养起着至关重要且不可替代的作用。因此，在选取专家时，将学龄前儿童家长纳入专家组。

2.专家数量的确定

在专家数量上，专家组组建时专家的数量是可变的，应对一个主题的专家分为"同质性群体专家"和"异质性群体专家"，前者10—15名即可，后者5—10名专家即可满足研究需求，在这一区间的专家数量可能较为经济、实效④，这一研究成果为本研究专家数量的确定提供依据。基于此，根据研究主题涉及的不同学科和领域需要，最终确定40位与本研究密切相关的专家并初步拟定了专家组名单。在构建专家组之后，以 E-MAIL、微信等形式向各位专家发出邀请，最终确定40位专家参与德尔菲专家意见征

①②③④　李博、任晨儿、刘阳：《辩证与厘清：体育科学研究中"德尔菲法"应用存在的问题及程序规范》，《体育科学》2021年第1期。

询的研究。

（五）德尔菲专家意见征询及指标修订、优化

为保证专家能在既定的时间内有效配合访谈和问卷调查，提前10天左右与各位专家取得联系并介绍研究的主要目的、目标及主要内容。同时，提前将相关资料以 E-Mail、微信等电子联系方式向专家发放。最后，与专家沟通，确定专家参与实践调研的正式时间段。

首先，将初步构建的《学龄前儿童身体素养体系构建研究德尔菲第一轮专家意见征询表》向40位专家组成员发放，间隔3周收齐之后，进行数据整理并计算迭代报告指标，然后结合第一轮专家质性意见对第一轮征询表中的相关指标进行修订，形成《学龄前儿童身体素养体系构建研究德尔菲第二轮专家意见征询表》并发放给专家。根据第二轮专家反馈数据的计算结果，对各级指标进行修订和优化，在迭代报告指标通过"停止继续下一轮专家意见征询"的界限值后，继续进行第三轮即体系指标权重的专家意见征询。最终，形成经过优化和权重的"学龄前儿童身体素养体系"。

（六）建立判断矩阵并进行一致性检验

根据维度指标和一级指标的不同层次，构建各自的判断矩阵数据格式，以维度指标为例，构建方式是不同指标进行两两比较。然后依据指标的重要性程度，及专家对指标重要性的打分，运用 AHP 层次分析法构建20对判断矩阵。根据专家的打分结果，采用层次分析法软件 SPSSAU，对专家结果进行群决策计算。专家数据检查：群决策计算前，需要对各判断矩阵进行一致性检验，当一致性比率小于或等于0.1时，判断矩阵才具有说服性。

（七）计算体系各级指标的权重

在一致性检验通过后，需要对体系的各级指标进行权重的计算。本研究采用 SPSSAU 软件进行维度指标和一级指标这两级指标的指标权重计算。体系的二级指标权重结合其每一条指标的重要性程度和一级指标的权重值进行赋值，最终形成整个体系完整的权重体系。

（八）确立学龄前儿童身体素养体系指标

基于以上七个步骤，从学龄前儿童身体素养构成要素的遴选到各级指标的权重计算，完成整个指标体系从内容、结构到指标权重的计算，最终确立学龄前儿童身体素养体系指标。

第二节　学龄前儿童身体素养体系构建的研究结果

一、学龄前儿童身体素养构成要素的遴选结果

通过对"身体素养"概念和内涵以及学龄前儿童身体素养概念和内涵等相关文献的梳理，在综合国内外研究成果的基础上，梳理"动机和信心""身体能力""知识和理解力""体育参与"4个构成要素作为学龄前儿童身体素养体系的维度指标（见图4-1），分别隶属于情感域、身体域、认知域、行为域4个领域范围。通过对访谈结果的系统分析发现，90％专家

图 4-1　学龄前儿童身体素养概念的四大构成要素（体系的维度指标）

认同前3个维度指标，验证了3个要素的合理性。但仅65％的专家认同第4个维度指标"体育参与"，说明这一要素需要做进一步修订。

正如图4-1所示，4个构成要素在整体上是一个圆形的整体，4个部分之间紧密相连，相互促进、相互依存，共同促进学龄前儿童身体素养的具身性发展，这一结构宛若一架包含4台发动机的飞机，只有四者作为整体共同发力并且向着同一个方向"旋转"，才能激发出各维度指标的内在动力，释放四者联动所形成的"势能"，促进学龄前儿童身体素养以最大的动力释放，为学龄前儿童身体素养的发展提供不可或缺也不可替代的动力源，使其在人生的成长过程中保持可持续化地前进和发展。值得一提的是，在对国际文献调研发现，国际上少数发达国家基于对"Physical Literacy"概念的深度理解，将"环境因素"纳入身体素养的构成要素。因此，本研究也将"运动环境"作为学龄前儿童身体素养维度指标清单中的备选项之一，但我国专家对于这一维度的选择率却相对较低，仅为40％，因此未将这一要素纳入处于体系顶层位置的维度指标，考虑到这一要素已经在国际前沿研究成果中，为遵循国际前沿趋势，选择将其融入体系的一级指标、二级指标的内容设计中。

（一）动机和信心

"动机和信心"是身体素养的情感域，是驱动学龄前儿童参与身体活动或运动游戏最根本的内在动力，也是培养其身体素养重要的初始一环，这一维度指标关乎学龄前儿童是否具备开启身体素养之旅的原始动力，能够确保学龄前儿童持续保持对身体活动的热情，进而促进身体素养其他几个方面的可持续化发展。因此，将其纳入身体素养维度指标中具备必然的合理性。

（二）身体能力

"身体能力"属于身体素养的身体域，是身体素养的最明显体现，也是发展其他3个身体素养维度指标的基础。3—6岁年龄段的儿童，应以身体能力作为发展其身体素养的内核，只有具备较强的基本动作技能等身体能力，才能体现学龄前儿童的身体素养水平，可以说，身体能力是形成学龄前儿童身体素养的充分必要条件。这一要素对于身体素养的运动动机和信心、知识和理解力、体育参与这 3 个维度指标的形成起到重要的促进作用。

（三）知识和理解力

"知识和理解力"属于认知域，是身体素养中"素养"二字的重要体现，体现了学龄前儿童的在身体领域的"文化水平"，因此，是必不可少的维度指标。鉴于幼儿园阶段儿童的身心发展特点，在发展儿童身体能力的同时，要遵循"学科融合"的理念，可以将英文字母的学习、运动常识的学习、健康生活知识的学习等融入孩子基本动作技能的学习。

（四）体育参与

"体育参与"属于身体素养的行为域，是身体素养的最直接的行为表现。身体素养高的学龄前儿童更加热衷于参与身体活动和运动游戏，随着体育参与频率的增加，从而反向促进孩子身体素养的整体性发展。"体育参与"是学龄前儿童发展身体素养的重要途径和载体，对于其他 3 个维度指标的积极发展具有重要的促进作用，可以整体体现并促进身体素养的内在发展。因此，在身体素养构成要素中，"体育参与"是重要的入口，也是重要的出口。在专家访谈中有少数专家认为这一年龄段儿童的身体素养可能还无法谈及"终身性"，要使其达成终身体育参与行为并不太合适，这一要素不太符合学龄前儿童身心发展特点。综合考虑多数专家的意见，本研究暂时对这一要素进行了保留。

在厘清学龄前儿童身体素养概念的构成要素之后，本研究以此为维度基础进行身体素养体系的指标构建。

二、学龄前儿童身体素养体系的初步构建结果

通过参照《3—6 岁儿童学习与发展指南》等国内相关纲领性文件包含的身体素养相关的要素，在学龄前儿童身体素养维度指标的基础上，通过归纳、演绎等研究方法，分别对 4 个维度指标进行向下纵向分解并形成一

级指标和二级指标的内容，初步构建包括"运动动机和信心""身体能力"
"知识和理解力"以及"体育参与"4个维度指标，16个一级指标及48个
二级指标在内的指标体系（指标池）（见表4-2），跨越了幼儿园小班、中
班、大班3个学习水平。

表4-2 学龄前儿童身体素养体系的初步构建

维度指标（4）	一级指标（16）	二级指标（48）
1 动机和信心	1.1 运动好奇和兴趣	1.1.1 对运动游戏和身体活动抱有好奇、新鲜感及热情，喜欢尝试并积极、主动参与
		1.1.2 渴望了解体育场地、器材、教具的用途及使用方法
		1.1.3 有自己感兴趣的运动游戏或项目，擅长其中的1—2项并坚持对其长期锻炼
		1.1.4 有自己欣赏的运动项目，对相关的赛事或明星保持一定的敏感度和关注度，懂得为成功喝彩
	1.2 运动动力	1.2.1 具有积极、活跃参与运动游戏和身体活动的内在驱动力
		1.2.2 能通过环境刺激获得积极参与运动游戏和身体活动的外在驱动力
	1.3 运动自信	1.3.1 对自己能完成的运动任务抱有必胜的信念
		1.3.2 在运动游戏和比赛过程中，能克服胆怯、紧张和焦虑等消极情绪，乐观开朗地应对运动挑战
		1.3.3 成功完成运动游戏和身体活动任务并享受运动的愉悦、快乐及满足感
2 身体能力	2.1 基本动作技能（FMS）	2.1.1 掌握爬行、走、（常规）跑步
		2.1.2 掌握投掷球、接球、运球、踢球、抛球、射门、用球拍击球等球类操控性基本动作技能
		2.1.3 掌握悬垂、扭转、翻滚、平衡（静态和动态）、纵跳和着地、支撑、身体重心转移、卷曲等非操控性动作技能
	2.2 身体协调能力	2.2.1 运动时，各个关节动作灵活、敏捷，能伴随音乐的节律协调展示动作

维度指标（4）	一级指标（16）	二级指标（48）
		2.2.2 运动时，动作协调，腰部核心区（腰、腹、臀、腿部）和肩部核心区（胸、肩、背）稳定性良好
		2.2.3 肌肉爆发力协调（例如，能够迅速地仰卧撑、倒立等）
	2.3 与健康相关的体能	2.3.1 能够体验各种运动强度，具有较好的心肺耐力
		2.3.2 能够体验各种运动的长度，具备一定的肌肉力量
		2.3.3 能够体验各种运动的难度，身体的肩、髋、躯干具备基本的柔韧性
	2.4 对环境的敏感性和适应性	2.4.1 能与环境互动，适应户外气候环境的挑战，能够参与户外水上、空中、陆地及冰上等不同环境下不同类型的运动游戏和身体活动
		2.4.2 能应用户外各种既有的运动器材、设备、环境、玩具，进行相对广泛的户外运动游戏和身体活动
		2.4.3 敢于大胆从事冒险类运动游戏或身体活动并获得成就感
3 知识和理解力	3.1 运动知识的掌握	3.1.1 了解人体的基本结构及自身的身体基本情况（如身高、体重）
		3.1.2 知晓从事的具体基本动作技能、运动项目或身体活动所对应的运动词汇的读音和写法
		3.1.3 知道为何进行运动，了解基本动作技能、具有活力的运动方式并能表达运动对人日常乃至贯穿终身的健康惠益
		3.1.4 懂得如何运动，了解运动游戏和身体活动的正确方法、策略、技巧、注意事项及运动损伤的简单处理方法（例如，扭伤后要及时冷敷等）
		3.1.5 知道何时进行运动（例如，知道下雨天、雾霾天气尽可能在室内运动）
	3.2 运动感知能力（PMC）	3.2.1 能对自己运动时的身体反应保持敏感（例如，口渴了知道及时补水，出汗了能够及时擦汗等）

（续表）

维度指标（4）	一级指标（16）	二级指标（48）
		3.2.2 正确地感觉、判断自身的运动能力，对自己能达到的运动能力（MC）水平和身体活动（PA）极限具有准确判断
		3.2.3 知晓一些身体不适的感觉（例如，肚子痛、腿抽筋）
	3.3 运动游戏的角色感	3.3.1 识别运动游戏中的角色特征，有意识地模仿、扮演不同的社会角色（例如，教师、裁判、警察、医生、法官等），具备基本的角色感
		3.3.2 知晓运动游戏中的角色分工，具备基本的角色担当
	3.4 运动安全意识与自我保护能力	3.4.1 懂得避免运动损伤的基本方法（例如，运动前穿好运动装、运动鞋，不携带尖锐物品，做好热身与放松，集体运动时不拥挤、冲撞等）
		3.4.2 能识别运动场地及运动过程中的安全隐患（例如，钉子、玻璃碎片）并有效规避，具备基本的安全感
		3.4.3 小心谨慎地参与冒险类运动游戏和身体活动（例如，知道纵跳后的落地缓冲），身体不适时能够做好自我保护并及时停止运动
	3.5 道德原则的理解	3.5.1 在日常生活中，懂得遵守基本的社会规则和秩序（例如，在家庭、公共场所知道尊老爱幼，遵守交通规则、在图书馆保持安静等）
		3.5.2 运动过程中，发现危险因素能及时提醒同伴或他人，不让其受到危害
		3.5.3 运动过程中，不做任何妨碍、伤害、有损他人利益的事（例如，踢球过程中不故意用脚勾绊同伴的脚等），具备基本的公德，文明运动和比赛
4 体育参与	4.1 个体责任	4.1.1 将运动视为对自身健康负责的行为；持续参加有意义并且对自己有挑战的运动游戏或其他身体活动
		4.1.2 具备坚持到底、不怕困难、顽强果敢等意志品质和顽强进取、追求卓越的体育精神
		4.1.3 积极为共同荣誉贡献、喝彩、协同合作，具备集体主义荣誉感

（续表）

维度指标（4）	一级指标（16）	二级指标（48）
	4.2 终身受益的生活方式	4.2.1 养成积极主动的锻炼习惯——将每天总计至少 60 分钟的结构化身体活动、至少 60 分钟—数小时不等的非结构化身体活动，除睡觉外，1 次久坐时间不超过 1 小时作为日常生活方式，为提高动作技能和健康相关的体能奠定基础
		4.2.2 能积极主动休息，保证每天充足的睡眠时间和质量
		4.2.3 养成健康的饮食观念和习惯（例如，知道多吃蔬菜果蔬有利于健康成长）
	4.3 亲社会行为	4.3.1 运动过程中，懂得积极与同伴、老师、教练等他人合作、交流、分享（例如，两人共享教具等），人际关系良好
		4.3.2 运动过程中，与同伴遇到困难、失败或挫折时，具有同情心懂得主动安慰、帮助他（例如，简单的语言、肢体提示），能尽己所能地帮助他人并以此为乐
	4.4 新兴运动参与	4.4.1 积极参与新颖的运动游戏或身体活动，保持运动参与项目的迭代更新，保证身体发展的可持续化
		4.4.2 能利用既有的运动条件（器材）创新游戏玩儿法，为自己或同伴创造大量室内新兴运动参与机会（例如，能把废弃的棒球当作保龄球进行投准比赛等）

三、学龄前儿童身体素养体系迭代报告指标统计结果

为了对初步构建的身体素养体系进行科学性的验证，对这一体系进行专家意见征询和定量统计。根据德尔菲法研究的主流统计方法，针对专家的遴选、专家打分及其打分结果等操作环节，进行德尔菲法迭代报告中专家积极程度、专家意见权威程度、专家意见协调程度以及专家意见集中程度的数理分析，分别以专家权威系数、专家积极系数、专家协调程度以及

变异系数、重要性评分均数、满分频率等统计指标表示，其中最后 3 个指标表示专家意见的集中程度[1]，以确保最终构建的学龄前儿童身体素养体系的科学性与可信性。

（一）专家权威系数

专家的权威程度表示专家在意见征询过程中的打分依据和对研究主题的熟悉程度，采用专家权威系数 C_R 表示，通过专家自我评价的方式计算分值，计算公式为：$C_R = (C_s + C_a)/2$ [2]，其中 C_s 表示专家熟悉程度系数，C_a 表示专家判断依据影响程度，C_a 一般分为"实践经验""理论分析""同行了解"及"直观选择" 4 类，每个类别又可以分为"小""中""大" 3 个程度并分别赋值。C_R 可接受的范围是 ≥ 0.7，C_R 的值越高，表明专家的权威程度也越高。

依据已有研究的赋值方法，对第一轮专家意见征询表中的第一部分"专家信息"中的第 6 项"熟悉程度"和"判断依据"各个具体选项进行赋值（见表 4-3）[3]。

表 4-3　专家意见征询表中"熟悉程度"与"判断依据"赋值情况

熟悉程度	赋值	判断依据	赋值			重要程度	赋值
			小	中	大		
非常熟悉	1.00	实践经验	0.3	0.4	0.5	符合	3
比较熟悉	0.75	理论分析	0.1	0.2	0.3	修改后符合	2
熟悉	0.50	同行了解	0.1	0.1	0.1	不符合	1
不太熟悉	0.25	直观选择	0.1	0.1	0.1		
很不熟悉	0.00						

① 李博、任晨儿、刘阳：《辩证与厘清：体育科学研究中"德尔菲法"应用存在的问题及程序规范》，《体育科学》2021 年第 1 期。

② 杨丽娟、张宇晴、林平等：《基于德尔菲法的药学门诊管理标准要素研究》，《中国医院》2022 年第 2 期。

③ 孔琳：《中国儿童青少年身体活动促进模式构建的理论与实证研究》，华东师范大学 2021 年学位论文。

如表 4-3 所示，由于体系构建过程中，各级指标相对繁多，为减少专家打分的负担，未采用李克特 5 级评分法，选择将体系中各个指标选项分为"符合""修改后符合""不符合"3 级评分，并分别赋值 3 分、2 分及 1 分。

通过计算，由表 4-4 所示，专家的权威系数 C_R 为 0.87≥0.7，表明选取的专家在专业领域具备较高的权威性。因此，咨询的专家权威程度较高。

表 4-4　专家的权威系数

熟悉程度均值	判断依据均值	专家权威系数 C_R
0.82	0.91	0.87

（二）专家积极系数

积极系数是指调查对象中能做出回答的人所占的百分比，一般用专家调查问卷的回收率表示[①]，数值越大，说明专家配合协调程度越大。问卷的应答率大于等于 50% 说明结果满足了用于分析的最低标准；大于等于 60% 说明结果比较好，大于等于 70% 说明结果非常好。通过邮箱、微信等方式向专家组分别发放第一轮、第二轮以及第三轮"专家征询表（附件C）"的具体情况如表 4-5。

第一轮专家意见征询表共发放 40 份，回收 37 份，有效问卷 37 份，应答率为 92.5%，第二轮共发放专家意见征询表 37 份，回收问卷 37 份，有效问卷 37 份，应答率为 100%，第三轮共发放征询表 37 份，回收 30 份，有效问卷 30 份，应答率为 81.1%。在每一轮问卷发放之前，研究者将事先告知每一位专家其意见对于本研究至关重要且不可替代，以保证应答率。由此可见，在本研究中，每一轮专家的积极系数都保持了较高水平，表明专家组对于学龄前儿童身体素养体系的理论构建保持了良好的配合协调程度。

---

① 李博、任晨儿、刘阳：《辩证与厘清：体育科学研究中"德尔菲法"应用存在的问题及程序规范》，《体育科学》2021 年第 1 期。

表 4-5　专家的积极系数

轮　次	问卷发放数量	问卷回收数量	有效问卷数量	应答率
1	40	37	37	92.5%
2	37	37	37	100%
3	37	30	30	81.1%

（三）专家协调系数

协调系数（Kendall'S 肯德尔和谐性分析）用以检验专家组中的全部专家对某个指标权重评估的协同程度，一般用 W 表示，以此评判专家对打分内容是否具有交大分歧，体现了征询结果的可信度[①]。W 数值越大，说明专家对指标体系评分的协调程度越高[②]。依据林斯通等人对德尔菲法的研究证据，这一指标被认为是决定体系中各个指标是否再做进一步意见征询的关键指标，数值大于 0.7 即可终止专家的意见征询[③]。同时，采用 χ^2 值进行协调程度显著性检验，P≤0.05 时，说明专家的协调程度好[④]。

由表 4-6 可见，通过 SPSS 统计分析和检验可知，第一轮和第二轮的协调系数均值 $W_1=0.110$（$\chi_1^2=256.962$，$P_1<0.001$），$W_2=0.225$（$\chi_2^2=566.597$，$P_2<0.001$），具有非常显著性差异，协调系数 W 值从 0.110 上升为 0.225，P=0.000<0.001，表明专家组对于学龄前儿童身体素养体系各级指标的协调程度趋向良好，意见逐渐一致。

表 4-6　专家对学龄前儿童身体素养指标选取意见协调系数

轮数	协调系数 W	自由度 df	χ^2 值	P 值
1	0.110	67	256.962	0.000
2	0.225	68	566.597	0.000

①④　杨丽娟、张宇晴、林平等：《基于德尔菲法的药学门诊管理标准要素研究》，《中国医院》2022 年第 2 期。

②　李博、任晨儿、刘阳：《辩证与厘清：体育科学研究中"德尔菲法"应用存在的问题及程序规范》，《体育科学》2021 年第 1 期。

③　Linstone H. A., Turoff M., Helmer O., 2002. *The Delphi Meth-od Techniques and Applications*. Advanced Book Program. New Jersey：Addison-Wesley.

（四）专家意见平均值

重要性平均值 M 表示专家意见集中程度，指专家对于某一指标的重要性评分的算数均数，M 数值越大，该指标在指标体系中的重要性越大①。第一轮重要性平均值统计结果如表 4-7—4-12 所示。

（五）专家满分频率

满分频率 FF 是表示专家意见集中程度的指标之一，指对某指标给出满分的专家数量与参与该指标评分的专家总数之比，数值越大，表明该指标在指标体系中的重要性越大。第一轮满分频率统计结果如表 4-7—4-12 所示。

（六）专家变异系数

变异系数 CV 是专家意见集中程度的指标之一，指指标的重要性评分标准差与均值的比值，数值越小，则表示专家对于某一指标的协调程度反而越高②，是专家对于指标重要性的波动程度的体现③。变异系数统计结果如表 4-7—4-12 所示：

表 4-7　维度指标的得分情况

序号	维度指标	平均数 M	标准差 SD	满分频率 FF	变异系数 CV
1	动机和信心（情感）	2.95	0.23	1.00	0.08
2	身体能力（身体）	2.95	0.23	0.95	0.08
3	知识和理解力（认知）	3.00	0.00	1.00	0.00
4	体育参与（行为）	2.62	0.59	0.73	0.23

表 4-8　一级指标得分情况

序号	一级指标	平均数 M	标准差 SD	满分频率 FF	变异系数 CV
1.1	运动好奇心	2.86	0.42	0.92	0.15
1.2	运动动力	2.76	0.55	0.84	0.84

---

① ② 李博、任晨儿、刘阳：《辩证与厘清：体育科学研究中"德尔菲法"应用存在的问题及程序规范》，《体育科学》2021 年第 1 期。

③ 赵富学：《课程改革视域下体育学科核心素养体系的研究》，南京师范大学 2018 年学位论文。

（续表）

序号	一级指标	平均数 M	标准差 SD	满分频率 FF	变异系数 CV
1.3	运动自信	2.81	0.46	0.86	0.16
2.1	基本动作技能（FMS）	2.92	0.28	0.92	0.09
2.2	身体协调能力	**2.51**	0.73	0.65	0.29
2.3	与健康相关的体能	2.76	0.49	0.78	0.18
2.4	对环境的敏感性与适应性	2.70	0.57	0.75	0.21
3.1	运动知识的掌握	2.73	0.51	0.76	0.19
3.2	感知动作技能（PMC）	2.65	0.68	0.76	0.26
3.3	运动游戏的角色感	2.65	0.68	0.76	0.26
3.4	运动安全意识与自我保护能力	2.70	0.62	0.78	0.23
3.5	道德原则的理解	**2.32**	0.82	0.54	0.35
4.1	个体责任	**2.35**	0.86	0.59	0.36
4.2	终身受益的生活方式	**2.22**	0.89	0.51	0.40
4.3	亲社会行为	**2.43**	0.87	0.67	0.36
4.4	新兴运动参与	**2.38**	0.83	0.59	0.35

表 4-9　"动机和信心"领域的指标得分情况

序号	一级指标	二级指标	平均数 M	标准差 SD	满分频率 FF	变异系数 CV
1	运动好奇心	• 对运动游戏和身体活动抱有足够的好奇、新鲜感及热情，喜欢尝试并积极、主动地参与	2.86	0.35	0.89	0.12
2		• 渴望了解体育场地、器材、教具的用途及使用方法	2.78	0.53	0.84	0.19
3		• 有自己感兴趣的运动游戏或项目，能擅长其中的 1—2 项并坚持长期锻炼	2.59	0.64	0.76	0.25
4		• 有自己欣赏的运动项目，对相关的赛事或明星保持一定的敏感度和关注度，懂得为成功喝彩	2.49	0.73	0.62	0.29
5	运动动力	• 具有积极、活跃参与运动游戏和身体活动的内在驱动力	2.76	0.60	0.84	0.22
6		• 能通过环境刺激获得积极参与运动游戏和身体活动的外在动力	2.76	0.55	0.84	0.20

（续表）

序号	一级指标	二级指标	平均数 M	标准差 SD	满分频率 FF	变异系数 CV
7	运动自信	• 对自己完成的运动任务抱有必胜的信念	2.49	0.65	0.59	0.26
8		• 在运动游戏和比赛过程中，能克服胆怯、紧张和焦虑等消极情绪，乐观开朗地应对运动挑战	2.76	0.49	0.78	0.18
9		• 成功完成运动游戏和身体活动任务并享受运动的愉悦、快乐及满足感	2.76	0.49	0.54	0.18

表 4-10　"身体能力"领域的指标得分情况

序号	一级指标	二级指标	平均数 M	标准差 SD	满分频率 FF	变异系数 CV
1	基本动作技能（FMS）	• 掌握爬行、走、（常规）跑步、马步跑、单脚跳、追逐跑、逃跑、飞奔、立定跳远、侧滑步、躲闪、攀爬等移动类基本动作技能	2.86	0.42	0.92	0.15
2		• 掌握投掷球、接球、运球、踢球、抛球、射门、用球拍击球等球类操控性动作技能	2.78	0.46	0.84	0.16
3		• 掌握悬垂、扭转、滚翻、平衡（静态和动态）、纵跳和着地、支撑、身体重心转移、蜷曲等非操控类动作技能	2.59	0.55	0.81	0.20
4	身体协调能力	• 运动时，各个关节动作灵活、敏捷，能伴随音乐的节律协调展示动作	**2.49**	0.51	0.81	0.19
5		• 运动时，动作协调，腰部核心区（腰、腹、臀、腿部）和肩部核心区（胸、肩、背部）稳定性良好	2.76	0.77	0.65	0.31
6		• 肌肉爆发力协调（例如，能够迅速地仰卧撑、倒立等）	2.76	0.89	0.43	0.43
7	与健康相关的体能	• 能够体验各种运动的强度，具有较好的心肺耐力	2.49	0.73	0.59	0.30

（续表）

序号	一级指标	二级指标	平均数 M	标准差 SD	满分频率 FF	变异系数 CV
8		• 能够体验运动的长度，具备一定的肌肉力量	2.76	0.65	0.54	0.26
9		• 能够体验各种运动的难度，身体的肩、髋、躯干具备基本的柔韧性	2.59	0.64	0.68	0.25
10	对环境的敏感性与适应性	• 能与环境互动，适应户外环境的挑战，能够参与户外水上、空中、陆地及冰上等不同环境下不同类型的运动游戏和身体活动	2.46	0.73	0.62	0.30
11		• 能应用户外各种既有的运动器材、设备、玩具，进行相对广泛的户外运动游戏和身体活动	2.76	0.55	0.81	0.20
12		• 敢于大胆从事冒险类运动游戏或身体活动并获得成就感	**2.43**	0.77	0.59	0.31

表4-11　"知识和理解力"领域的指标得分情况

序号	一级指标	二级指标	平均数 M	标准差 SD	满分频率 FF	变异系数 CV
1	运动知识的掌握	• 了解人体的基本结构及自身的身体基本情况（如身高、体重）	2.57	0.77	0.73	0.30
2		• 知晓所从事的具体基本动作技能、运动项目或身体活动所对应的运动词汇的读音和写法	**2.49**	0.65	0.57	0.26
3		• 知道为何进行运动，了解基本动作技能、具有活力的运动方式并能表达运动对人日常生活乃至贯穿终身的健康效益	2.35	0.86	0.59	0.36
4		• 懂得如何运动，了解运动游戏和身体活动的正确方法、策略、技巧、注意事项及运动损伤的简单处理方法（例如，扭伤后要及时冷敷等）	**2.41**	0.80	0.84	0.33
5		• 知道应该何时进行运动（例如，知道下雨天、雾霾天气应该尽可能在室内运动）	2.7	0.70	0.84	0.26

（续表）

序号	一级指标	二级指标	平均数 M	标准差 SD	满分频率 FF	变异系数 CV
6	感知动作技能（PMC）	·能对自己运动时的身体反应保持敏感（例如，口渴了知道及时补水，出汗了能够及时擦汗等）	2.81	0.57	0.89	0.20
7		·正确地感觉、判断自身的运动能力，对自己能达到的运动能力（MC）水平和身体活动量（PA）极限具有准确判断	2.57	0.65	0.65	0.25
8		·知晓一些身体不适的感觉（例如，肚子痛、腿抽筋等）	2.70	0.66	0.81	0.24
9	运动游戏的角色感	·识别运动游戏中的角色特征，有意识地模仿、扮演不同的社会角色（例如，教师、裁判、警察、医生、法官等），具备基本的角色感	2.81	0.52	0.86	0.18
10		·知晓运动游戏中的角色分工，具备基本的角色担当	2.86	0.42	0.92	0.15
11	运动安全意识与自我保护能力	·懂得避免运动损伤的基本方法（例如，运动前穿好运动装、运动鞋，不携带尖锐物品，做好热身与放松，集体运动时不拥挤、冲撞等）	2.70	0.70	0.86	0.26
12		·能识别运动场地及运动过程中的安全隐患（例如，钉子、玻璃碎片）并有效规避，具备基本的安全感	2.70	0.57	0.76	0.21
13		·小心谨慎地参与冒险类运动游戏和身体活动（例如，知道纵跳后的落地缓冲），身体不适时能够做好自我保护并及时停止运动	2.76	0.55	0.81	0.20
14	道德原则的理解	·具备基本的规则意识，了解课堂常规，自觉遵守课堂纪律（例如，懂得轮流，不争抢，懂得排队，不拥挤等），能控制自己的情绪，不乱发脾气，不哭闹	2.86	0.42	0.92	0.15

（续表）

序号	一级指标	二级指标	平均数 M	标准差 SD	满分频率 FF	变异系数 CV
15		• 在日常生活中，懂得遵守基本的社会规则和秩序（例如，在家庭、公共场所知道尊老爱幼，遵守交通规则、在图书馆保持安静等）	2.70	0.66	0.81	0.24
16		• 运动过程中，发现危险因素能及时提醒同伴或他人，避免受到伤害	2.73	0.45	0.81	0.16
17		• 运动过程中，不做任何妨碍、伤害、有损他人利益的事（例如，踢球过程中不故意用脚勾绊同伴的脚等），具备基本的公德，文明运动和比赛	2.84	0.44	0.89	0.16

表 4-12　"体育参与"领域的指标得分情况

序号	一级指标	二级指标	平均数 M	标准差 SD	满分频率 FF	变异系数 CV
1	个体责任	• 将运动视为对自身健康负责的行为，持续参加有意义并且对自己有挑战的运动游戏或其他身体活动	**2.41**	0.80	0.70	0.33
2		• 具备坚持到底、不怕困难、顽强果敢等意志品质和顽强进取、追求卓越的体育精神	**2.43**	0.77	0.59	0.31
3		• 积极为共同荣誉贡献、喝彩、协同合作，具备集体主义荣誉感	2.76	0.60	0.86	0.22
4	终身受益的生活方式	• 养成积极主动的锻炼习惯——将每天总计至少 60 分钟的结构化身体活动、至少 60 分钟—数小时不等的非结构化身体活动，除睡觉外，1 次久坐时间不超过 1 小时作为日常生活方式，为提高动作技能和健康相关的体能奠定基础	2.57	0.69	0.70	0.27

（续表）

序号	一级指标	二级指标	平均数 M	标准差 SD	满分频率 FF	变异系数 CV
5		•能积极主动休息，保证每天充足的睡眠时间和质量	2.70	0.66	0.81	0.24
6		•养成健康的饮食观念和习惯，（例如，知道多吃蔬菜水果，有利于健康成长）	2.70	0.66	0.81	0.24
7	亲社会行为	•运动过程中，懂得积极与同伴、老师、教练等他人合作、交流、分享（例如，两人共享教具等），人际关系良好	2.76	0.49	0.78	0.18
8		•运动过程中，在同伴遇到困难、失败或挫折时，具有同情心，懂得主动安慰、帮助他人（例如，简单的语言、肢体提示），能尽己所能地帮助他人并以此为乐	2.84	0.37	0.84	0.13
9	新兴运动参与	•积极参与新颖的运动游戏或身体活动，保持运动参与项目的迭代更新，保证身体发展的可持续化	2.70	0.62	0.78	0.23
10		•能利用既有的运动条件（器材）创新游戏玩法，为自己或同伴创造大量室内新兴运动参与机会（例如，能把废弃的棒球当作保龄球进行投准比赛等）	2.68	0.67	0.78	0.25

四、学龄前儿童身体素养体系构建第一轮专家意见征询结果

通过对回收问卷的统计，共发放 40 份问卷，其中回收问卷 37 份，有效问卷为 37 份，回收率为 92.5％，有效率为 92.5％，通过对访谈笔录进行文本的编码、质性分析、数理统计。根据研究方法的可重复性原则，遵循赵富学对体育学科核心素养的同类指标体系的编码方案[①]，基于数据收集

---

① 赵富学：《课程改革视域下体育学科核心素养体系的研究》，南京师范大学 2018 年学位论文。

的调研实践结果以及目前国际身体素养协会以及国际身体素养研究文献的主流意见指向，将身体素养维度指标归纳为：动机和信心（情感）、身体能力（身体）、知识和理解力（认知）、体育参与（行为），并将 4 个维度指标分解为 16 个一级指标和 48 个二级指标。

研究表明，随着德尔菲法的发展，其属性已经逐渐从定性研究范式走向定性与定量相结合的混合研究范式①。基于此，通过这种混合研究范式对专家意见进行综合判断，即通过迭代指标、专家定性意见，判断和反馈第一轮次的迭代结果。

（一）第一轮专家意见征询指标的专家共识统计结果

采用"专家共识率"验证指标纳入"学龄前儿童身体素养体系"中的合理性，专家共识率计算公式为：专家共识人数/专家组总人数。其中，"专家共识人数"是指勾选"符合""修改后符合"指标项的专家人数。"共识"通常为 75％的专家达成一致②，在本研究中，80％是达成共识的商定目标。通过统计计算，获得如表 4-13 所示的统计结果。

第一轮专家意见征询的反馈结果显示：4 个维度指标专家共识率较高，前三个指标的共识率均达 100％，仅"终身体育参与"指标的共识率为 94.6％，4 个维度指标的共识率均值为 98.63％，专家认为这一指标不太符合学龄前儿童身心发展特点，应弱化身体素养在学龄前阶段的终身性特点，专家建议对这一指标做进一步修订。

16 个一级指标的专家共识率均值为 88.6％，根据专家意见对"2.2 身体协调能力""2.4 对环境的敏感性和适应性""3.1 运动知识的掌握""3.2 感知运动能力""3.5 道德原则的理解""4.4 新兴运动参与"进行修订。在 48 项二级指标中，共有 3 项指标的专家共识率低于 75％，专家对 40 项表

---

① 李博、任晨儿、刘阳：《辩证与厘清：体育科学研究中"德尔菲法"应用存在的问题及程序规范》，《体育科学》2021 年第 1 期。

② Francis，C.E.，Longmuir，P.E.，Boyer，C.，Andersen，L.B.，Barnes，J.D.，Boiarskaia，E.，Tremblay，M.S. The Canadian assessment of physical literacy：Development of a model of children's capacity for a healthy，active lifestyle through a Delphi process. *Journal of Physical Activity & Health*，2016，13（2），214—222.

述提出修改意见（见表 4-13）。整体而言，专家认为初步设计的学龄前儿童身体素养体系中的相关指标需要从以下几个方面作进一步的完善：一是每一项指标都需要密切结合学龄前这一特殊年龄段儿童的身心发展特点进行设计，强化指标对于学龄前儿童这部分人群的适用性，确保学龄前儿童的水平能够通过努力达成，指标项要达成的水平设计不能过高、不能过于成人化；二是对于身体素养这一概念的理解所演绎的指标项仍然需要做深入推敲，提高指标设计的精准性；三是涉及体育学科中的相关指标项需要符合体育原理，确保指标的专业性；四是体系中的最后一级指标需要尽可能设计得简单、具体化，保证体系的使用者能够拿来即用。

表 4-13　第一轮专家意见征询后各级指标统计结果

指标类别	指　标	专家共识人数	达成共识率	专家质性意见
维度指标（4）	1　动机和信心	37	100%	
	2　身体能力	37	100%	
	3　知识和理解力	37	100%	
	4　终身体育参与	35	94.6%	建议去"终身"
一级指标（16）	1.1　运动好奇心和兴趣	36	97.3%	
	1.2　运动动力	36	97.3%	
	1.3　运动自信	36	97.3%	
	2.1　基本动作技能（FMS）	37	100%	
	2.2　身体协调能力	32	86.5%	建议删除
	2.3　与健康相关的体能	36	97.3%	
	2.4　对环境的敏感性和适应性	35	94.6%	建议修改
	3.1　运动知识的掌握	36	97.3%	建议修改
	3.2　感知运动能力（PMC）	33	89.2%	建议修改
	3.3　运动游戏的角色感	33	89.2%	
	3.4　运动安全意识与自我保护能力	34	91.9%	
	3.5　道德原则的理解	29	**78.4%**	建议调至"4　体育参与维度"
	4.1　个体责任	**28**	**76.7%**	主观保留
	4.2　终身受益的生活方式	**26**	**70.2%**	主观保留
	4.3　亲社会行为	**28**	**75.7%**	主观保留
	4.4　新兴运动参与	**29**	**78.4%**	建议删除

（续表）

指标类别	指　标	专家共识人数	达成共识率	专家质性意见
二级指标（48）	**1.1.1　对运动游戏和身体活动抱有足够的好奇、新鲜感及热情，喜欢尝试并积极、主动地参与**	37	100%	建议修改
	1.1.2　渴望了解体育场地、器材、教具的用途及其使用方法	35	94.6%	建议修改
	1.1.3　有自己感兴趣的运动游戏或项目，能擅长其中的1—2项并坚持对其长期锻炼	34	91.9%	建议修改
	1.1.4　有自己欣赏的运动项目，对相关的赛事或明星保持一定的敏感度和关注度，懂得为成功喝彩	32	86.5%	建议修改
	1.2.1　具有积极、活跃参与运动游戏和身体活动的内在驱动力	34	91.9%	建议修改
	1.2.2　能通过环境刺激获得积极参与运动游戏和身体活动的外在动力	35	94.6%	建议修改
	1.3.1　对自己完成的运动任务抱有必胜的信念	35	94.6%	
	1.3.2　在运动游戏和比赛过程中，能克服胆怯、紧张和焦虑等消极情绪，乐观开朗地应对运动挑战	36	97.3%	
	1.3.3　成功完成运动游戏和身体活动任务并享受运动的愉悦、快乐及满足感	36	97.3%	
	2.1.1　掌握爬行、走、（常规）跑步、马步跑、单脚跳、追逐跑、逃跑、飞奔、立定跳远、侧滑步、躲闪、攀爬等移动类基本动作技能	36	97.3%	
	2.1.2　掌握投掷球、接球、运球、踢球、抛球、射门、用球拍击球等球类操控性基本动作技能	36	97.2%	
	2.1.3　掌握悬垂、扭转、滚翻、平衡（静态和动态）、纵跳和着地、支撑、身体重心转移、蜷曲等非操控类动作技能	35	94.6%	
	2.2.1　运动时，各个关节动作灵活、敏捷，能伴随音乐的节律协调展示动作	24	**66.7%**	建议删除
	2.2.2　运动时，动作协调，腰部核心区（腰、腹、臀、腿部）和肩部核心区（胸、肩、背部）稳定性良好	24	**66.7%**	建议删除

（续表）

指标类别	指 标	专家共识人数	达成共识率	专家质性意见
二级指标 **（48）**	2.2.3 肌肉爆发力协调（例如，能够迅速地仰卧撑、倒立等）	24	**66.7%**	建议删除
	2.3.1 能够体验各种运动的强度，具有较好的心肺耐力	32	86.5%	建议具体化
	2.3.2 能够体验运动的长度，具备一定的肌肉力量	32	86.5%	建议具体化
	2.3.3 能够体验各种运动的难度，身体的肩、髋、躯干具备基本的柔韧性	34	89.5%	建议具体化
	2.4.1 能与环境互动，适应户外环境的挑战，能够参与户外水上、空中、陆地及冰上等不同环境下不同类型的运动游戏和身体活动	32	86.5%	建议修改
	2.4.2 能应用户外各种既有的运动器材、设备、玩具，进行相对广泛的户外运动游戏和身体活动	35	94.6%	建议修改
	2.4.3 敢于大胆从事冒险类运动游戏或身体活动并获得成就感	31	83.8%	建议修改
	3.1.1 了解人体的基本结构及自身的身体基本情况（如身高、体重）	31	83.8%	建议修改
	3.1.2 知晓所从事的具体基本动作技能、运动项目或身体活动所对应的运动词汇的读音和写法	34	89.5%	建议修改
	3.1.3 知道为何进行运动，了解基本动作技能、具有活力的运动方式并能表达运动对人日常生活乃至贯穿终身的健康效益	28	75.7%	建议修改
	3.1.4 懂得如何运动，了解运动游戏和身体活动的正确方法、策略、技巧、注意事项及运动损伤的简单处理方法（例如，扭伤后要及时冷敷等）	30	81.1%	建议删除
	3.1.5 知道应该何时进行运动（例如，知道下雨天、雾霾天气应该尽可能在室内运动）	32	86.5%	建议修改
	3.2.1 能对自己运动时的身体反应保持敏感（例如，口渴了知道及时补水，出汗了能够及时擦汗等）	34	89.5%	建议上调至二级指标"运动知识的理解"内，替换3.1.3

（续表）

指标类别	指 标	专家共识人数	达成共识率	专家质性意见
二级指标 **(48)**	3.2.2 正确地感觉、判断自身的运动能力，对自己能达到的运动能力（MC）水平和身体活动量（PA）极限具有准确判断	34	89.5％	建议修改
	3.2.3 知晓一些身体不适的感觉（例如，肚子痛、腿抽筋等）	33	89.2％	建议修改
	3.3.1 识别运动游戏中的角色特征，有意识地模仿、扮演不同的社会角色（例如，教师、裁判、警察、医生、法官等），具备基本的角色感	35	94.6％	建议修改
	3.3.2 知晓运动游戏中角色分工，具备基本的角色担当	36	97.3％	建议修改
	3.4.1 懂得避免运动损伤的基本方法（例如，运动前穿好运动装、运动鞋，不携带尖锐物品，做好热身与放松，集体运动时不拥挤、冲撞等）	32	86.5％	建议修改
	3.4.2 能识别运动场地及运动过程中的安全隐患（例如，钉子、玻璃碎片）并有效规避，具备基本的安全感	35	94.6％	建议修改
	3.4.3 小心谨慎地参与冒险类运动游戏和身体活动（例如，知道纵跳后的落地缓冲），身体不适时能够做好自我保护并及时停止运动	35	94.6％	建议修改
	3.5.1 具备基本的规则意识，了解课堂常规，自觉遵守课堂纪律（例如，懂得轮流，不争抢，懂得排队，不拥挤等），能控制自己的情绪，不乱发脾气，不哭闹	36	97.3％	建议调整至"4 体育参与维度"
	3.5.2 在日常生活中，懂得遵守基本的社会规则和秩序（例如，在家庭、公共场所知道尊老爱幼，遵守交通规则、在图书馆保持安静等）	33	89.2％	建议调整至"4 体育参与维度"
	3.5.3 运动过程中，发现危险因素能及时提醒同伴或他人，避免受到伤害	37	100％	建议调整至"4 体育参与维度"

（续表）

指标类别	指　标	专家共识人数	达成共识率	专家质性意见
二级指标 (48)	3.5.4　运动过程中，不做任何妨碍、伤害、有损他人利益的事（例如，踢球过程中不故意用脚勾绊同伴的脚等），具备基本的公德，文明运动和比赛	37	100%	建议调整至"4　体育参与维度"
	4.1.1　将运动视为对自身健康负责的行为，持续参加有意义并且对自己有挑战的运动游戏或其他身体活动	31	83.8%	建议修改
	4.1.2　具备坚持到底、不怕困难、顽强果敢等意志品质和顽强进取、追求卓越的体育精神	31	83.8%	建议修改
	4.1.3　积极为共同荣誉贡献、喝彩、协同合作，具备集体主义荣誉感	34	91.2%	建议修改
	4.2.1　养成积极主动的锻炼习惯——将每天总计至少 60 分钟的结构化身体活动、至少 60 分钟—数小时不等的非结构化身体活动，除睡觉外，1 次久坐时间不超过 1 小时作为日常生活方式，为提高动作技能和健康相关的体能奠定基础	33	89.2%	建议修改
	4.2.2　积极主动休息，保证每天充足的睡眠时间和质量	33	89.2%	建议修改
	4.2.3　养成健康的饮食概念和习惯（例如，知道多吃蔬菜水果，有利于健康成长）	33	89.2%	建议修改
	4.3.1　运动过程中，懂得积极与同伴、老师、教练等他人合作、交流、分享（例如，两人共享教具等），人际关系良好	36	97.3%	
	4.3.2　运动过程中，在同伴遇到困难、失败或挫折时，具有同情心，懂得主动安慰、帮助他人（例如，简单的语言、肢体提示），能尽己所能地帮助他人并以此为乐	37	100%	建议修改
	4.4.1　积极参与新颖的运动游戏或身体活动，保持运动参与项目的迭代更新，保证身体发展的可持续化	34	91.9%	建议删除
	4.4.2　能利用既有的运动条件（器材）创新游戏玩法，为自己或同伴创造大量室内新兴运动参与机会（例如，能把废弃的棒球当作保龄球进行投准比赛等）	33	89.2%	建议删除

（二）第一轮专家意见征询指标的筛选及修订

在对第一轮专家意见征询指标的修订过程中，综合指标提取的量化标准和专家的质性意见，分别对"维度指标""一级指标""二级指标"进行如下修订操作：

1.维度指标的筛选与修订

首先，从量化指标上看，对于4个维度指标，专家的共识率均在90％以上，但是第四个指标"终身体育参与"的共识率为94.6％、稍低于其他三个指标项，专家认为需要作进一步修改。其次，从质性意见上看，专家的争议点主要集中在第四个维度指标"终身体育参与"中的"终身"二字上，绝大多数专家认为对于学龄前儿童，"终身体育参与"虽然确实是身体素养的要素，但是要求儿童在学龄前阶段形成终身体育参与行为似乎要求太高了（见表4-14）。第一轮专家意见征询结果印证了身体素养要素专

表4-14　第一轮专家意见征询后维度指标质性意见统计与修订

具有争议性的指标	专家意见
"4　终身体育参与"	**专家 R：** 幼儿期难以判断终身体育参与的事件影响。 **专家 T：**"终身"二字不妥，但是维度指标中需要有"体育参与"这一指标。 **专家 F：** 对于3—6岁的儿童（学龄前儿童）来讲，其终身体育意识并没有形成，他们也很难理解"终身体育"的含义。学龄前儿童更多应该是培养其参与身体活动的兴趣。 **专家 Z：**"终身体育"这一项的确是身体素养的要素，但是幼儿期能够确定他们是否形成终身体育参与行为吗？身体素养的要素需要充分关照这一阶段儿童的身心发展特点进行设定。 **专家 G：** 总体而言，对于"身体素养"的理解较为全面，也能够将身体素养的4个构成要素在指标体系中得以体现。可是，对于学龄前儿童来讲，其身体素养的发展正处于初成阶段，许多能力的发展还处于模糊阶段，在对于其界定的过程中是较有难度的。如果未来准备用这些指标进行测评这一阶段这一群体的身体素养，测评的具体内容就需要提前预设了，不然仅仅是理论层面的探讨，其指导实践的意义将大打折扣。因为这一群体迥异于青少年或成人。希望深层次思考一下上述问题，切莫落入传统的思路。

家调查中少数专家提出的观点。因此，基于以上数据的分析，在第一轮专家意见征询后，保留了4个维度指标并将"终身体育参与"这一指标修订为"体育参与"。

2. 一级指标的筛选与修订

一级指标是"维度指标"的下一级指标，是二级指标的上一级指标，在整个体系结构中起着承上启下的作用。在第一轮专家意见返回后发现，专家对初步构建的体系中16个一级指标的争议点主要聚焦在对于"学龄前儿童身体素养体系"中设计的相关指标是否符合学龄前儿童即3—6岁儿童的身心发展特点，相关指标的设定是否要求过高、一级指标与维度指标的纵向逻辑性、一级指标之间的横向逻辑性等问题上，基于此，遵循专家的意见逐条对一级指标进行仔细甄选和修订。此外，专家也提出增设相关指标的意见和建议。在查阅《3—6岁儿童学习与发展指南》等学前教育的文件之后，拟将相关指标纳入并作为第二轮问卷继续征询专家意见。具体而言，本研究新增"2.1体态""2.4体育道德风尚"2个指标，删除"2.2身体协调能力""3.5道德原则的理解""4.4新兴运动参与"3项指标，修改"2.5对环境的敏感性和适应性""4.2终身受益的生活方式"2项指标。

3. 二级指标的筛选与修订

作为最后一级指标，二级指标是整个体系指标的最远抵达，也是距离身体素养实践最近的指标。因此，这一级指标应具备可操作性。专家对于这一级指标的意见主要集中于指标内部以及其与上一级指标之间的逻辑关系是否清晰、准确，各个指标的文字表述是否精准，多数一线专家认为为了能够提高指标在日常教学环境中的实用性，应该将相关指标进行具体化设置。基于此，对二级指标的表述进行逐条推敲、斟酌及修订，以保证指标的适宜性、准确性。具体而言，增加"1.3.1能随着运动游戏的需要转换情绪和注意，情绪安定愉快，不乱发脾气"等8项指标，修改"1.1.1对运动游戏和身体活动抱有足够好奇、新鲜感及热情，喜欢尝试并积极主动地参与"等36项指标，删除了"2.3.1运动时，各个关节动作灵活、敏捷，能伴随音乐的节律协调展示动作"等6项指标（见表4-15）。

综上所述，在第一轮德尔菲专家意见征询之后，对体系的各级指标所作的修订信息汇总如表4-15所示：

表4-15　第一轮专家意见征询后各级指标修订信息汇总

序号	修订指标项	修订操作	修订后的指标项
1	4　终身体育参与	修改项	4　体育参与
2	2.1　体态	依据《指南》的增加项	/
3	2.2　身体协调能力	删除项	/
4	2.5　对环境的敏感性和适应性	修改项	2.4　环境适应能力
5	3.1　运动知识的掌握	修改项	3.1　运动常识的理解
6	3.5　道德原则的理解	删除项	/
7	4.4　新兴运动参与	删除项	/
8	1.1.1　对运动游戏和身体活动抱有足够好奇、新鲜感及热情，喜欢尝试并积极主动地参与	修改项	1.1.1　对运动游戏和身体活动抱有足够的好奇和新鲜感
9	1.1.2　渴望了解体育场地、器材、教具的用途	修改项	1.1.2　渴望了解运动游戏的场地、器材、玩具的用途和使用方法
10	1.1.3　有自己感兴趣的运动游戏或项目，能擅长其中的1—2项并坚持对其长期锻炼	修改项	1.1.3　有自己感兴趣的运动游戏，积极参与和发展多项基本动作技能
11	1.1.4　有自己欣赏的运动项目，对相关的赛事或明星保持一定的敏感度和关注度，懂得为成功喝彩	修改项	1.1.4　能在同伴或成人的陪伴下一起观看体育赛事或相关的电视节目，对身体活动具有兴趣
12	1.2.1　具有积极、活跃参与运动游戏和身体活动的内在驱动力	修改项	1.2.1　具有积极、主动参与运动游戏和身体活动的内在驱动力
13	1.2.2　能通过环境刺激获得积极参与运动游戏和身体活动的外在动力	修改项	1.2.2　能通过同伴或成人的鼓励，获得积极参与运动游戏和身体活动的外在动力
14	1.3.1　能随着运动游戏的需要转换情绪和注意，情绪安定愉快，不乱发脾气	依据《指南》的新增项	/
15	1.3.2　对自己能完成的运动任务抱有必胜的信念	修改项	1.3.2　对自己需要完成的运动任务具有基本的判断并抱有能够完成的信心

（续表）

序号	修订指标项	修订操作	修订后的指标项
16	1.3.3　在运动游戏和比赛过程中，能克服胆怯、紧张和焦虑等消极情绪，乐观开朗地应对运动挑战	修改项	1.3.3　在运动游戏或比赛中，能在同伴或成人鼓励下，克服胆怯、紧张等情绪，相对乐观地迎接运动挑战
17	1.3.4　成功完成运动游戏和身体活动任务并享受运动的愉悦、快乐及满足感	修改项	1.3.4　在运动游戏或身体活动中享受运动的愉悦、快乐及满足感
18	2.1.1　具有适宜的身高和体重	依据《指南》的新增项	/
19	2.1.2　在成人提醒下，能经常保持正确的站、坐、行走姿势	依据《指南》的新增项	/
20	2.2.1　掌握爬行、走、（常规）跑步、马步跑、单脚跳、追逐跑、逃跑、飞奔、立定跳远、侧滑步、躲闪、攀爬等移动性基本动作技能	修改项	2.2.1　基本掌握爬行、走、（常规）跑步、马步跑、单脚跳、追逐跑、飞奔、立定跳远、侧滑步、躲闪、攀爬等移动性基本动作技能
21	2.3.1　运动时，各个关节动作灵活、敏捷，能伴随音乐的节奏协调展示动作	删除项	/
22	2.3.2　运动时，动作协调，腰部核心区（腰、腹、臀、腿部）和肩部核心区（胸、肩、背部）稳定性良好	删除项	/
23	2.3.3　肌肉爆发力协调（如：能够迅速地仰卧撑、倒立等）	删除项	/
24	2.3.4　能够体验各种运动的强度，具有较好的心肺耐力	修改项	2.3.1　具备一定的心肺耐力，如：能行走 1—1.5 公里（中途可适当停歇），能单脚连续向前跳 2—8 米，能快跑 15—25 米左右
25	2.3.2　能够体验各种运动的长度，具备一定的肌肉力量	修改项	2.3.2　具备一定的肌肉力量，如：能单手将沙包投掷 2—5 米左右
26	2.3.3　能体验各种运动的难度，身体的肩、髋、躯干具备基本的柔韧性	修改项	2.3.3　具备一定的柔韧性，如：能坐位体前屈坚持 3—5 秒
27	2.3.4　具备一定的身体协调和灵活性，如：能伴随音乐玩跳房子、踩小高跷、跳竹竿、滚铁环等传统运动游戏，能与他人玩追逐、躲闪的游戏	依据《指南》的新增项	/

（续表）

序号	修订指标项	修订操作	修订后的指标项
28	2.4.1 能与环境互动，适应户外气候环境的挑战，能够参与户外水上、空中、陆地及冰上等不同类型的运动游戏和身体活动	修改项	2.4.1 能在较热或较冷的户外环境中连续活动半小时
29	2.4.2 能应用户外各种既有的运动器材、设备、玩具，进行相对广泛的户外运动和身体活动	修改项	2.4.2 能应用户外既有的运动器材、设备、玩具，进行户外运动游戏或身体活动
30	2.4.3 敢于大胆从事冒险类运动游戏或身体活动并获得成就感	修改项	2.4.3 在成人的保护下，敢于尝试具有一定挑战性的运动游戏或身体活动
31	2.4.4 能较快适应新的集体生活和人际环境，如：运动时有新的同伴加入时，能较快适应	依据《指南》的新增项	/
32	3.1.1 了解人体的基本结构及自身的身体基本状况（如：身高、体重）	修改项	3.1.1 能简单说出运动中涉及的人体五官、肢体部位的名称
33	3.1.2 知晓从事的具体基本动作技能、运动项目或身体活动所对应的运动词汇的读音和写法	修改项	3.1.2 知晓所进行的运动对应词汇的读音和所表示的意义，如：能读出运动卡片上简单的文字并知道其基本的含义
34	3.1.3 知道为何进行运动，了解基本动作技能、具备活力的运动方式并能表述运动对人日常乃至贯穿终身的健康惠益	修改项	3.1.3 能对自己运动时的身体反应保持敏感（如：口渴了知道及时补水，出汗了能及时擦汗等）
35	3.1.4 懂得如何运动，了解运动游戏和身体活动的正确方法、策略、技巧、注意事项及运动损伤的简单处理方法（如：扭伤后要及时冷敷等）	删除项	/
36	3.1.5 知道应该何时进行运动，如：知道下雨天、雾霾天气应该尽可能在室内运动	修改项	3.1.4 知道何时进行运动，如：知道炎炎夏日应避开中午时间运动，下雨天或雾霾天应尽可能不户外运动
37	3.2.1 能对自己运动时的身体反应保持敏感（如：口渴了知道及时补水，出汗了能够及时擦汗等）	调整项	上调至二级指标"运动知识的掌握"内，及修改后替换3.1.3
38	3.2.1 正确地感觉、判断自身的运动能力，对自己能达到的运动能力（MC）水平和身体活动量（PA）极限具有准确的判断	修改项	3.2.1 在成人指导下，能正确感觉、判断自身的运动能力（MC）水平

（续表）

序号	修订指标项	修订操作	修订后的指标项
39	3.2.2　知晓一些身体不适的感觉（如：肚子痛、腿抽筋等）	修改项	3.2.2　在成人指导下，能评估自己身体所能承受的运动量和运动强度的最大程度和范围
40	3.3.1　识别运动游戏中的角色特征，有意识地模仿、扮演不同的社会角色，如：教师、裁判、警察、医生、法官等，具备基本的角色感	修改项	3.3.1　能识别运动游戏中的角色特征，有意识地模仿、扮演不同的社会角色，如：运动员、教师、裁判、警察等，具备基本的角色感
41	3.4.1　知晓基本的运动安全规则，如：懂得运动时不吃东西，不在河边和马路边玩耍等	依据《指南》的新增项	／
42	3.4.2　懂得避免运动损伤的基本方法，如：运动前穿好运动装、运动鞋，不携带尖锐物品，做好热身与放松，集体运动时不拥挤、冲撞等	修改项	3.4.2　运动时能知道主动规避危险，不给他人造成危险，如：不携带尖锐物品参加运动，能躲避他人滚过来的球或扔过来的沙包等
43	3.4.3　能识别运动场地及运动过程中的安全隐患（如：钉子、玻璃碎片）并有效规避，具备基本的安全感	修改项	3.4.3　当处于安全隐患的环境中时，能及时向成人寻求帮助，如：在有钉子、玻璃碎片的场地中运动，知道及时报告老师清理
44	3.4.4　小心谨慎地参与冒险类运动游戏和身体活动（如：知道纵跳后的落地缓冲），身体不适时能够做好自我保护并即时停止运动	修改项	3.4.4　身体出现不适状况时，知道及时向成人寻求帮助并停止运动
45	4.1.1　将运动视为对自身终身健康负责的行为，持续参加有意义并且对自己有挑战的运动游戏或其他身体活动	修改项	4.1.1　能在成人引导下或自主、主动地参加运动游戏
46	4.1.2　具备坚持到底、不怕困难、顽强果敢等意志品质和顽强进取、追求卓越的体育精神	修改项	4.1.2　在成人鼓励下，能坚持完成运动游戏任务，不怕累，具备基本的坚韧、顽强的意志品质
47	4.1.3　积极为共同荣誉贡献、喝彩、协同合作，具备集体主义荣誉感	修改项	4.1.3　在运动游戏中表现出为集体荣誉奉献、协作、喝彩等良好的行为倾向

（续表）

序号	修订指标项	修订操作	修订后的指标项
48	4.2.1　养成积极主动的锻炼习惯——将每天总计至少60分钟的结构化身体活动、至少60分钟—数小时不等的非结构化身体活动，除睡觉外，1次久坐时间不超过1小时作为日常生活方式，为提高动作技能和健康相关的体能奠定基础	修改项	4.2.1　在成人引导下，养成积极主动的锻炼习惯——每天累计至少2小时的身体活动。除睡觉外，1次久坐时间不超过1小时作为日常生活方式
49	4.2.2　能积极主动休息，保证每天充足的睡眠时间和质量	修改项	4.2.2　在成人提醒下，养成每天按时睡觉和起床的习惯，保证每天充足的睡眠时间和质量
50	4.2.3　养成健康的饮食观念和习惯，如：知道多吃蔬菜果蔬，有利于健康	修改项	4.2.3　在成人的引导下，养成健康的饮食观念和习惯，不偏食、挑食，喜欢吃瓜果、蔬菜等新鲜食品
51	4.2.4　在成人引导下，主动保护眼睛，连续屏幕时间每次不超过30分钟	依据《指南》的新增项	/
52	4.3.2　运动过程中，在同伴遇到困难、失败或挫折时，具有同情心，懂得主动安慰、帮助他，如：简单的语言、肢体提示，能尽己所能地帮助他人并以此为乐	修改项	4.3.2　运动过程中，在同伴遇到困难、失败或挫折时，具有同情心，能主动安慰、帮助他人，如：用简单的语言、肢体语言予以鼓励
53	4.3.3　在成人引导下，尊重同伴，能正确面对游戏的输赢，赢了向同伴分享经验，输了总结经验，下次追上	依据《儿童行为心理学》的增加项	/
54	4.4.1　具备基本的规则意识，了解课堂常规，自觉遵守课堂纪律（如：懂得轮流，不争抢，懂得排队，不拥挤等），能控制自己的情绪，不乱发脾气，不哭闹	修改项	4.4.1　具备基本的规则意识，如：懂得轮流，不争抢，懂得排队，不拥挤等
55	4.4.2　在日常生活中，懂得遵守基本的社会规则和秩序（如：在家庭、公共场所知道尊老爱幼，遵守交通规则，在图书馆保持安静等）	删除项	/
56	4.4.3　运动过程中，发现危险因素能及时提醒同伴或他人，避免受到伤害	修改项	4.4.2　运动过程中，发现危险因素能及时给予同伴或他人提醒，如：运动时遇到障碍物能及时提醒同伴

序号	修订指标项	修订操作	修订后的指标项
57	4.4.4　运动过程中，不做任何妨碍、伤害、有损于他人利益的事（如：踢球过程中不故意用脚勾绊同伴的脚等），具备基本的公德，文明运动和比赛	修改项	4.4.3　运动过程中，不做任何妨碍、伤害、有损于他人利益的事，如：踢球时不故意用脚勾绊同伴的脚等攻击性行为，具备基本的公德，文明运动和比赛

注：1. 指标项中的"身体活动"是一个独立名词，意指除了"运动游戏"之外的其他身体活动；2.《指南》是指教育部颁布的《3—6岁儿童学习与发展指南》。

（三）第一轮专家意见征询后各级指标的确立结果

通过以上对第一轮专家意见的梳理、统计和分析，并对初步构建的学龄前儿童身体素养体系 1.0 版本中各级指标进行筛选和修订，最终形成第一轮专家意见征询后指标体系的第一轮确定版（2.0 版本），包括 4 个维度指标，15 个一级指标，49 个二级指标在内的指标体系。这一体系的确定，为推进第二轮专家意见征询程序奠定坚实的文本基础（见图 4-2，附件 D）。

五、学龄前儿童身体素养体系构建第二轮专家意见征询结果

在"学龄前儿童身体素养体系（2.0 版本）"的基础上，实施第二轮专家意见征询，继续以 E-mail、微信的形式向专家组发送征询表 37 份，共回收有效问卷 37 份，问卷应答率为 100%，并以迭代报告指标——重要性均值 M，标准差 SD，变异系数 CV 以及满分比 FF 等统计指标进行体系指标的验证和征询结果的报告。

（一）第二轮专家意见征询后指标的筛选与修订

为了检验学龄前儿童身体素养体系的专家意见集中程度，对第二轮德尔菲专家意见征询后体系的维度指标、一级指标以及二级指标的平均数 M、标准差 SD、满分频率 FF 以及变异系数 CV 等结果进行数据检验和分析，以此在第二轮专家意见征询之后进行"指标筛选"，判断每个指标的重要性并实现指标的筛选。借鉴李博等人的德尔菲研究成果，采取"界值

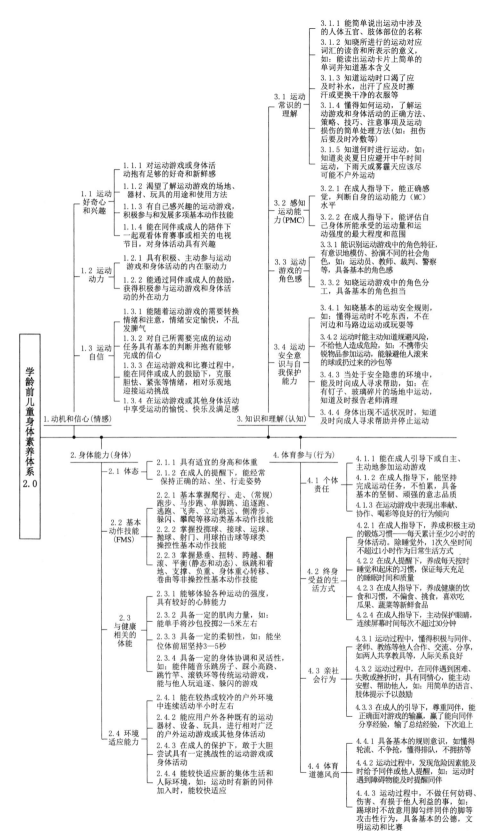

图4-2 第一轮专家意见征询后"学龄前儿童身体素养体系（2.0版本）"

法"作为指标提取标准：（1）M≥"M－2×SD"；（2）FF≥"FF－2×SD"；（3）CV≤"CV＋2×SD"，若指标项达到以上3个标准即可被纳入体系；若指标项不能满足其中1个或者2个标准，则通过专家的质性意见最终决定是否纳入体系；若指标项3个标准都不满足，则将该指标项从体系中剔除。

1. 维度指标的筛选与修订

如表4-16所示，第二轮专家意见征询后，体系中的4个维度指标的均值M均在2.5以上，$M_{动机和信心}=3.00$，$M_{身体能力}=2.97$，$M_{知识和理解力}=2.92$，$M_{体育参与}=2.82$，说明专家的意见集中程度良好，趋向集中地认为这4个指标对于整个体系非常重要。变异系数CV的值均<0.25，说明专家对于指标相对重要性的认知差异较小。满分频数FF的值均>30%，筛选判断1：M≥M－2×SD，筛选判断2：FF≥FF－2×SD，筛选判断3：CV≤CV＋2×SD。此外，从专家质性数据来看，对于这4个维度指标，有个别专家提出"体育参与"是否改为"运动参与"。前者比后者涵盖的范围更加广泛，譬如：观看体育比赛，也应属于身体素养的体现，但却不属于"运动参与"，因此，"体育参与"这一指标更加合适。综合量化分析和质性分析的结果，将4个维度指标均纳入"学龄前儿童身体素养体系"之中。

2. 一级指标的筛选与修订

如表4-16所示，第二轮专家意见征询后，"1.1运动好奇心和兴趣""1.2运动能力"等15个一级指标重要性均值均>2.5，最大值为2.97，最小值为2.71，说明专家的意见集中程度良好。满分频率FF介于71%～97%之间，FF指标值均>30%，说明二级指标贡献率较高。变异系数CV的值均<0.25，说明专家在指标相对重要性上认知差异较小，筛选判断1：M≥M－2×SD，筛选判断2：FF≥FF－2×SD，筛选判断3：CV≤CV＋2×SD，满足3个指标纳入的判断条件。同时，根据专家的质性意见来看，部分专家认为，二级指标中，部分专家认为"3.2感知运动能力（Perceived Motor Competence，PMC）"这一指标作为外来术语，应该翻

译成"运动感知能力"更符合中国体育学科研究环境中的表述习惯。因此，综合量化数据和质性数据的分析结果，将第二轮专家意见征询表（附件D）中的15个一级指标均纳入"学龄前儿童身体素养体系"。

3. 二级指标的筛选与修订

如表4-16所示的49条二级指标项，在第二轮专家意见征询后，从量化指标数据来看，49个二级指标均满足3个指标纳入的判断条件，即均值M均>2.5，最大值为3.00，最小值为2.71，说明专家的意见集中程度良好。变异系数CV的值均<0.25，说明专家在指标相对重要性的认知差异较小。

在3个筛选判断条件中，"1.1.4 能在同伴或成人的陪伴下一起观看体育赛事或相关的电视节目，对体育活动具有兴趣""2.1.2 在成人提醒下，能经常保持正确的站、坐、行走姿势"的"筛选判断3"出现了异常：$CV > CV + 2 \times SD$。结合专家的质性数据分析来看，部分专家认为1.1.4指标设计涉及看电视，从健康用眼的角度看，这一指标需要斟酌。同时，部分专家提出"对于学龄前儿童来说，体育节目对于学龄前儿童的吸引力究竟有多大？"这一问题。通过主试对6岁儿童在北京奥运会期间的赛事直播和转播时的实验发现，3岁和6岁末期的学龄前儿童可以在家长的引导下，一起在不同时长内观看体育赛事现场直播或转播，并培养体育兴趣这一目标。因此，拟将这一指标的表述修改为"1.1.4 能在同伴或成人的陪伴下，一起观看时长半小时左右的体育赛事或相关的电视节目，对体育活动具有兴趣"，以保证用眼时间。

部分专家对于"2.1.2 在成人提醒下，能经常保持正确的站、坐、行走姿势"这一指标的质疑——"这一指标是否属于体态？"，并认为"成人"应该改为"他人"，因为同伴也可以起到姿态的提醒作用，而对于这一条新增项，通过查证《3—6岁儿童学习与发展指南》找到了关于这一年龄阶段儿童保持正确的站、坐、行走姿势的目标设定的证据，认为这一条指标应属于体态中的一个部分。因此，将这一指标的表述修改为："在他人的提醒下，能经常保持正确的站、坐、行走姿势"。

（二）第二轮专家意见征询后各级指标的确立结果

通过上述第二轮专家意见征询后对体系各级指标的筛选和修订，最终确定 4 个维度指标、15 个一级指标以及 48 个二级指标并形成以下学龄前儿童身体素养体系（3.0 版）（见图 4-3）：

表 4-16　第二轮专家意见征询结果统计

序号	指标	平均数 M	标准差 SD	满分频率 FF	变异系数 CV	筛选判断 1 M? ≥ M−2×SD	筛选判断 2 FF? ≥ FF−2×SD	筛选判断 3 CV? ≤ CV+2×SD
1	动机和信心（情感）	3.00	0.00	1.00	0.00	3.00	1.00	0.00
2	身体能力（身体）	2.97	0.16	0.97	0.05	2.64	0.65	0.38
3	知识和理解力（认知）	2.92	0.36	0.94	0.12	2.20	0.22	0.84
4	体育参与（行为）	2.82	0.46	0.84	0.16	1.90	−0.07	1.08
1.1	运动好奇心和兴趣	2.97	0.16	0.97	0.05	2.64	0.65	0.38
1.2	运动能力	2.94	0.23	0.95	0.07	2.49	0.49	0.53
1.3	运动自信	2.97	0.16	0.97	0.05	2.65	0.65	0.38
2.1	体态	2.82	0.56	0.89	0.20	1.69	−0.23	1.32
2.2	基本动作技能（FMS）	2.97	0.16	0.97	0.05	2.65	0.64	0.38
2.3	与健康相关的体能	2.89	0.39	0.92	0.13	2.11	0.14	0.91
2.4	环境适应能力	2.92	0.36	0.95	0.12	2.20	0.23	0.84
3.1	运动常识的理解	2.79	0.58	0.86	0.21	1.63	−0.29	1.36
3.2	**感知运动能力（PMC）**	2.92	0.36	0.95	0.12	2.20	0.23	0.84
3.3	运动游戏的角色感	2.71	0.61	0.78	0.22	1.49	−0.44	1.45
3.4	运动安全意识与自我保护能力	2.87	0.47	0.92	0.16	1.92	−0.03	1.12
4.1	个体责任	2.82	0.56	0.89	0.19	1.63	−0.23	1.32
4.2	健康的生活方式和生活习惯	2.95	0.23	0.95	0.22	2.49	0.49	0.53
4.3	亲社会行为	2.76	0.63	0.86	0.22	1.49	−0.41	1.50
4.4	体育道德风尚	2.71	0.61	0.81	0.22	1.49	−0.41	1.45
1.1.1	对运动游戏和身体活动抱有足够好奇和新鲜感，喜欢尝试并积极主动参与	2.92	0.27	0.92	0.09	2.37	0.37	0.64

（续表）

序号	指标	平均数 M	标准差 SD	满分频率 FF	变异系数 CV	筛选判断1 M?≥ M−2×SD	筛选判断2 FF?≥ FF−2×SD	筛选判断3 CV?≤ CV+2×SD
1.1.2	渴望了解运动游戏的场地、器材、玩具的用途和使用方法	2.87	0.47	0.92	0.16	1.92	−0.03	1.12
1.1.3	有自己感兴趣的运动游戏，积极参与和发展多项基本动作技能	2.87	0.41	0.89	0.14	2.04	0.06	0.97
1.1.4	**能在同伴或成人的陪伴下一起观看半小时左右的体育赛事或相关的电视节目，对体育活动有兴趣**	2.84	0.41	0.89	**0.17**	1.85	−0.10	**1.16**
1.2.1	具有积极、主动参与运动游戏和身体活动的内在驱动力	2.95	0.49	0.95	0.07	2.49	0.49	0.53
1.2.2	能通过同伴或成人的鼓励，获得积极参与运动游戏和身体活动的外在动力	2.92	0.22	0.92	0.09	2.37	0.37	0.64
1.3.1	能随着运动游戏的需要转换情绪和注意，情绪安定愉快，不乱发脾气	2.76	0.59	0.84	0.21	1.58	−0.34	1.39
1.3.2	对自己需要完成的运动任务具有基本的判断并抱有能够完成的信心	2.92	0.27	0.92	0.09	2.37	0.37	0.64
1.3.3	在运动游戏或比赛中，能在同伴或成人鼓励下，克服胆怯、紧张等情绪，相对乐观地迎接运动挑战	2.89	0.31	0.89	0.10	2.27	0.27	0.73
1.3.4	在运动游戏或身体活动中享受运动的愉悦、快乐及满足感	2.87	0.34	0.86	0.11	2.18	0.17	0.80
2.1.1	具有适宜的身高和体重	2.92	0.36	0.95	0.12	2.20	0.23	0.84
2.1.2	**在成人提醒下，能经常保持正确的站、坐、行走姿势**	2.76	0.63	0.86	**0.22**	1.49	−0.40	**1.50**

（续表）

序号	指标	平均数 M	标准差 SD	满分频率 FF	变异系数 CV	筛选判断1 M？≥ M－2×SD	筛选判断2 FF？≥ FF－2×SD	筛选判断3 CV？≤ CV+2×SD
2.2.1	掌握爬行、走、（常规）跑步、马步跑、单脚跳、追逐跑、飞奔、立定跳远、侧滑步、躲闪、攀爬等移动性基本动作技能	2.84	0.37	0.84	0.13	2.10	0.10	0.87
2.2.2	掌握投掷球、接球、运球、踢球、抛球、射门、用球拍击球等球类操控性基本动作技能	2.79	0.16	0.97	0.05	−0.32	0.65	0.85
2.2.3	掌握悬垂、扭转、跨越、翻滚、平衡（静态和动态）、纵跳和着地、支撑、负重、身体重心转移、卷曲等非操控性基本动作技能	3.00	0.00	1.00	0.00	3.00	1.00	0.00
2.3.1	具备一定的心肺耐力，如能行走1—1.5公里（中途可以适当停歇），能单脚连续跳2—8米，能快跑15—25米左右	2.82	0.46	0.84	0.16	1.90	−0.07	1.08
2.3.2	具备一定的肌肉力量，如能单手将沙包投掷2—5米左右	2.89	0.39	0.92	0.13	2.12	0.14	0.91
2.3.3	具备一定的柔韧性，如能坐位体前屈坚持3—5秒	2.82	0.46	0.81	0.16	1.90	−0.10	1.08
2.3.4	具备一定的身体协调和灵活性，如能伴随音乐玩跳房子、踩小高跷、跳竹竿、滚铁环等传统运动游戏，能与他人玩追逐、躲闪的游戏	2.95	0.32	0.97	0.11	2.30	0.32	0.76

（续表）

序号	指标	平均数 M	标准差 SD	满分频率 FF	变异系数 CV	筛选判断1 M? ≥ M−2×SD	筛选判断2 FF? ≥ FF−2×SD	筛选判断3 CV? ≤ CV+2×SD
2.4.1	能在较热或较冷的户外环境中连续活动半小时左右	2.82	0.46	0.84	0.16	1.90	−0.07	1.08
2.4.2	能应用户外既有的运动器材、设备、玩具，进行户外运动游戏或身体活动	2.95	0.32	0.97	0.11	2.30	0.32	0.76
2.4.3	在成人的保护下，敢于尝试具有一定挑战性的运动游戏或身体活动	2.92	0.36	0.95	0.12	2.20	0.23	0.84
2.4.4	能较快适应新的集体性生活和人际环境，如运动中有新的同伴加入时，能够较快适应	3.00	0.00	1.00	0.00	3.00	1.00	0.00
3.1.1	能简单说出运动中涉及的人体五官、肢体部位的名称	2.95	0.23	0.97	0.07	2.50	0.52	0.53
3.1.2	知晓进行的运动对应词汇的读音和表示的意义，如能读出运动卡片上简单的文字并知道其基本的含义	2.79	0.53	0.84	0.18	1.73	−0.22	1.25
3.1.3	知道运动时口渴了应及时补水，出汗了应及时擦汗或换干净的衣服	2.89	0.31	0.89	0.10	2.27	0.27	0.73
3.1.4	知道何时进行运动，如知道炎炎夏日应避开中午时间运动，下雨天或雾霾天气应尽可能不户外运动	2.92	0.35	0.95	0.12	2.20	0.23	0.84
3.2.1	在成人指导下，能正确感觉、判断自身的运动能力（MC）水平	2.95	0.23	0.95	0.07	2.49	0.50	0.53

（续表）

序号	指标	平均数 M	标准差 SD	满分频率 FF	变异系数 CV	筛选判断1 M? ≥ M− 2×SD	筛选判断2 FF? ≥ FF− 2×SD	筛选判断3 CV? ≤ CV+ 2×SD
3.2.2	在成人指导下，能评估自己身体所能承受的运动量和运动强度的最大程度和范围	2.87	0.47	0.92	0.16	1.91	−0.03	1.11
3.3.1	能识别运动游戏中的角色特征，有意识地模仿、扮演不同的社会角色，如运动员、教师、裁判、警察等，具备基本的角色感	2.92	0.36	0.95	0.12	2.20	0.23	0.84
3.3.2	知晓运动游戏中的角色分工，具备基本的角色担当	2.89	0.45	0.95	0.15	1.99	0.04	1.06
3.4.1	知晓基本的运动安全规则，如懂得运动时不吃东西，不在河边和马路边运动等	2.89	0.39	0.92	0.13	2.11	0.14	0.91
3.4.2	运动时能知道主动规避危险，不给他人造成危险，如不携带尖锐物品参加运动，如能躲避他人滚过来的球或扔过来的沙包等	2.84	0.44	0.86	0.15	1.97	−0.01	1.02
3.4.3	当处于安全隐患的环境中时，能及时向成人寻求帮助，如在有钉子、玻璃碎片的场地上运动，知道及时报告老师清理	2.92	0.27	0.92	0.09	2.37	0.37	0.64
3.4.4	身体出现不适状况时，知道及时向成人寻求帮助并停止运动	2.95	0.23	0.95	0.07	2.49	0.50	0.53
4.1.1	认识到运动的好处，能在成人指引下或自主、主动地参加运动游戏	2.92	0.36	0.95	0.12	2.20	0.23	0.84

（续表）

序号	指标	平均数 M	标准差 SD	满分频率 FF	变异系数 CV	筛选判断1 M? ≥ M— 2×SD	筛选判断2 FF? ≥ FF— 2×SD	筛选判断3 CV? ≤ CV+ 2×SD
4.1.2	在成人鼓励下，能坚持完成运动任务，不怕累，具备基本的坚韧、顽强的意志品质	2.95	0.23	0.95	0.07	2.49	0.50	0.53
4.1.3	在运动游戏中表现出为集体荣誉奉献、协作、喝彩等良好的行为倾向	2.87	0.47	0.92	0.16	1.92	−0.03	1.11
4.2.1	在成人指导下，养成积极主动的锻炼习惯——每天累计至少2小时的身体活动。除睡觉外，1次久坐时间不超过1小时作为日常生活方式	2.97	0.16	0.97	0.05	2.64	0.65	0.38
4.2.2	在成人提醒下，养成每天按时睡觉和起床的习惯，保证每天充足的睡眠时间和质量	2.87	0.41	0.89	0.14	2.04	0.06	0.97
4.2.3	在成人的引导下，养成健康的饮食观念和习惯，不偏食、挑食，喜欢吃瓜果、蔬菜等新鲜食品	2.89	0.45	0.95	0.15	1.99	0.04	1.06
4.2.4	在成人引导下，主动保护眼睛，连续屏幕时间每次不超过30分钟	2.89	0.45	0.95	0.15	1.99	0.04	1.06
4.3.1	运动过程中，懂得积极与同伴、老师、教练等他人合作、交流、分享，如两人共享教具等，人际关系良好	2.92	0.36	0.95	0.12	2.20	0.23	0.84
4.3.2	运动过程中，在同伴遇到困难、失败或挫折时，具有同情心，能主动安慰、帮助他人，如用简单的语言、肢体的提示予以鼓励	2.89	0.39	0.92	0.13	2.12	0.14	0.91

（续表）

序号	指标	平均数 M	标准差 SD	满分频率 FF	变异系数 CV	筛选判断1 M? ≥ M−2×SD	筛选判断2 FF? ≥ FF−2×SD	筛选判断3 CV? ≤ CV+2×SD
4.3.3	在成人引导下，尊重同伴，能正确面对游戏的输赢，赢了向同伴分享经验，输了总结经验，下次追上	2.89	0.45	0.95	0.15	1.99	0.04	1.06
4.4.1	具备基本的规则意识，如懂得轮流，不争抢，懂得排队，不拥挤等	2.89	0.45	0.95	0.15	1.99	0.04	1.06
4.4.2	运动过程中，发现危险因素能及时提醒同伴或他人，如运动时遇到障碍物能及时提醒同伴	2.87	0.47	0.92	0.16	1.92	−0.03	1.12
4.4.3	运动过程中，不做任何妨碍、伤害、有损他人利益的事，如踢球时不故意用脚勾绊同伴的脚等攻击性行为，具备基本的公德，文明运动和比赛	2.82	0.56	0.89	0.19	1.69	−0.24	1.32

第三节　学龄前儿童身体素养体系指标权重赋值的研究结果

一、判断矩阵的构建结果

AHP层次分析法专门用于研究专家在征询过程中对指标打分的权重计算。在完成学龄前儿童身体素养体系的各级指标结构与内容的确定后，需要采用AHP层次分析法对于该体系中的各级指标进行赋予权重，以确定每个指标在整个体系中的重要程度即"分量"，从而实现体系的最终确立。在前两轮德尔菲问卷调查的基础上，继续对同一专家组发放37份《指

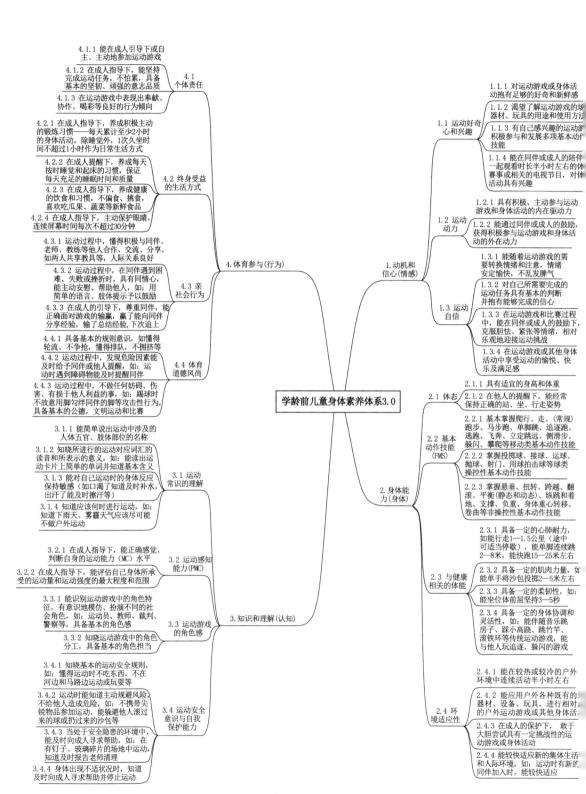

4.1.1 能在成人引导下或自主、主动地参加运动游戏

4.1.2 在成人指导下，能坚持完成运动任务，不怕累，具备基本的坚韧、顽强的意志品质

4.1.3 在运动游戏中表现出奉献、协作、喝彩等良好的行为倾向

4.1 个体责任

4.2.1 在成人指导下，养成积极主动的锻炼习惯——每天累计至少2小时的身体活动。除睡眠外，1次久坐时间不超过1小时作为日常生活方式

4.2.2 在成人提醒下，养成每天按时睡觉和起床的习惯，保证每天充足的睡眠时间和质量

4.2.3 在成人指导下，养成健康的饮食和习惯，不偏食、挑食，喜欢吃瓜果、蔬菜等新鲜食品

4.2.4 在成人指导下，主动保护眼睛，连续屏幕时间每次不超过30分钟

4.2 终身受益的生活方式

4.3.1 运动过程中，懂得积极与同伴、老师、教练等他人合作、交流、分享，如两人共享教具等，人际关系良好

4.3.2 运动过程中，在同伴遇到困难、失败或挫折时，具有同情心，能主动安慰、帮助他人，如：用简单的语言、肢体提示予以鼓励

4.3.3 在成人的引导下，尊重同伴，能正确面对游戏的输赢，赢了能向同伴分享经验，输了总结经验，下次追上

4.3 亲社会行为

4.4.1 具备基本的规则意识，如懂得轮流、不争抢，懂得排队，不拥挤等

4.4.2 运动过程中，发现危险因素能及时给予同伴或他人提醒，如：运动时遇到障碍物能及时提醒同伴

4.4.3 运动过程中，不做任何妨碍、伤害、有损于他人利益的事，如：踢球时不故意用脚勾绊同伴的脚等恶意行为，具备基本的公德、文明运动和比赛

4.4 体育道德风尚

4. 体育参与（行为）

3.1.1 能简单说出运动中涉及的人体五官、肢体部位的名称

3.1.2 知晓所进行的运动对应词汇的读音和所表示的意义，如：能读出运动卡片上简单的单词并知道基本含义

3.1.3 能对自己运动时的身体反应保持敏感（如口渴了知道及时补水，出汗了能及时擦汗等）

3.1.4 知道应该何时进行运动，如：知道下雨天、雾霾天气应该尽可能不做户外运动

3.1 运动常识的理解

3.2.1 在成人指导下，能正确感觉、判断自身的运动能力（MC）水平

3.2.2 在成人指导下，能评估自己身体所承受的运动量和运动强度的最大程度和范围

3.2 运动感知能力（PMC）

3.3.1 能识别运动游戏中的角色特征，有意识地模仿、扮演不同的社会角色，如：运动员、教师、裁判、警察等，具备基本的角色感

3.3.2 知晓运动游戏中的角色分工，具备基本的角色担当

3.3 运动游戏的角色感

3.4.1 知晓基本的运动安全规则，如：懂得运动时不吃东西，不在河边和马路边运动或玩耍等

3.4.2 运动时能知道主动规避风险，不给他人造成危险，如：不携带尖锐物品参加运动，能躲避他人滚过来的球或扔过来的沙包等

3.4.3 当处于安全隐患的环境中，能及时向成人寻求帮助，如：在有钉子、玻璃碎片的场地中运动，知道及时报告老师清理

3.4.4 身体出现不适状况时，知道及时向成人寻求帮助并停止运动

3.4 运动安全意识与自我保护能力

3. 知识和理解（认知）

学龄前儿童身体素养体系3.0

1.1.1 对运动游戏或身体活动抱有足够的好奇和新鲜感

1.1.2 渴望了解运动游戏的场器材、玩具的用途和使用方法

1.1.3 有自己感兴趣的运动游戏，积极参与和发展多项基本动作技能

1.1.4 能在同伴或成人的陪伴一起观看时长半小时左右的体赛事或相关的电视节目，对活动具有兴趣

1.1 运动好奇心和兴趣

1.2.1 具有积极、主动参与运动游戏和身体活动的内在驱动力

1.2.2 能通过同伴或成人的鼓励，获得积极参与运动游戏和身体活动的外在动力

1.2 运动动力

1.3.1 能随着运动游戏的需要转换情绪和注意，情绪安定愉快，不乱发脾气

1.3.2 对自己所需要完成的运动任务具有基本的判断并抱有能够完成的信心

1.3.3 在运动游戏和比赛中，能在同伴或成人的鼓励下，克服胆怯、紧张等情绪，相对乐观地迎接运动挑战

1.3.4 在运动游戏或其他身体活动中享受运动的愉悦、快乐及满足感

1.3 运动自信

1. 动机和信心（情感）

2.1.1 具有适宜的身高和体重

2.1.2 在他人的提醒下，能经常保持正确的站、坐、行走姿势

2.1 体态

2.2.1 基本掌握爬行、走、（常规）跑步、马步跑、单脚跳、追逐跑、逃跑、飞奔、立定跳远、侧滑步、躲闪、攀爬等移动类基本动作技能

2.2.2 掌握投掷球、接球、运球、抛球、射门、用球拍击球等球类操控性基本动作技能

2.2.3 掌握悬垂、扭转、跨越、翻滚、平衡（静态和动态）、纵跳和着地、支撑、负重、身体重心转移、卷曲等非操控性基本动作技能

2.2 基本动作技能（FMS）

2.3.1 具备一定的心肺耐力，如能行走1—1.5公里（途中可适当停歇），能单脚连续跳2—8米，能快跑15—25米左右

2.3.2 具备一定的肌肉力量，如能单手将沙包投掷2—5米左右

2.3.3 具备一定的柔韧性，能坐位体前屈坚持3—5秒

2.3.4 具备一定的身体协调和灵活性，如：能伴随音乐跳房子、踩小高跷、跳竹竿、滚铁环等传统运动游戏，能与他人玩追逐、躲闪的游戏

2.3 与健康相关的体能

2.4.1 能在较热或较冷的户外环境中连续活动半小时左右

2.4.2 能应用户外各种既有的器材、设备、玩具，进行相对的户外运动游戏或其他身体活动

2.4.3 在成人的保护下，敢于大胆尝试具有一定挑战性的运动游戏或身体活动

2.4.4 能较快适应新的集体生活和人际环境，如：运动时有新的同伴加入时，能较快适应

2.4 环境适应性

2. 身体能力（身体）

图 4-3　第二轮专家意见征询后"学龄前儿童身体素养体系（3.0）"的确定

144

标体系相对权重调查问卷》（附件 E），回收有效返回问卷 27 份，应答率为 73.10％。针对回收的数据采用 SPSSAU 软件进行层次分析和检验，进而确定"学龄前儿童身体素养体系（3.0）"各个指标的相对权重，最终形成完整的指标体系。

用 AHP 层次分析法计算权重时，首先构建判断矩阵，如表 4-17—4-18 所示，以体系的维度指标、一级指标计算为例，判断矩阵构建方式为：计算出各分析项的平均值，然后利用平均值大小相除得到判断矩阵。平均值越大意味着重要性越高，则表明权重也会越大。

如表 4-17 所示，专家对于 4 个维度指标打分的均值分别为 3.00 分、2.85 分、1.19 分、2.96 分，利用均值横向和纵向上进行两两相比得到表 4-17 中的矩阵数值。4 个维度指标的重要性程度排序是："动机和信心"＞"体育参与"＞"身体能力"＞"知识和理解力"。

表 4-17　"维度指标"AHP 层次分析判断矩阵

平均值	项	(1) 动机和信心	(2) 身体能力	(3) 知识和理解力	(4) 体育参与
3.000	(1) 动机和信心	1.000	1.052	2.531	1.012
2.852	(2) 身体能力	0.951	1.000	2.406	0.963
1.185	(3) 知识和理解力	0.395	0.416	1.000	0.400
2.963	(4) 体育参与	0.988	1.039	2.500	1.000

如表 4-18 所示，动机和信心的 3 个一级指标的重要性程度排序分别是："运动好奇心和兴趣"＞"运动动力"＞"运动自信"。

表 4-18　"动机和信心"的一级指标 AHP 层次分析判断矩阵

平均值	项	(1) 运动好奇心和兴趣	(2) 运动动力	(3) 运动自信
3.815	(1) 运动好奇心和兴趣	1	1.373	1.585
2.778	(2) 运动动力	0.728	1	1.154
2.407	(3) 运动自信	0.631	0.867	1

如表 4-19 所示，身体能力的 4 个一级指标的重要性程度排序为："基

本动作技能（FMS）"＞"体能"＞"环境适应能力"＞"体态"。

表 4-19　"身体能力"的一级指标 AHP 层次分析判断矩阵

平均值	项	(1) 体态	(2) 基本动作技能（FMS）	(3) 体能	(4) 环境适应能力
1.769	(1) 体态	1.000	0.535	0.648	0.821
3.308	(2) 基本动作技能（FMS）	1.870	1.000	1.211	1.536
2.731	(3) 体能	1.543	0.826	1.000	1.268
2.154	(4) 环境适应能力	1.217	0.651	0.789	1.000

如表 4-20 所示，知识和理解力的 4 个一级指标的重要性程度排序为："运动感知能力"＞"运动安全意识和自我保护能力"＞"运动游戏的角色感"＞"运动知识的掌握"。

表 4-20　"知识和理解力"的一级指标 AHP 层次分析判断矩阵

平均值	项	(1) 运动知识的掌握	(2) 运动感知能力	(3) 运动游戏的角色感	(4) 运动安全意识与自我保护能力
1.704	(1) 运动知识的掌握	1	0.511	0.697	0.676
3.333	(2) 运动感知能力	1.957	1.000	1.364	1.324
2.444	(3) 运动游戏的角色感	1.435	0.733	1.000	0.971
2.519	(4) 运动安全意识与自我保护能力	1.478	0.756	1.030	1.000

如表 4-21 所示，体育参与的 4 个一级指标的重要性程度排序为："健康的生活方式"＞"亲社会行为"＞"个体责任"＞"体育道德风尚"。

表 4-21　"体育参与"的一级指标 AHP 层次分析判断矩阵

平均值	项	(1) 个体责任	(2) 健康的生活方式	(3) 亲社会行为	(4) 体育道德规范
2.074	(1) 个体责任	1	0.596	0.848	1.018
3.481	(2) 健康的生活方式	1.679	1	1.424	1.709
2.444	(3) 亲社会行为	1.179	0.702	1	1.2
2.037	(4) 体育道德风尚	0.982	0.585	0.833	1

二、一致性检验结果

利用 AHP 层次分析法进行权重计算时，需要进行一致性检验分析，用于研究评价权重计算结果的一致性检验，即计算一致性指标 CR 值（CR ＝CI/RI）。一致性检验中使用到 CI 和 RI 这两个指标值，CI＝（最大特征根－n）/（n－1），RI 值可对应随机一致性表格进行查询得到。通常情况下 CR 值越小，则说明判断矩阵一致性越好，一般情况下 CR 值小于 0.1，则判断矩阵满足一致性检验；如果 CR 值大于 0.1，则说明不具有一致性，应该对判断矩阵进行适当调整之后再次进行分析。构建出 19 阶判断矩阵，对应表 4-22 可以查询得到随机一致性 RI 值为 1.621，针对 19 阶判断矩阵计算得到 CI＝0.000＜0.1。RI 值用于下述一致性检验计算。

表 4-22　随机一致性 RI 表格

n 阶	3	4	5	6	7	8	9	10	11	12	13	14	15	16
RI 值	0.52	0.89	1.12	1.26	1.36	1.41	1.46	1.49	1.52	1.54	1.56	1.58	1.59	1.594 3
n 阶	17	18	19	20	21	22	23	24	25	26	27	28	29	30
RI 值	1.606 4	1.613 3	1.620 7	1.629 2	1.635 8	1.640 3	1.646 2	1.649 7	1.655 6	1.658 7	1.663 1	1.667 0	1.669 3	1.672 4

使用软件 SPSSAU 计算方法进行 AHP 层次分析法研究，通过随机检验，如表 4-23 所示，CI 值为 0.000，RI 值为 1.621，CR 值为 0.000＜0.1，表明判断矩阵满足一致性检验结果，意味着判断矩阵满足一致性检验，计算所得权重具有一致性。

表 4-23　一致性检验结果汇总

最大特征根	CI 值	RI 值	CR 值	一致性检验结果
19.000	0.000	1.621	0.000	通过

三、各级指标权重赋值结果

使用 SPSSAU 进行数据处理分析，维度指标和一级指标的权重结果如下所示："1.动机和信心""2.身体能力""3.知识和理解力""4.体育参与"

4个维度指标的权重值分别为25.68%、25.38%、23.42%、25.52%。"1.1运动好奇心和兴趣"等一级指标权重以及"1.1.1对运动游戏或身体活动抱有足够好奇和新鲜感，喜欢尝试并积极主动地参与"等二级指标权重，见表4-24。经过赋权后，将权重与体系3.0结合，形成完整的学龄前儿童身体素养体系4.0版本，如图4-4。

表4-24 "学龄前儿童身体素养体系"指标权重表

序号	维度指标	权重（%）	一级指标	权重（%）	二级指标	权重（%）
1	1. 动机和信心	25.68	1.1 运动好奇心和兴趣	9.75	1.1.1 对运动游戏或身体活动抱有足够好奇和新鲜感，喜欢尝试并积极主动参与	3.53
2					1.1.2 渴望了解运动游戏场地、器材、玩具的用途和使用方法	2.43
3					1.1.3 有自己感兴趣的运动游戏，积极参与和发展多项基本动作技能	2.36
4					1.1.4 能在同伴或成人的陪伴下，一起观看半小时左右的体育赛事或相关的电视节目，对体育活动有兴趣	1.69
5			1.2 运动动力	8.72	1.2.1 具有积极、主动参与运动游戏和身体活动的内在驱动力	5.36
6					1.2.2 能通过同伴或成人的鼓励，获得积极参与运动游戏和身体活动的外在动力	3.36
7			1.3 运动自信	4.95	1.3.1 能随着运动游戏的需要转换情绪和注意，情绪安定愉快，不乱发脾气	1.24
8					1.3.2 对自己需要完成的运动任务具有基本的判断并抱有能够完成的信心	2.36

（续表）

序号	维度指标	权重（%）	一级指标	权重（%）	二级指标	权重（%）
9					1.3.3 在运动游戏或比赛中，能在同伴或成人鼓励下，克服胆怯、紧张等情绪，相对乐观地迎接运动挑战	0.39
					1.3.4 在运动游戏或身体活动中享受运动的愉悦、快乐及满足感	0.60
10	2. 身体能力	25.38	2.1 体态	5.6	2.1.1 具有适宜的身高和体重	1.80
11					2.1.2 在成人提醒下，能经常保持正确的站、坐、行走姿势	3.80
12			2.2 基本动作技能	9.44	2.2.1 掌握爬行、走、（常规）跑步、马步跑、单脚跳、追逐跑、飞奔、立定跳远、侧滑步、躲闪、攀爬等移动性基本动作技能	3.25
13					2.2.2 掌握投掷球、接球、运球、踢球、抛球、射门、用球拍击球等球类操控性基本动作技能	3.25
14					2.2.3 掌握悬垂、扭转、跨越、翻滚、平衡（静态和动态）、纵跳和着地、支撑、负重、身体重心转移、卷曲等非操控性基本动作技能	3.24
15			2.3 与健康相关的体能	6.56	2.3.1 具备一定的心肺耐力，如能连续行走1—1.5公里，能单脚连续向前跳2—8米，能快跑15—25米左右	1.60
16					2.3.2 具备一定的肌肉力量，如能单手将沙包投掷2—5米左右	1.64

（续表）

序号	维度指标	权重（％）	一级指标	权重（％）	二级指标	权重（％）
17					2.3.3 具备一定的柔韧性，如能坐位体前屈3—5秒	2.48
18					2.3.4 具备一定的身体协调和灵活性，如能伴随音乐玩跳房子、踩小高跷、跳竹竿、滚铁环等传统运动游戏，能与他人玩追逐、躲闪的游戏	0.16
19			2.4 环境适应能力	3.48	2.4.1 能在较热或较冷的户外环境中连续活动半小时左右	0.87
20					2.4.2 能应用户外既有的运动器材、设备、玩具，进行户外运动游戏或身体活动	1.00
21					2.4.3 在成人的保护下，敢于尝试具有一定挑战性的运动游戏或身体活动	0.74
22					2.4.4 能较快适应新的集体生活和人际环境，如运动中有新的同伴加入时，能较快适应	0.87
23	3.知识和理解力	23.42	3.1 运动常识的理解	3.56	3.1.1 能简单说出运动中涉及的人体五官、肢体部位的名称	0.88
24					3.1.2 知晓所进行的运动对应词汇的读音和表示的意义，如能读出运动卡片上简单的文字并知道其基本的含义	0.86
25					3.1.3 知道运动时口渴了应及时补水，出汗了应及时擦汗或换干净的衣服	1.00

（续表）

序号	维度指标	权重 （％）	一级指标	权重 （％）	二级指标	权重 （％）
26					3.1.4 知道何时进行运动，如知道下雨天或雾霾天应尽可能不户外运动	0.88
27					3.1.5 知道应何时进行运动，如知道下雨天、雾霾天气应该尽可能在室内运动	0.86
28			3.2 运动感知能力	9.89	3.2.1 在成人指导下，能正确感觉、判断自身的运动能力（MC）水平	3.64
29					3.2.2 在成人指导下，能评估自己身体所能承受的运动量和运动强度的最大程度和范围	5.95
30			3.3 运动游戏的角色感	6.93	3.3.1 能识别运动游戏中的角色特征，有意识地模仿、扮演不同的社会角色，如运动员、教师、裁判、警察等，具备基本的角色感	4.37
31					3.3.2 知晓运动游戏中的角色分工，具备基本的角色担当	3.45
32			3.4 运动安全意识与自我保护能力	3.34	3.4.1 知晓基本的运动安全规则，如懂得运动时不吃东西，不在河边和马路边运动等	2.84
33					3.4.2 运动时能知道主动规避危险，不给他人造成危险，如不携带尖锐物品参加运动，如能躲避他人滚过来的球或扔过来的沙包	2.41
34					3.4.3 当处于安全隐患的环境中时，能及时向成人寻求帮助，如在有钉子、玻璃碎片的场地上运动，知道及时报告老师清理	0.97

（续表）

序号	维度指标	权重（％）	一级指标	权重（％）	二级指标	权重（％）
35					3.4.4 身体出现不适状况时，知道及时向成人寻求帮助并停止运动	0.46
36	4. 体育参与	25.52	4.1 个体责任	4.62	4.1.1 认识到运动的好处，能在成人指引下或自主、主动地参加运动游戏	1.00
37					4.1.2 在成人鼓励下，能坚持完成运动任务，不怕累，具备基本的坚韧、顽强的意志品质	1.54
38					4.1.3 在运动游戏中表现出为集体荣誉奉献、协作、喝彩等良好的行为倾向	2.08
39			4.2 健康的生活习惯和生活能力	9.28	4.2.1 在成人指导下，养成积极主动的锻炼习惯——每天累计至少2小时的身体活动。除睡觉外，1次久坐时间不超过1小时作为日常生活方式	3.32
40					4.2.2 在成人提醒下，养成每天按时睡觉和起床的习惯，保证每天充足的睡眠时间和质量	2.32
41					4.2.3 在成人的引导下，养成健康的饮食观念和习惯，不偏食、挑食，喜欢吃瓜果、蔬菜等新鲜食品	2.32
42					4.2.4 在成人引导下，主动保护眼睛，连续屏幕时间每次不超过30分钟	2.32
43			4.3 亲社会行为	7.01	4.3.1 运动过程中，懂得积极与同伴、老师、教练等他人合作、交流、分享，如两人共享教具等，人际关系良好	2.23

序号	维度指标	权重（%）	一级指标	权重（%）	二级指标	权重（%）
44					4.3.2 运动过程中，在同伴遇到困难、失败或挫折时，具有同情心，能主动安慰、帮助他人，如用简单的语言、肢体的提示予以鼓励	2.30
45					4.3.3 在成人引导下，尊重同伴，能正确面对游戏的输赢，赢了向同伴分享经验，输了总结经验，下次追上	2.31
46			4.4 体育道德风尚	4.61	4.4.1 具备基本的规则意识，如懂得轮流，不争抢，懂得排队，不拥挤等	1.54
47					4.4.2 运动过程中，发现危险因素能及时提醒同伴或他人，如运动时遇到障碍物能及时提醒同伴	1.00
48					4.4.3 运动过程中，不做任何妨碍、伤害、有损他人利益的事，如踢球时不故意用脚勾绊同伴的脚等攻击性行为，具备基本的公德，文明运动和比赛	2.07

第四节 分析与讨论

通过学龄前儿童身体素养构成要素和指标的遴选、体系的初步构建、第一轮专家意见征询、第二轮专家意见征询以及第三轮指标权重赋值等程序，最终确定学龄前儿童身体素养体系（4.0），包含"动机和信心""身体能力""知识和理解力""体育参与"4个维度指标，15个一级指标以及48

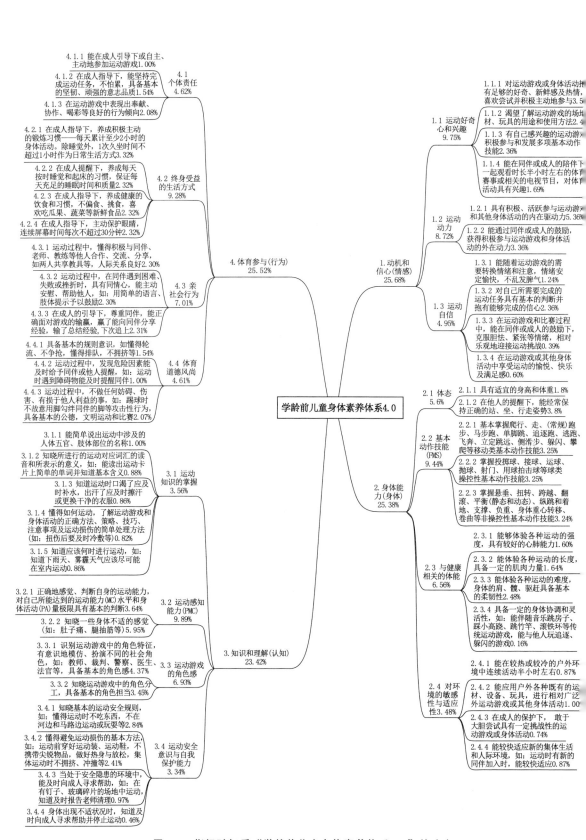

图 4-4　指标赋权后"学龄前儿童身体素养体系 4.0"的确定

个二级指标。

一、学龄前儿童身体素养体系指标选取体现阶段性

在进行学龄前儿童身体素养指标选择时，势必需要考虑学龄前儿童生长发育的阶段性特点是否能够达成身体素养的目标。学龄前儿童阶段是"身体素养之旅"的第一站，因此"阶段性"是身体素养体系指标重要特征之一。不论是认知能力、情感发展、身体能力以及行为能力都处于人生发展的初始阶段，这就决定学龄前儿童与青少年、成人的生长发育具有质的区别，因此，这一阶段儿童的身体素养存在鲜明的差异性。譬如，有一些针对学龄儿童或成人的身体素养体系指标对于学龄前儿童并不适合，在指标的数量上可以适当减少，在指标的完成难度上也应做到适宜，确定的指标应充分贴合学龄前儿童的发育实际，这是指标选取的第一要位。同时，应该注重这一阶段的儿童身体素养指标与学龄阶段儿童身体素养之间的"幼小衔接"的连续性，从而在整体上促使各个阶段的身体素养形成"身体素养之旅"的"一脉相承"。在最初学龄前儿童身体素养构成要素的访谈与调研中，受访者对于"学龄前儿童"这一定语相对比较敏感，结合身体素养的概念从儿童早期发展的身心特点出发，对相应的指标进行筛选和增补，确保获得的要素符合学龄前儿童的身心发展特点，也更加贴近学龄前儿童身体素养教学、教养现实。

专家3：对于学龄前儿童的身体素养指标的选取，最关键的是要注意所选择的素养指标要能够适合这一发展阶段的儿童年龄特点，他们与学龄阶段的儿童青少年以及成人的身体素养发展截然不同。譬如，这一阶段的孩子身体活动应该以基本动作技能（FMS）为主，因为他们处于生命全周期的初始阶段，还无法以多样化的运动项目进行身体锻炼。如果将各种运动项目比作各种不同的英语单词的话，那么这一阶段的儿童应主要以基本的单个"字母"学习为主，遵循动作发展的序列，等基本动作技能练习到

成熟阶段时自然能够参与各种有趣的运动项目，如果过早地进入专项化练习而错失了基本动作技能的练习，对他们的一生会产生重要的消极影响。同时，还应该考虑到相关指标的难度不能够设计得太难以至于他们根本无法完成，从而显现出过于"成人化"的弊端，这是非常有必要注意的一个点。此外，还需要注意"幼小衔接"问题在身体素养上的影射，将这一阶段的身体素养培养放置在整个"身体素养之旅"中进行考虑，从身体素养体系指标的内部和外部衔接两个方面认真思考相关指标的选取。

学龄前儿童身心发育特点决定了身体素养指标不可能设计太过庞杂、冗余，譬如，学龄前儿童的注意力集中时间一般只有 20—30 分钟时间左右①，这就决定了进行身体素养培育时不能够进行太久时间的干预，反推其构成要素的选取时不能够将难度太大、孩子无法完成的要素纳入到身体素养构成要素之中，应该尽可能确保每一个要素能够代表或体现身体素养的每一个典型意义的"面"，做到精确地反映这一年龄段儿童的身体素养目标，也有利于这一概念在各级幼儿园实施。

专家 4：鉴于学龄前儿童身体素养所面对人群的特殊性，他们的身心发展特点决定了他们身体素养要素与其他阶段人群的身体素养的差异性。因此，在考虑他们的身体素养构成要素时，可以结合其应用在课堂教学中时课堂时间相对较短，他们的注意力时间也比较有限的特点，适当地精简相关指标的数量和难度，以保证应用的质量和效果，提升其在我国幼儿园进行教学应用的适用性。此外，我国提得比较多的是"体育学科核心素养"，身体素养指标的选取与前者有什么区别？怎样区分以体现出优越性？这是需要研究者思考的一个元素所在，这也在很大程度上决定了在做指标选取时要真正做到"去其糟粕，取其精华"，精准选取，为后期学龄前儿

① GOODWAY J. D., OZMUN J. C., GALLUE D. L. *Understanding motor development：Infants，children，adolescents，adults*. 8th. Burlington Jones & Bartlett Learning Press, 2019.

童身体素养培育目标的实现树立有的放矢的"靶子"以供相关方参考。

二、学龄前儿童身体素养体系构建需注意指标之间的整体性

学龄前儿童身体素养体系的指标势必需要遵循概念内部的整体性特点，以此确保指标的选择与源概念的一致。具体而言，需要注重选择的每一级指标的内部之间，指标与指标之间，都要能够相互衔接并保持整体上的一致性，从而确保形成的学龄前儿童身体素养概念的整体性。

专家12：目前你的研究将"学龄前儿童身体素养"这一概念分为认知域、身体域、情感域、行为域4个领域要素，分别对应于"动机和信心"、"身体能力"、"知识和理解力"以及"体育参与"4个方面，那么，这4个不同域的内部构成要素之间，以及这4个不同域之间的构成要素如何体现出"整体性"的特点？这是在进行体系构建时需要着重思考的一个重点。

因此，在体系构建时，应重视将处于顶层位置的4个维度指标的整体性，将其视为紧密相连、不可分割的整体，从而保证各个维度下设的一级指标、二级指标之间的互为整体，共同为有机合成个体的身体素养"发力"，促进个体身体素养的最终养成。反之，一个具备身体素养的个体应该具备动机和信心、身体能力、知识和理解力以及体育参与，缺一不可。

三、四大维度指标是构成学龄儿童身体素养体系的基石

在人生发展的早期应积极引导、激发孩子建立良好的运动兴趣，使其从运动中获取足够的动机和信心，为终身身体素养的发展奠定良好的基础。从权重数据看，专家认为儿童的（运动）动机和信心指标是促进学龄前儿童身体素养启蒙和养成的首要因素。同时，从专家对这一维度指标在整个体系中的重要性排序来看，该维度指标是促进学龄前儿童身体素养的

发展首要要素，是学龄前儿童身体素养发展的原动力。

学龄前儿童处于基本动作技能发展的敏感期。专家认为"身体能力"指标是发展学龄前儿童身体素养的整个体系权重比较重要的维度指标，这与基本动作技能发展的敏感期理论保持了契合，身体能力是发展的学龄前儿童身体素养的核心，家长、教师等利益相关方应注重身体能力对于儿童身体素养养成的重要价值，尤其是不能错过儿童基本动作技能发展的敏感期。因此，从学龄前儿童身体素养的启蒙角度而言，身体素养也是建立在日常的具体的运动的基础上才能获得发展，这一指标是其身体素养获得并发展的根本指标。

"知识和理解力"维度指标是学龄前儿童身体"文化水平"的外在表现，专家认为学龄前阶段的知识和理解力对于孩子身体素养的发展相对于其他三个维度指标比重相对较低，这可能与这一阶段儿童的认知能力尚未发育完全直接有关，印证了权重赋值的合理性。因此，在日常身体素养培养中，应加强家长、教师等利益相关方的介入、引导及支持，让儿童在这一过程中增进体育知识，提升对于运动相关知识的理解力，为培养孩子在未来生活中成为"懂体育"的人提供重要的启蒙机会。

学龄前儿童只有在丰富的体育参与集会中才能获得发展身体能力、动机和信心以及知识和理解力的机会。专家认为"体育参与"维度指标对于学龄前儿童身体素养的养成仅次于"身体能力"维度指标，体现了这一维度指标在"学龄前儿童身体素养体系"中具有比较重要的地位。因此，"体育参与"是发展学龄前儿童身体素养的基本途径，也是发展学龄前儿童身体素养的重要保障。家长、教师等利益相关方应在日常生活中为孩子创设多样化的体育参与的时间和空间，让这一阶段的孩子在充分的结构化或自由运动游戏中提升自身的身体能力、动机和信心以及对于相关运动知识的掌握和理解力，从而促进学龄前儿童的身体素养启蒙和发展。

因此，以上四大维度指标是学龄前儿童身体素养体系的第一层级的指标项，四者之间相互联系，互为整体，共同构成学龄前儿童身体素养体系。而作为第一层级指标，为第二、三级指标的产生奠定了坚实的基础，因而是学龄前儿童身体素养体系的四大基石。

第五节　结论与建议

一、结论

（1）通过文献资料法、问卷调查法，确立了学龄前儿童身体素养的动机和信心、身体能力、知识和理解力、体育参与4个构成要素，构成学龄儿童身体素养体系的基石。

（2）通过广泛、科学地征询专家意见，确立4个维度指标、15个一级指标、48个二级指标的学龄前儿童阶段身体素养体系。通过对这一体系的维度指标、一级指标和二级指标的权重赋值，完成学龄前儿童身体素养体系的指标权重确立，科学、完整地构建学龄前儿童身体素养体系。

二、建议

（1）保持各级指标的动态更新。现已形成的学龄前儿童身体素养体系是基于当前时代背景和当下学龄前儿童生长发育特点进行的研发。从历史发展的视角看，这一体系未必能满足未来学龄前儿童身体素养发展的需求。因此，为保证其可持续化应用，建议今后的研究能与时俱进，结合时代背景和未来学龄前儿童的发育特点，对各级指标进行动态更新。

（2）注重指标体系与课堂教学的充分融合。我国幼儿园日常身体活动（体育）课堂对于身体素养理念的认识尚未正式启动。因此，应从课堂入手，以身体素养为主线展开日常体育教学，将本研究的成果与课堂教学充分融合，使体系中的各级指标与学龄前儿童的体育学习紧密结合，最终促使各级指标在体育教学中的渗透和落地。

（3）加强各级指标权重的实践验证。学龄前儿童身体素养体系中各级指标权重源自德尔菲法和层次分析法的计算结果，主要体现的是专家组的主观判断。因此，建议后续研究对体系中各指标及其权重进行实践验证，以加强各项指标的科学性和可靠性。

第五章　学龄前儿童身体素养体系课程化的方案设计研究

游戏是儿童的天性，它对儿童的动作、认知、语言、科学、情感、社会性发展等方面的发展具有独特价值[①]，也是学前教育领域研究的经典课题。《3—6 岁儿童学习与发展指南》指出，"应珍视幼儿游戏的独特价值，最大限度地满足其通过直接感知、实际操作和亲身体验获取经验"[②]。因此，游戏对于儿童早期的发展至关重要。3—6 岁儿童处于基本动作技能形成和发展的"窗口期"，运动游戏是发展基本动作技能的重要途径[③]。然而，国际儿童早期动作发展领域的最新研究发现：美国、英国、爱尔兰、印度尼西亚、澳大利亚、巴西、比利时等多国的学前儿童出现广泛的基本动作技能发展迟缓[④]，并且这些迟缓现象的出现在地理位置[⑤]、民族、种族[⑥]上都是一致的。在我国，有限的研究表明，山东省济南市 3—10 岁儿

[①] 刘焱：《儿童游戏通论》，北京师范大学出版集团 2014 年版。

[②] 中华人民共和国教育部：《3—6 岁儿童学习与发展指南》，http://www.moe.gov.cn/srcsite/A06/s3327/201210/t20121009_143254.html，2012-10-9。

[③] 黄世勋：《儿童运动游戏创编》，光明日报出版社 1989 年版。

[④] Goodway J. D., Ozmun J. C., Gallue D. L. *Understanding motor development：Infants, children, adolescents, adults* (8th). Burlington Jones & Bartlett Learning Press, 2019.

[⑤] Brian A., Goodway J. D., Logan J. A., et al. Skiping with teachers：An early years motor skill intervention. *Physical education and Sport Pedagogy*, 2017, 22 (3)：270—280.

[⑥] Goodway J. D., Robinson L. E., Crowe H. Developmental delays in fundamental motor skill development of ethnically diverse and disadvantage preschoolers. *Research Quarterly for Exercise and Sport*, 2010, 8 (1)：17—25.

童击固定球、上手投球、双手接球和原地拍球动作的熟练性远低于美国儿童[1]。华东师范大学汪晓赞教授课题组通过对上海、重庆、山东、河南等地 5 400 名学龄前儿童动作测量发现，67.3％的孩子不能很好地掌握各类动作技能[2]，基本动作技能发展明显迟缓。因此，我国学龄前儿童存在动作发展延迟问题，动作技能干预迫在眉睫。而国际研究发现，如果学龄前儿童要学习基本动作技能，则必须接触高质量的、发展适宜的运动，在其中学习动作技能，反复练习，并以循证（evidence-based）教学进行加强[3]。

当前，国际儿童早期动作发展研究主要集中在北美、欧洲、南非和东南亚的印度尼西亚等国家。SKIP 课程，即 "Successful Kinesthetic Instruction for Preschoolers"（学前儿童成功的运动教学课程），是美国俄亥俄州立大学儿童早期动作学习与发展实验室研发的一套基于研究证据的动作技能干预课程[4]，包括对儿童运动能力的干预，以 30—45 分钟的活动量进行，每周 2 次，共 9—12 周。强有力的数据表明该课程对学前儿童的动作发展迟缓问题效果显著[5]。因此，SKIP 课程受到国际的广泛认可和使用。印度尼西亚学者谢里尔（Syahrial）等通过与该实验室合作，开发了适合本国幼儿园使用、以动作技能为基础的 "INDO-SKIP" 课程作为儿童肥胖的预防计划，已在西苏门答腊巴东试用[6]。在我国，从学校体育方面展开学龄前儿童动作发展的研究很少[7]。由于我国幼儿的运动技能能力被认为是延迟

---

① 刁玉翠：《济南市 3—10 岁儿童运动技能比较研究》，《上海体育科技》2013 年第 3 期。

② 汪晓赞：《上海市政府幼儿体育成果专报》，2020 年。

③ Robinson L. E., Paimer K. K., Bub K. L. Effect of the Children's Health Activity Motor Program on motor skills and self-regulation in head start preschoolers: An efficacy trial. *Frontiers in Public Health*, 2016, 4 (2): 173.

④ 韩晓伟、周志雄：《国际幼儿体育研究演进特征及启示》，《北京体育大学学报》2020 年第 5 期。

⑤ Goodway J. D., Savage H., Ward P. Effects of motor skill instruction on fundamental motor skill development. *Adapted Physical Activity Quarterly*, 2003, 20 (4): 298—312.

⑥ Bakhtlar S., Famelia R., Goodway J. D. Developing a motor skill-based curriculum for preschools and kindergartens as a preventive plan of children obesity in indonesia. *Advances in Health Science Research* (ICSSHPE 2019), 2019, 21: 106—110.

⑦ Payne G、耿培新、梁国立：《人类动作发展概论》，人民教育出版社 2008 年版。

的，因此可以基于 SKIP 设计"CHIN-SKIP"课程——尝试以动作技能发展为旨归，从多学科交叉视角科学设计适合我国儿童早期的运动游戏干预课程，以满足我国非常紧迫的现实需求，紧随欧美、日本等幼儿体育发达国家的研究步伐。基于此，本研究的重点在于从干预课程设计的学理分析着手，引进 SKIP 的先进技术，挖掘儿童早期身体素养运动游戏干预课程化设计的理论基础，设计 CHIN-SKIP 课程实体，以系统回应"为什么以动作技能发展为目标取向？"、"什么因素驱使了动作发展迟缓的发生？"、"运动游戏与动作发展的勾连何在？"、"SKIP 课程突出的价值和亮点何在？"、"CHIN-SKIP 课程设计的理论基础是什么？"、"CHIN-SKIP 课程设计后的实体是什么？"等相关"问题域"的逻辑叩问。以此与国际儿童早期运动干预课程研究的前沿保持同步，用国际视角探讨预防我国儿童早期肥胖、动作发展迟缓等问题的"CHIN-SKIP"教育方案，而紧随 SKIP 课程研究共同体，推进 SKIP 这一优质课程的中国化应用及其全球化发展。

基于此，在继"学龄前儿童身体素养体系"构建完成之后，如何实现这一体系从理论构建走向实践应用是本研究亟须突破的关键问题。学校是培养和发展学生身体素养的主要阵地，设计基于"学龄前儿童身体素养体系"的结构化的、指向学龄前儿童身体素养发展的课程实践方案，以此提高我国 3—6 岁儿童的身体素养发展，在"理论构建"与"实践应用"之间架构连接的"桥梁"，以便在我国各级各类幼儿园实施，正是推动理论构建走向实践应用的有效途径（见图 5-1）。此外，学龄前儿童身体素养的课程研究是国际身体素养领域的重要研究视点，考量学龄前儿童运动游戏中动作发展规律的"实然"，选取美国俄亥俄州立大学儿童早期动作学习与发展实验室研发的一套以"身体素养"为顶层设计的动作技能干预课程——SKIP 课程[①]这一则国际研究先例作为研究证据，它较早地关注本国

---

① 韩晓伟、周志雄：《国际幼儿体育研究演进特征及启示》，《北京体育大学学报》2020 年第 5 期。

学龄前儿童身体素养的课程化转化。而我国正式的体育教育尚未真正进入学前阶段，幼儿园规范性的运动游戏课程开设也存在不足，因此，本研究紧扣"身体素养"这一国际前沿理念和学龄前儿童身体素养课程化的国际趋势，结合学龄前儿童身心发展特点和动作发展规律，以身体素养体系为核心，基于中国学校体育教育与幼儿体育发展特色，设计系统的CHIN-SKIP学龄前儿童身体素养课程方案，并针对小班（3—4岁）、中班（4—5岁）、大班（5—6岁）3个水平儿童的发展特点，研发不同水平的CHIN-SKIP课程方案。该课程方案的开发不仅紧随国际儿童早期身体素养课程的研究与实践潮流，也弥补了我国学龄前儿童身体素养课程方案缺乏的短板，能够有效实现身体素养体系落地的可操作化，切实推进"健康中国""体育强国"建设。

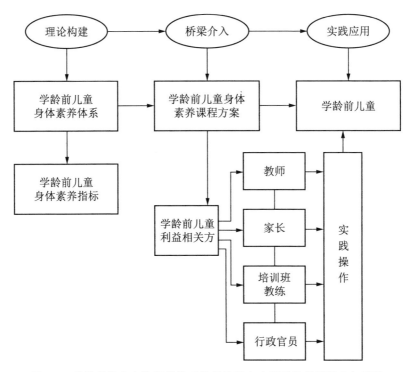

图5-1 学龄前儿童身体素养体系从理论迈向实践操作的课程介入导图

第一节 研究设计

一、研究目的

以构建基于学龄前儿童身体素养体系的结构化课程方案为目标，在优质学龄前儿童身体素养课程——美国儿童早期运动课程计划 SKIP 的基础上，以动态系统理论、纽威尔（Newell）约束模型理论为指导，创新性地应用梅茨勒（Metzler）模型，以基本动作技能（FMS）为切入点，设计 CHIN-SKIP 中国学龄前身体素养课程方案，融入行为、情感、认知能力的培育，切实在学龄前儿童身体素养课程方案中渗透"身体素养"，为学龄前儿童提供早期身体素养启蒙的机会。

二、研究对象

主要研究对象为 CHIN-SKIP 学龄前儿童身体素养课程方案，在方案构建过程中，选取全国 17 位身体素养、学校体育以及学前体育教学实践等领域的专家作为调研对象进行访谈研究。17 位专家主要从体系构建研究的专家组中遴选，主要包括幼儿园园长、一线幼儿教师、儿童家长、幼儿体育研究专家、身体素养研究专家以及学校体育课程专家等 6 类专家。在咨

表 5-1　学龄前儿童身体素养课程方案咨询专家信息

序号	类　别	数　量	拟解决的问题
1	幼儿园园长	3	✓ 本研究身体素养体系是否与课程方案的设计契合？
2	一线幼儿园教师	6	
3	儿童家长	3	✓ 课程方案的内容是否适合在幼儿园实施？
4	幼儿体育研究专家	2	
5	身体素养研究专家	2	✓ 身体素养体系中的二级指标是否可以通过课程方案实现？
6	学校体育课程专家	1	

询专家的选取上尽可能保证理论专家与实践专家的结合，以确保专家所提供信息的权威性和准确性。

三、研究方法与过程

（一）研究方法

1. 文献资料法

以"幼儿体育课程"、"学龄前儿童身体素养课程"、"儿童身体素养课程"、"身体素养课程方案"、"课程设计"、"课程方案设计"、"Early Childhood Physical literacy Program* "、"Physical literacy Program* for Young Child* "、"Preschool Program* "、 "Physical literacy for Preschooler* "、"Program* for Young Child* "、"Program* Design"作为主题词，通过华东师范大学图书馆"中国知网"、"万方数据"、"EBSCO 总平台"、"Web of Science"等数据库进行文献资料的检索。通过对文献资料的研读与整理，系统梳理儿童早期身体素养导向的美国 SKIP 课程及身体素养相关的基础理论，深入把握这一课程的设计模式和内容设置，了解不同理论的基础内涵，为本研究展开课程方案设计提供研究的参照和证据。

2. 逻辑分析法

基于前期大量文献资料的搜索与整理，以梅茨勒教学模型作为教学理论基础，遵循 SKIP 课程的教学环节，对教学环节与教学模型进行逻辑分析，结构化展开 CHIN-SKIP 学龄前儿童身体素养课程方案的设计。

3. 专家咨询法

基于已经开发的 CHIN-SKIP 学龄前儿童身体素养课程方案，围绕课程方案的有效性、可行性以及意见等方面对专家进行咨询，以更好地对设计的课程方案进行修订，确保课程方案内容设计的合理性与有效性。

（二）研究过程

1. 课程方案设计的理论探索

在设计学龄前儿童身体素养课程方案之前，为能精准获取以"学龄前儿童身体素养"为顶层设计的优质课程范本作研究参照并作为课程方案设计的理论基础，对以"学龄前儿童身体素养"为价值导向的体育课程进行了深度的文献资料调研和分析，对相关理论基础进行了广泛地收集与系统整理，为进一步探索课程方案设计思路做好前期的准备工作。

2.课程方案的结构框架设计

在文献资料调研的基础上，试图从本课程方案设计的基础理论和优质课程范本的内部结构入手，通过逻辑分析，从中获取本课程方案结构框架设计的启示，同时，结合我国幼儿园身体活动课的上课结构，进行结构框架的综合逻辑设计，整体上搭建科学与合理的结构框架。

3.课程方案的内容设计

在获取国际优质学龄前儿童身体素养课程范本的前提下，结合我国当前主流课程模式和幼儿园课程教学的实际，选择适度将国外优质课程中的先进内容引入国内，并最终落实到课程方案中作为主体内容进行合理的设计。此外，为体现中国本体化身体素养课程方案的特色，将"中国元素"即中国传统节庆日元素融入课程方案的设计，以进一步激发我国学龄前儿童的学习兴趣。在整体上，课程方案内容试图达成"既钟情传统，又紧贴时代"，即既能立足于本体实际，又能符合国际课程设计的前沿。

4.课程方案的专家咨询

为确保课程方案设计的合理性，主要采用邮件、腾讯会议等线上咨询和线下面对面的形式就课程方案向一线教师、园长进行了专家咨询。在咨询过程中，专家针对课程方案明确给出"同意"、"修改后同意"、"不同意"的选择和反馈。在结束整体咨询后，主试根据专家的意见和建议进行统计，如果50％以上的专家对本课程方案表示同意，则表明该课程方案通过专家审核①。

---

① 孔琳：《中国儿童青少年身体活动促进模式构建的理论与实证研究》，华东师范大学2021年学位论文。

第二节　理论探索与启示

相关理论的探索旨在获取课程方案开发的先进理念和思路，为进行课程开发积累宝贵的经验，因此，理论探索对于正式的课程开发具有重要的价值，是课程开发研究的前提。基于第二章与第三章对文献的梳理与阅读，本部分进一步深入针对地对文献资料进行调研与逻辑分析，分别确定了课程方案的基础理论以及框架设计和内容设计思路。

一、理论探索的结果

（一）课程方案的基础理论

通过文献资料调研发现，SKIP 课程受到国际的广泛认可和使用[1]，印度尼西亚学者谢里尔（Syahrial）等通过与该实验室合作，开发了适合本国幼儿园使用、以动作技能为基础的"INDO-SKIP"课程，已在西苏门答腊巴东试用[2]。该课程以发展学龄前儿童基本法动作技能作为发力点，促进发展儿童身体素养的身体、认知、行为以及情感等方面共同发展。我国学龄前儿童身体素养导向的相关体育运动课程研究很少[3]。因此，选择SKIP 课程作为课程方案设计的国际参照——尝试以动作技能发展为身体素养培育的落脚点，以体育游戏为载体，从多学科交叉视角科学设计适合我国学龄前儿童的 CHIN-SKIP 身体素养课程方案。同时，如本书第三章所述，本研究主要基于儿童运动能力和身体活动发展轨迹模型理论、纽威尔（Newell）约束视角理论以及梅茨勒教学模型作为理论支撑进行课程方案的设计。

① GOODWAY J. D., SAVAGE H., WARD P. Effects of motor skill instruction on fundamental motor skill development. *Adapted Physical Activity Quarterly*，2003，20（4）：298—312.

② SYAHRIAL B., FAMELIA. R., GOODWAY J. D., 2019. Developing a Motor Skill-Based Curriculum for preschools and kindergartens as a preventive plan of children obesity in Indonesia. *Advances in Health Science Research*（ICSSHPE 2019），21：106.

③ Greg Payne、耿培新、梁国立：《人类动作发展概论》，人民教育出版社 2016 年版。

（二）课程方案结构框架设计

为确保课程设计的科学性，本研究应基于梅茨勒教学模型①，即"预期学习成果"、"发展适宜和有序的学习活动"、"独特的任务结构"、"课程中对师生行为的期望"、"教师的内容知识专长"、"学习结果的测量—课程评价"6个设计程序，进行课程方案研究内在学理的分析和梳理。然后，遵循 SKIP 课程中的"课程导入"、"技能站点的轮转"、"课堂小结"、"课的结束"4个课堂教学环节，呈现学龄前儿童身体素养课程方案内部框架结构的设计。值得一提的是，传统的泰勒课程模式仅囊括"目标—内容—实施—评价"4个内容（即"预期学习成果"、"发展适宜和有序的学习活动"、"课堂中对师生教学行为的期望"、"学习结果的测量—课程评价"），而梅茨勒教学模型在此基础上进一步纳入"独特的任务结构"、"教师 CK 专长"元素，在结构上更为创新、全面和具体。

（三）课程方案内容设计

研究表明，基本动作技能（FMS）的发展是促进儿童身体素养的核心。FMS 能力执行并尝试新活动的信心可以鼓励孩子对终身身体活动采取积极的态度②。我国《3—6 岁儿童发展指南》明确将"动作发展"列为"健康领域"的重要内容③，故在课程方案的设计过程中，以基本动作技能（FMS）作为学龄前儿童的主要学习内容和载体，辐射性地促进学龄前儿童身体、认知、情感、行为四大领域的启蒙与发展；同时，阿斯彭研究所的项目游戏确定了儿童在运动和游戏中充分活跃的 7 个关键动作技能：投掷，踢球，接球，跑步，跳高，击球和跳远。掌握这些运动技能后，学龄前儿童有信心尝试许多不同的运动和活动，找到建立积极生活方式的方

---

① SU C. W., FOU L. L., 2016. Inquiry-Based Mathematics Curriculum Design for Young Children teaching Experiment and Reflection. *Eurasia Journal of Mathematics*, *Science & Technology Education*, 12（4）：843—860.

② Li M. H., *Exploring and Promoting Physical Literacy and Physical Activity of Primary School Students*. Hong Kong University of Science and Technology（Hong Kong），2020.

③ 教育部：《3—6 岁儿童学习与发展指南》，http://www.moe.edu.cn/publicfiles/business/htmlfiles/moe/s3327/201210/xxgk_143254.html，2020-3-1。

法。儿童在蹒跚学步时就开始发展这些运动技能，技能发展一直持续到学龄前和小学阶段①，因此，以投掷，踢球，接球，跑步，跳高，击球和跳远 7 种关键基本动作技能作为核心内容进行移动性动作技能、操控性动作技能以及非移动性动作技能的运动游戏的设计。此外，在我国义务教育阶段，"中国健康体育课程模式"强调体育课堂"运动技能"和"体能"的学习。基于上述理论与国家纲要，在学前阶段为落实动作教育、实现与义务教育阶段的"幼小衔接"，结合身体素养认知、情感、行为等培育目标，以适宜学龄前儿童进行的基本动作技能和体能，即移动性动作技能、非移动性动作技能、操控性动作技能、体能以及身体素养培育融合性内容作为课程方案的主体内容。

二、理论探索的启示

（一）科学理论为 CHIN-SKIP 身体素养课程方案开发提供重要支撑

CHIN-SKIP 身体素养课程方案的设计主要基于儿童运动能力和身体活动发展轨迹模型理论、纽威尔约束视角理论以及梅茨勒教学模型三个理论（具体见第三章）。这三个理论中前两个理论从微观层面分析儿童运动能力与身体活动之间的关系、任务—环境—个人之间的关系，为学龄前儿童基本动作技能的发展和教师的教学提供重要的理论支撑，为进行具体的教学内容的设置提供基本的理论支撑。梅茨勒教学模型从宏观层面为课程方案的开发提供学理支撑，搭建课程方案的设计实体。因此，在整体上，以上三个理论从微观的课程方案内容设置的内在逻辑和宏观的课程方案学理分析角度为 CHIN-SKIP 身体素养课程方案开发提供重要的理论支撑。

（二）嵌套式结构为 CHIN-SKIP 身体素养课程方案框架表达提供载体

CHIN-SKIP 身体素养课程方案的框架构建主要基于梅茨勒教学模型和 SKIP 模式。前者分为"预期学习成果""发展适宜和有序的学习活动"

---

① POP HOP & ROCK. P. D. 1.2: Physical Literacy and Sharing with Parents——Pop, Hop & Rock. https://pophopandrock.com/pd-1-2-physical-literacy-and-sharing-with-parents/.

"独特的任务结构""课程中对师生行为的期望""教师的内容知识专长""学习结果的测量—课程评价"6个设计程序,后者主要分为"热身游戏→站点1→站点2→移动性动作技能的'赛一赛'→结束"(CHIN-SKIP)的主体教学结构。在设计过程中,需要依照梅茨勒理论的原理进行课程方案开发的原理分析,并将分析的结果以 SKIP 的结构呈现方案最终设计的结果并应用到幼儿园一线教学实践中,即将梅茨勒教学模型中"预期学习产出""发展适宜和有序的学习活动"等各个部分的内容嵌入 CHIN-SKIP"课程方案的目标"以及5个主题教学环节,每个 CHIN-SKIP 课程方案的案例产出都相当于"小鸡",都是基于梅茨勒教学模型"母鸡"的孵化而成,"母鸡"中的每一个环节都与"小鸡"的结构形成嵌套。因此,最终的课程方案结构设计需要采用嵌套式结构以实现课程方案的学理分析到课程方案的结果呈现,即达成从抽象到具体的转换。由此可见,嵌套式结构为 CHIN-SKIP 身体素养课程方案的框架表达提供了思路。

(三)基本动作技能应是 CHIN-SKIP 身体素养课程方案的核心内容

在全球课程改革浪潮的洗礼下,我国进入第二轮大规模以"核心素养"为价值取向的教育时代,以体育学科核心素养为顶层设计回应学科育人、课程育人的重大问题是体育课程设计的主流选择。本研究嵌入国际体育学术界关注的"身体素养"作为指引以解决其下位概念——"动作发展"的问题,对于体育学科核心素养在儿童早期阶段而言,是一种另辟蹊径的选择,但两者的落脚点都涉及动作发展这一学龄前儿童体育游戏课程中亟须凸显的价值旨归,并以此为重要基点培育儿童的身体素养。研究发现,孩子们在蹒跚学步时就开始发展这些动作技能,技能发展一直持续到学龄前和小学阶段[1]。本研究试图精准把握这一关键目标,紧扣学龄前儿童处于基本动作技能发展"窗口期"这一学术共识,将基本动作技能作为CHIN-SKIP 身体素养课程方案的核心内容,并以此作为基点,将身体素

---

① POP HOP & ROCK. P. D. 1.2: Physical Literacy and Sharing with Parents—Pop, Hop & Rock. https://pophopandrock.com/pd-1-2-physical-literacy-and-sharing-with-parents/.

养的情感、认知、行为等方面的内容融入学龄前儿童基本动作技能的学习，协同发展身体素养的4个领域。因此，学龄前儿童将通过这一课程方案发展基本动作技能等身体能力，同时培养运动兴趣、提高运动认知、规范运动行为，进而促进身体素养的养成。本研究也将对目前全球多数国家广泛出现的学龄前儿童动作发展迟缓等身体素养不足问题作出正面而有力的回应。

（四）教师专业能力是CHIN-SKIP身体素养课程方案实施的重要因素

通过文献调研发现，SKIP课程是一门高结构化的运动课程，因此对于体育教师的专业能力提出了较高要求。同理，在CHIN-SKIP课程方案的设计中，幼儿园教师的专业能力是该课程方案设计的重要考虑因素。首先，第一个环节：教师设置2个技能站点（如，踢球、接球、投掷球）并且每个站点有3—5个任务水平，任务的难度有变化（如，接球站点放置不同大小的球，或者设置不同的距离）。第二个环节：学龄前儿童在音乐中进行集体10分钟运动游戏热身以提高心率。第三个环节：教师对所有站点的任务进行解释并展示。第四个环节：在30分钟内，在教师作为一个促进者提供反馈、建议新任务、鼓励学龄前儿童、尝试与其发展水平相符的不同任务水平时，学龄前儿童可以到任何一个站点、选择任何一个任务与任何一个同伴一起完成学习任务和比赛。第五个环节：课的结束，教师集合学龄前儿童并作课堂汇报和反馈。因此，这一课程方案的实施对一线教师的专业能力提出一定的专业要求。鉴于学龄前儿童在认知能力、感知运动能力、动作技能上的发展特点，教师应在课堂中充分发挥主导者的角色管理课堂进程，故SKIP"以教师为中心"的教学方式应用较多，而"以学生为中心"的教学方式多在儿童的认知能力和动作发展水平相对成熟的儿童中后期应用。同时，一节课为30分钟左右，学龄前儿童注意力容易分散（一般可集中20分钟），因此，在课堂时间有限的情况下，教师应严格把控上课节奏，紧凑安排各个环节，以免课堂混乱和教学失败，这对教师的课堂组织和应变能力提出挑战；此外，由于学龄前儿童生性好动，还应在教学中纳入幼儿园普通教师进行随堂辅助管理和教学，这对课堂教学任务的顺利完成助益很大。

第三节　课程方案开发

通过文献调研、结构框架构建、方案内容设计以及专家咨询等步骤尝试开发 CHIN-SKIP 身体素养课程方案，并进一步从 CHIN-SKIP 身体素养课程方案学理分析、CHIN-SKIP 身体素养课程方案课时计划设计以及 CHIN-SKIP 身体素养课程方案专家咨询三个方面呈现研究结果，为后期的身体素养体系实践验证与课程方案的落地提供支撑。CHIN-SKIP 身体素养课程方案的学理分析参照梅茨勒模型，分别从"预期学习产出"、"发展适宜和序列化的学习活动"、"发展适宜和序列化的学习活动"、"任务结构"、"教师的 CK 专长"以及"学习成果的评估"6 个环节进行课程方案的开发。

一、CHIN-SKIP 课程方案的学理分析

（一）预期学习产出

"预期学习产出"本质上是课程方案目标。幼儿园课程的结构化程度越高，课程方案目标的设置越趋向于细化和以教材、教师为中心；相反，课程的结构化程度越低，课程方案目标的设置越趋向于泛化和可游离，有更多弹性[1]。依据学前教育"高结构课程方案目标设置"原理，如果幼儿园课程强调教师教学的专业知识和技能，那么这类高结构课程方案的目标将以儿童获得预期的一系列行为变化为主要取向，课程目标往往逐级地具体化和特定化，课程评价会以课程目标是否达成作为主要依据[2]。因此，将对课程方案总目标进行层层分解，最后落实到具体的技能学习活动的行为目标上。

---

[1]　乔·L.佛罗斯特（Joe L. Fost）、苏·C.沃瑟姆（Sue C.Wortham）：《游戏与儿童发展》，唐晓娟、张胤、史明洁译，机械工业出版社 2017 年版。

[2]　朱家雄、张亚军：《幼儿园活动设计与经典案例》，华东师范大学出版社 2013 年版。

SKIP 课程预期学习产出是从"身体素养"的"身体能力"、"知识和理解"、"动机、自信、乐趣、个人的社会责任"、"终身体育参与"4 个维度进行的分解设置①。我国"KDL 幼儿运动游戏课程"目标对体育学科"核心素养"的"运动能力"、"健康行为"和"体育品德"3 个维度进行 3 个层级目标内容设计②。两者相比，SKIP 课程目标设计处于后者的第二层级，没有课程总目标和具体目标。因此，可操作性不够，而我国 KDL 课程目标设置则更为系统和具体化。鉴于此，从"动作技能发展"出发，分别对小班、中班、大班 3 个水平阶段的学龄前儿童在干预课程方案中应该知道什么、能做到什么，大致可以达到什么发展水平提出合理期望。值得注意的是，本研究课程方案的指向是身体素养"身体域"中的动作技能发展，并且以此作为基点，辐射性地发展学龄前儿童身体素养"认知域"、"行为域"、"情感域"等其他三个方面。

在课程方案的目标体系构建时，还需要思考的一个重要问题是：研发的目标体系的对象具体是哪个年龄段的？只有明确了这一点，才能依据不同年龄的儿童身心发展特点有的放矢地设计总目标、分目标以及具体目标，这是基本前提。翻开希腊先哲的教育经典③发现，亚里士多德著作中提出的有关"幼儿（学龄前儿童）体育"颇有价值的观点和思想被西方教育家看作是现代学前教育思想最远的渊源之一。被恩格斯称为古希腊"最博学的人，具有百科全书式的科学兴趣"的教育家、思想家、哲学家亚里士多德（Aristoteles）最早根据儿童身心发展的特点提出按年龄划分教育阶段的主张④。在其著作《政治学》中，根据对儿童身心发展特点的观察，

---

① Goodway J. D., Brian A., Chang S. H., et al. Promoting physical literacy in the early years through Project SKIP. *ICSSPE Bulletin Journal of Sport Science and Physical Education*，2013，65（3）：121.

② 陶小娟、汪晓赞：《中国 3—6 岁幼儿运动游戏课程的目标体系的理论框架构建：基于三大核心素养的价值取向》，《武汉体育学院学报》2017 年第 12 期。

③ 杨汉麟：《外国幼儿教育名著选读——教育科学系列教材》，华中师范大学出版社 2008 年版。

④ 百度：亚里士多德是怎样划分儿童年龄分期的?. https://zhidao.baidu.com/question/36259207138908212.

他把一个人的教育按每 7 年为一个阶段来划分。0—7 岁为第一阶段，以德育为主；14—21 岁为第二阶段：以理智培养为主。他主张 5 岁以前，孩子的活动以游戏为主，应保护孩子的四肢，使其健康成长，要经得起适当的锻炼，进行户外活动，并探讨各个阶段教育的具体要求、组织、内容和方法。追溯现代学前教育发展的源头，从学前教育家、意大利第一位医学博士蒙台梭利（Maria Montessori）的学前体育思想中发现，0—6 岁这一时期是学龄前儿童从出生到大学时期成长过程中的第一个极富创造性的重要时期①。这是通过文献资料所能获得的又一个较为权威的关于学龄前儿童年龄划分上限值。两者对比：虽然蒙台梭利 6 岁的上限值比亚里士多德 7 岁的上限值提前了 1 岁，但可以将 1 岁的差异解释为人类进化的结果，加之蒙台梭利被称为"现代幼儿教育之母"，其观点更具有现代性和权威性，所以她的上限值更贴近现代幼儿的年龄划分。而亚里士多德主张的"5 岁以前孩子的活动以游戏为主"，这与蒙台梭利理论并不矛盾，可以说是佐证了学龄前儿童应以运动游戏为主锻炼身体，促进健康的基本判断。

而在当代，结合人类的进化过程和当下时代的发展因素，依据 2012 年我国教育部颁发的《3—6 岁儿童学习与发展指南》、管旅华主编的《3—6 岁儿童学习与发展指南——案例式解读》这两个配套文件，它们明确以 3—6 岁作为学前教育阶段的总体年龄段，并按照 3—4 岁、4—5 岁、5—6 岁 3 个年龄段提出"健康"、"语言"、"社会"、"科学"、"艺术"五大领域 11 个方面 32 个学习与发展目标并加以解读。同时，在联合国《2006 年世界卫生组织儿童生长指标》中也分别呈现 4 岁、5 岁、6 岁的儿童身高和体重的参考数据，进一步呼应我国 3—6 岁这一年龄段儿童的年龄分层。美国 *Motor Skills & Movement Station Lesson Plans for Young Children—*

①　玛利亚·蒙台梭利：《蒙台梭利教学法——3—6 岁孩子教育的圣经》，京华出版社 2008 年版。

Teaching Remediation and Assessment（《幼儿动作技能 & 移动站点课时计划》）将幼儿年龄分为 Level 1、Level 2、Level 3 三个阶段，这与当前中国幼儿园也同样分为小班、中班、大班 3 个级别的现状吻合。有鉴于以上学龄前儿童年龄分层的证据，在进行 CHIN-SKIP 身体素养课程方案预期学习产出体系即课程方案的目标体系的框架设置时，选择将按照 3—4 岁（小班）、4—5 岁（中班）、5—6 岁（大班）这三个阶段进行具体指标的系统设计。

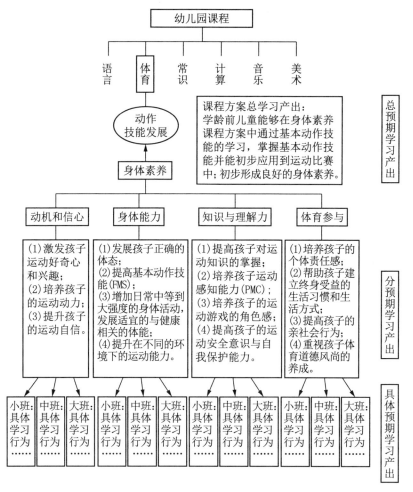

图 5-2　CHIN-SKIP 身体素养课程方案预期学习产出体系

在设计预期学习产出体系时，首先需要考虑它在整个课程方案目标体系中所起到的重要引领作用，并着重思考如何将"学龄前儿童身体素养"的基本内涵融入整个课程方案目标体系的顶层设计之中，进而才能层层分解，形成分目标并直达具体目标，最终使形成的目标体系是"学龄前儿童身体素养"的具体体现。因此，总预期学习产出应设计为：通过本课程方案的学习，学龄前儿童在大班末期应能熟练掌握基本动作技能，形成基本的健康体能，初步掌握与运动、健康相关的知识，具备基本的运动感知能力，能够积极、自信地参与中等到大强度的运动游戏和比赛；初步懂得自己作为个体的社会责任，建立终身参与身体活动的习惯，形成初步的身体素养。而分预期学习产出对于总逾期学习产出来说起着承上启下的作用，对于"学龄前儿童身体素养"而言也是一种具体化的体现。因而分预期学习产出的设计思路是以"学龄前儿童身体素养"的四大维度目标作为标杆进行产出内容的设计，是基于这四个维度的再度纵向分解，这部分与SKIP 的学习产出设置趋同（见图 5-2）。具体预期学习产出是总学习产出的最远抵达，是每一节身体素养课程中具体的学习行为目标。譬如，小班"身体能力"具体预期学习产出可设置为：1.初步体验跑、跳、投掷 2 个基本动作技能（2 个技能站点）；2.能以不同的运动器材和同伴一起进行中等强度比赛；3.完成 2 组 5 米折返跑比赛。以此类推，每个幼儿园可以依据实际情况进行园本设计。

值得注意的是，这些具体的学习产出是建立在 3—6 岁这一年龄段儿童身心发展特点基础上所设计的"目标"，而非"标准"。换言之，以上课程方案的目标体系（产出体系）的构建是以学龄前儿童"跳一跳，够得着"作为前提，是努力的方向和行动的导向，视角是未来，并非对目前大多数学龄前儿童是否能够达到这一行为所制定的基本标杆，也并非专注于当前现状，这样一旦目标达成，未来的幼儿才能在原有基础上向健康迈出一大步。

（二）发展适宜和序列化的学习活动

在身体素养课程方案的设计过程中，遵循学龄前儿童的身心发展特点和动作发展的规律，将基本动作技能即移动性、非移动性和操控性动作技能纳入学龄前儿童身体素养课程方案的学习内容体系，设计幼儿园小班、中班、大班的动作技能学习内容，由简单到复杂，将之融入到每一节课中，最终培育儿童的身体素养。在课程方案设计中，解决"发展适宜和序列化的学习活动"势必需要解决两个问题：第一，按照适宜性的原则进行课程内容的选取；第二，对选取的课程内容元素进行序列化编排。

1. 课程方案内容的适宜性选取

本课程遵循 SKIP 课程目标的设置，课程内容方案依据 3—6 岁学龄前儿童动作发展的规律即这一阶段儿童处于"基本运动技能"发展的敏感期，选择将"基本动作技能"作为课程方案的主要内容。"儿童早期身体活动与动作发展的轨迹模型"中"与健康相关的体能"这一因素在促进学龄前儿童参与身体活动和健康等方面具有积极影响，因此选择将"与健康相关的体能"作为课程方案的内容之一。此外，值得一提的是，本研究还试图打破学科壁垒，将"识字"和"计数"能力等相关素养的认知内容也融入学龄前儿童动作技能的学习中，让学龄前儿童的动作技能的学习不仅仅停留在体育学科的范畴内，而是以多学科全面发展的培养目标导向促进学龄前儿童的全面发展。同时，也试图用其他学科的知识来更好地解决学龄前儿童运动学习过程中的问题，譬如：在进行跳绳运动过程中加入"计算跳了多少个"这样的任务，能够在锻炼孩子"跳"这项基本动作技能的同时，强化其数学素养，有效提升孩子对于"跳"这项运动学、练的积极性，也为孩子今后能以更好的身体素养和数学素养融入小学阶段的学习生活大有裨益。这样的内容设计与我国现有的《KDL 幼儿运动游戏课程》《体育与健康课程标准（2022 版）》中"学科融合"课程内容设置的理念保持了高度一致①，这样的设计一方面，在横向上充分关照了幼儿园课程在身体素养认知领域、学前教育各个领域间的融合发展，另一方面，在纵

---

① 汪晓赞、赵海波：《幼儿运动游戏课程（幼儿园小班）》，华东师范大学出版社 2019 年版。

向上也保持了课程理念与同类幼儿园体育课程的理念趋同及幼小衔接性。

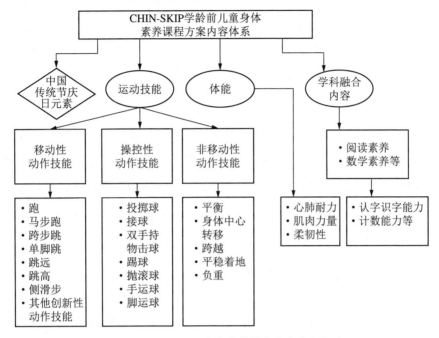

图 5-3　CHIN-SKIP 身体素养课程方案内容体系

此外，在课程设计过程中，为体现出中国学龄前儿童体育课程方案的特色，应该适当融入中国传统元素，使设计的课程方案更适合我国幼儿园使用，并更容易被我国学龄前儿童接受。因此，在课程内容选取时，应充分结合学龄前儿童的身心发展特点，注意围绕中国传统节庆日展开课程内容的情景设计。

2. 课程方案内容的序列化编排

教育活动内容的编排是对已选定的学习内容进行组织安排，使它具有一定的系统性或整体性①。因此，每一节身体素养课程方案的内容都需要根据学龄前儿童所处的动作发展阶段进行排序和衔接，一线幼儿园教师在进行课程方案的内容编排时，应针对小班、中班、大班 3 个水平阶段的学

---

① 黄瑾：《幼儿园教育互动设计与指导》（第 2 版），华东师范大学 2014 年版。

龄儿童生长发育特点进行运动技能和体能学习内容的序列化设置，从上述课程活动内容体系中选择 2—3 个动作技能和体能内容，进行以技能为主题的体育游戏创编。需要关注的是，在针对大班阶段的活动内容的选择上，"幼小衔接"是整个课程方案内容设计过程中应注意考虑的一个不可忽视的因素。

（三）任务结构

完成课程学习内容设计之后，如何有效设计任务结构是实现体育课程方案结构化的直接体现，这一环节本质上是传统课程"实施"的程序。通过借鉴 SKIP 课程及其衍生课程 INDO-SKIP、T-SKIP 的先进经验，进行中国本体化的 SKIP 即 CHIN-SKIP 课程方案设计。INDO-SKIP 教案设计的不足点在于，虽然是源自 SKIP 这一课程主体进行的改编并遵循了 SKIP 课程以身体素养作为顶层设计的课程设计理念，但只是关注到对学龄前儿童身体能力尤其是基本动作技能的指导和干预，身体素养框架下的其他几个领域并未完全纳入课程方案的设计，无形中直接导致学龄前儿童无法在儿童早期获得身体素养启蒙和培育的宝贵机会。为了弥补这一缺失，本研究切实将已经建成的身体素养体系中各个维度指标融入课程设计，以此确保身体素养体系与身体素养课程方案的契合。与 SKIP、T-SKIP 及 INDO-SKIP 相比，CHIN-SKIP 的区别主要在于：

1. 打破既有的课程结构。遵循的课程顺序为：热身游戏→站点 1→站点 2→移动性动作技能的"赛一赛"→结束，这与"中国健康体育课程模式"中的"运动技能学习＋体能练习""常练、常赛"的元素保持一致，既为学龄前儿童进入基础阶段后接受"中国健康体育课程模式"的学习做好"幼小衔接"上的铺垫，也体现中国本土化体育课程的色彩。

2. 改变 SKIP 多名教师共同教学的模式。面向的对象主要是没有任何动作技能学习经历的普通幼儿园教师，这一点既与 T-SKIP、INDO-SKIP 保持一致，也关照中国幼儿园身体活动课普遍配备 2 位教师的现实情况；本方案上课时需要配备 3 位上课教师（1 位主导教师，2 位助教）的师资配备相比，减少了 1 位师资配备，结构设计合理，这也更加符合当前我国幼儿园专业体育教师配备不足的现状。

3. 改变了 SKIP、T-SKIP 课程中 3 个技能站点的模式。在技能站点的设计上，将 3 个技能站点缩减为 2 个技能站点。将操控性动作技能设计为技能站点的主要学习内容，将移动性动作技能设计为"热身"和"赛一赛"的学习内容，放置在一节课的首、尾环节，增强课堂的练习密度，形成移动性动作技能和操控性动作技能的有效衔接。我国幼儿园教学程序主要遵循"开始部分—基本部分—结束部分"这样 3 个环节①，美国 SKIP 课程的任务结构与之保持大体一致，但根本性区别在于："基本部分"这一主体环节利用动作技能站点的"轮转"，实现课程实施的"动态"性，最大限度地减少课堂"等待时间"，任务中各个环节安排比较紧凑，充分提高课堂学习效率；同时，通过技能站点之间的切换，保证学龄前儿童整堂课的学习注意力和学习状态；此外，学龄前儿童在不同站点的技能学习过程中与同伴间的互助，加强彼此的交流，对其情感的发展颇有助益。另一方面，在"轮转"过程中，教师通过对各个站点的观察、指导，也有利于提高教师对每个学龄前儿童在不同技能站点上动作技能发展水平差异的了解程度。但因为一节课要实现 3 个技能站点有序、有效轮转，这对教师的课堂管理能力提出了很大挑战。因此，在任务结构的设计上，本课程方案采用 SKIP 以教师为主导的实施方法展开教学，在时长选取上以 30 分钟为基点进行设计，各个幼儿园可根据学龄前儿童的发展阶段酌情进行时间上的选择，以 30—45 分钟为宜。

分析 SKIP 课时计划②可知，任务结构中在完成站点的学习任务后，直接进入"Cool-down（放松）"环节和"Closure（结束）"环节，这样

---

① 朱家雄：《幼儿园课程》（第 2 版），华东师范大学出版社 2011 年版。

② CHEN Y. Y. Lesson Plan 6 of Early Childhood Physical Education Experience—G-Tyree in PAES 2542 Lifespan Motor Development. The Ohio State University，2018. LI Y. L. Lesson Plan 11 of Early Childhood Physical Education Experience—G-Tyree in PAES 2542 Lifespan Motor Development. The Ohio State University，2019.

简洁的结尾往往忽略了重要的"反馈"环节而"匆忙收场"，距离学习最佳效果仅差一步之遥。通过非正式访谈可知，上海市幼儿园教师存在对于孩子动作发展的反馈不够及时专业等问题。因此，为充分发挥"反馈"的重要价值、加强师生互动和生生互动，本课程结尾部分拓展和细化为"表达和分享感受""达到一个共同的观点""反馈和小结学习过程"三个环节（见图5-4）。

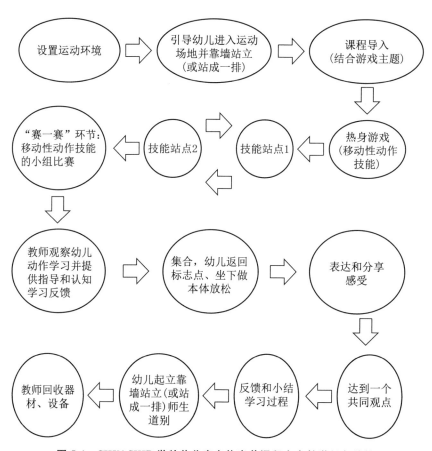

图5-4 CHIN-SKIP学龄前儿童身体素养课程方案教学任务结构

（四）师生行为的期望

1. 对教师的行为期望

鉴于学龄前儿童在认知、注意力等方面发展的不成熟，神经发育也尚处于"第一信号系统"占主导的特点，在 SKIP 设计过程中选取"以教师为主导"的方式展开课程方案的教学。结合学龄前儿童活泼好动的特点，CHIN-SKIP 身体素养课程方案要求教师在整个教学过程中摆脱传统的权威角色，努力成为学龄前儿童游戏过程中动作技能学习的"准备者"、"激活者"、"指导者"、"观察者"、"评价者"以及"反馈者"等多重角色。

在课程正式开始前，教师应提前备好教案并创设各技能主题的游戏环境，比如：课前准备好上课所需的音乐播放器、音乐素材、运动器材、游戏主题所需的图片、贴纸、剪刀等，尽可能提前半小时到达场地进行本次课运动技能主题的游戏场地的布置，尤其要注意做好场地上危险物品或物品摆放的排除工作。在课程开始后，教师需严格把控好各个水平阶段儿童的上课时间，以"示范"等方式积极引导学龄前儿童进入游戏主题，并在各个"技能站点"激活学龄前儿童的运动学习的兴趣和积极性，引导其主动体验运动游戏。对于学龄前儿童，"游戏导入"部分的教学需要尽可能做到既"快"又"准"。在课堂的核心部分，教师需要以形象、直观及简洁的方式指导学龄前儿童掌握动作技能的关键要素，当学龄前儿童在学练过程中产生认知冲突时，教师应当及时提供个别或是集体性的纠正和反馈；同时，因为不论是小班、中班还是大班，一节课的总体时间和儿童有注意力的时间都十分有限，因此，教师应当充分发挥"教学的艺术"，懂得积极使用"示范"等直观、形象的教学技能给到孩子"第一信号系统"的信息，尽量避免使用过多的语言讲解等"第二信号系统"的信息，以免浪费宝贵的课堂教学时间，此外，也要尽量"放手"给儿童充足的时间练习、犯错、互助，为其提供循环练习技能和任务的机会，懂得增加或减少任务的复杂性[①]。由于学龄前儿童容易注意力分散、好动，教师在教学过程中还应注意：

---

① Jones D., Innerd A., Emmaa L. G., et al. Association between fundamental motor skills and physical activity in the early years: A systematic review and meta-analysis. *Journal of Sport and Health Science*, 2020, 9 (6): 542—552.

（1）标志点（Poly spot）的应用：课前，教师在布置游戏环境时，可以积极使用"标志点"对场地进行合理且有效地固定，当然，在整个课堂中，也可根据教学的需要，随时对"标志点"的摆放进行灵活调整，其最大的功能是在于能够将学龄前儿童"固定"在既定位置，避免其"好动"影响教学秩序，使其能够保持专注，提升课堂教学效率。

（2）课堂管理提示语（Cues）的应用：在教学过程中，结合学龄前儿童的特点，教师可以使用简洁、有效的课堂管理提示语，帮助学龄前儿童从分神、违反课堂纪律的情境中及时、有效地回归教学正常的教学秩序，如"保持安静"、"小手别身后"、"靠墙站好"等，提高孩子的课堂注意力，避免学龄前儿童课堂上出现小动作等违反课堂纪律的行为；在其进入运动场地和离开运动场地时，教师也应注意用简洁、惯用的课堂管理提示语让其在短时间内保持安静并及时执行指令；并注意使用教学提示语——如教抛接球技能时，可使用"彩虹"（形象阐明球在空中的弧度）"抛"（即时下达执行动作的时机）"抛到我的手里（展示手部动作）""轻轻地抛"（抛球的力度）等，使学龄前儿童更易掌握运动技能。

（3）给予学龄前儿童平等、尊重及鼓励：与学龄前儿童进行教学对话时，教师的身体姿态应尽可能"蹲下来"、与其保持平视，尽可能让孩子感受到师生之间的平等和尊重；同时，教师在观察和记录每个学龄前儿童的游戏行为[①]时，尤其应给予动作技能学习上处于弱势的儿童以及时的关注、鼓励及指导，这样做的目的是为了达成"面向所有学生"的体育教育教学基本原则，避免只关注运动技能好的孩子，尽可能激发每个孩子热爱身体活动、热爱运动游戏、热爱基本动作技能的学练积极性，帮助每一个孩子都能自发地投入自身身体素养的养成过程。

（4）收集 FMS 信息：为了能够记录并反馈孩子的基本动作技能的学习进展，在每一节课的教学中，教师应注意及时观察并收集每个儿童动作技

---

① Lubans D. R.，Morgan P. J.，Cliff D. P.，et al. Fundamental movement skills in children and adolescents：review of associated health benefits. *Sports Med*，2010，40（10）：19—35.

能水平的信息并做好相应记录，做到每节课之后或是每隔一段时间后都能针对信息进行教学反思，进而为专业反思、任务调整以及科学研究提供一手数据。当然，收集 FMS 的前提是，每个教师在课前需要准备好一份课堂观察的量表（教师可以根据自己的观察目的自制，也可参考 TGMD-3，M-ABC 等国际基本动作技能的评价量表）。只要教师坚持 1 学期、1 学年乃至 3 学年的观察和记录，那么，每个儿童每个阶段乃至 3 年的 FMS 发展水平就能一目了然，在此过程中，教师也可以根据收集的数据做相应的分析，了解儿童横向、纵向的 FMS 发展变化或形成其 FMS 成长手册。

（5）反馈和奖励技术的应用：SKIP 研究表明，在运动技能表现过程中及时提供与学习者发展阶段水平相适宜的反馈在学习 FMS 时至关重要[①]，也是在有限的时间内明确教学任务的最佳策略。SKIP 研究还发现，"设置奖励结构和其他激励技术比如主题单元，以激励孩子高水平地参与技能学习和游戏"[②]，因此，教师在课堂观察后对表现优异、有进步的学龄前儿童应予以奖品鼓励，这对于学龄前儿童来说将能有效提高其运动技能的学练积极性。

2. 对学生的行为期望

对于学龄前儿童在课堂中的行为期望，一方面需要其积极地参与身体素养课程游戏的学习，练习中，要理解教师教授的每个动作技能的关键要素（Critical elements）或教学提示（Cues）；另一方面，期待学龄前儿童在整个运动游戏过程中要能将所学积极展示给同伴看，并能帮助同伴捡球或递送其他器材，做到互帮互助，以进一步强化对一项熟练技能要素的理解和主动帮助他人的意识。此外，学龄前儿童要能遵守课堂的秩序，遵守游戏规则，在教师的要求下保持在自己的动作站点区域内完成学练任务等。

[①] Altunsoz I. H., Goodway J. D. Skiping to motor competence: The influence of Project Successful Kinesthetic Instruction for Preschoolers on motor competence of disadvantage preschoolers. *Physical Education And Sport Pedagogy*, 2016, 21 (4): 366.

[②] 汪晓赞、陶小娟、仲佳镕等：《KDL 幼儿运动游戏课程的开发研究》，《北京体育大学学报》2020 年第 5 期。

（五）教师学科知识（CK）专长

在本课程方案的设计过程中，教师学科知识专长的设置需要确保一线幼儿园教师掌握体育学科的概念、原理和规律等知识，尤其对学前儿童身体素养、基本动作技能概念和发展规律及学龄前儿童发展的不同水平阶段等应具有一定的知识储备，并且能将"身体素养"的理念应用到每日的教学活动中。同时，教师对于学龄前儿童身心特点需要有深刻的了解，要能将身体素养各方面能力的培养科学、适宜地通过游戏形式传递给学龄前儿童，这就需要加强对一线幼儿园教师的专业实践培训。此外，SKIP 通过教学实验研究发现，家长对于动作发展迟缓的儿童动作技能干预的有效性已被证实——在直接指导、掌握动机的学习气氛中以父母作为教师的运动技能干预措施使得处于弱势的儿童发生显著的变化，而接受常规课程的儿童并未提高他们的运动技能[①]。因此，作为专门针对学龄前儿童身体素养发展的专业课程方案，CHIN-SKIP 实施过程对于教师的专业内容知识水平的要求相对比较高，为确保能将身体素养这一国际先进理念渗透到每一节学龄前儿童的身体活动课中，教师首先需要具备身体素养相关的专业知识和业务能力，为避免将学龄前儿童置于消极螺旋的风险中，加强幼儿园一线教师、家长对于学科知识专长的培训必不可少。

（六）学习成果的评估

本课程方案涉及学龄前儿童动机和信心（情感）、身体能力（身体）、知识和理解力（认知）以及体育参与（行为）4 个方面的学习成果。当前，世界各国学者对于儿童身体素养的测评与评价进行了大量研究，最新的研究成果可见迪肯大学莉萨·巴内特（Lisa Barnett）等研发的"图示化"测评工具[②]，国内学者对于学龄前身体素养测评工具的主要是加拿大 Pre-PLAy[③]。

---

① Robinson L. E., Goodway J. D. Instructional climates in preschool children who are at risk. Part I: Object control skill development. *Research Quarterly for Exercise and Sport*，2009，80：533—542.

② 陈思同、赵雅萍：《儿童体育素养的"图示化"测量与评价》，《上海体育学院学报》2022年第 1 期。

③ 赵雅萍、孙晋海、陈思同、蔡捷：《加拿大幼儿体育素养测评工具 Pre PLAy 解读及启示》，《成都体育学院学报》2021 年第 5 期。

因此，对于学习成果的评估，以上量表使用前都需要进行本土化改造并做信度、效度检验。SKIP 研究表明，8—12 周期动作技能干预会引起儿童基本动作技能的显著进步①。因此，学习成果的评估需要在这一时间段后展开，通过选择适宜的测量工具了解所教班级学龄前儿童的身体素养的动机和信心（情感）、身体能力（身体）、知识和理解力（认知）以及体育参与（行为）4 个方面的发展水平，进而追踪其学年乃至年级水平的技能发展进度。

综上所述，通过以上 6 个程序的设计，系统梳理了学龄前儿童身体素养课程方案设计的内在机理，试图科学且创新性地设计出学龄前儿童身体素养课程方案框架。除这 6 个程序之外，国外相关模型中还提出"课程实施保真度（fidelity）的测量"这个概念。实施的保真度，即干预措施按设计实施的程度，衡量干预的保真度是结构良好的研究设计的重要组成部分。课程保真度测量的实施能够有效识别一个干预研究的失败是因为干预计划没有设计好，还是没有实施好，帮助研究者完善和发展研究计划以带来更好的结果。在课程干预中，测量保真度主要从使用度、灵活性、实施灵活性、活动量、实施质量、参与者反应、贴合度、控制组和对照组间的区别、课程范围等九个方面对课程实施的保真度展开测评。布雷恩（Brain）及其同事研究发现，当"Head Start"项目的教师实施一个动作技能干预，尽管技能学习发生了，但教师的保真度低于 50％②。对此，古德威认为，这可能是由于这一任务弥补了 T-SKIP（教师为中心的 SKIP）课程对儿童的约束，并促进了其 FMS 的发展③。法梅利亚（Famelia）培

---

① Robinson L. E., Palmer K. K., Meehan S. K. Dose-response relationship: The effect of motor skill intervention duration on motor performance. *Journal of Motor Learning and Development*, 2017, 5 (2): 280.

② Brian A., Goodway J. D., Logan J. A., et al. Skiping with head start teachers: Influence of T-SKIP on object-control skills. *Research Quarterly for Exercise and Sport*, 2017, 88 (4): 479—491.

③ Lorson K. M., Goodway J. D. Influence of critical cues and tasks constraints on overarm throwing performance in elementary age children. *Perceptual and Motor Skills*, 2007, 105 (3): 753—767.

训了印度尼西亚幼儿园教师并发现保真度高达 77％，未见文化背景差异①。布雷恩（Brian）和汤顿（Taunton）认为，新手教师和专家型教师可能具有不同效果，尤其在操控性动作技能上②。正如第三章第三节中"学龄前儿童身体素养体系构建与应用的相关模型"中梅茨勒模型设计的那样，因为整个实验过程的时间有限，选择省略了后续保真度的设计与测试，"学习成果评估"成为整个课程方案框架结构中的最后一步。但是，不得不说，从国外研究程序的严密性角度看，在未来的学龄前儿童身体素养体系的实践应用研究中，应将"课程实施保真度"这个环节纳入整个学龄前儿童身体素养体系课程化实践的最后一关，以此确保学龄前儿童身体素养课程化方案从理论层面的设计目的有效达成。但值得一提的是，基于对国外"课程实施保真度"的研究数据的提示，在进行体系的实践应用前即在实施本课程干预前，注意到加强专家型教师的介入和干预前对教师规定课时的培训，这是本研究提升课程保真度的一个重要策略。

二、CHIN-SKIP 身体素养课程方案的案例说明

在专家咨询、课程方案设计的基础上，选择分别以小班、中班、大班儿童的身体素养课程课时计划作为案例进行介绍。其中，选择以"踢球"和"抛球"2 个基本动作技能作为典型的课程方案课时设计计划，以"学龄前儿童身体素养体系"中的"运动认知"、"身体能力"、"知识和理解力"以及"体育参与"4 个维度指标为课程方案的目标展开设计，遵循 SKIP 的教学环节以及课程资源进行内容的设置，以供一线教师参考使用（附件 H）。课程方案的编写体例借鉴美国俄亥俄州立大学体育教育专业核心课程——"儿童早期动作发展"这门课程的课时计划（Lesson Plan）

---

① Famelia R., Tsuda E., Goodway J. D., et al. Relationships among perceived and actual motor skill competence and physical activity in Indonesian preschoolers. *Journal of Motor learning and development*, 2018, 6 (1): S403.

② Brian A., Tauton S. Effectiveness of motor skill intervention varies based on implementation strategy. *Physical Education & Sport Pedagogy*, 2018, 23 (2): 222—223.

编写样本和中国中小学体育课教案的编写精华做了综合设计，以学校体育学课程中"目标决定内容"的原则，以"课程方案目标"→"时间安排"→"运动任务"→"组织"→"关键要素和提示"这样 5 个元素进行游戏教案的设计，其中第 1 个元素决定第 2—5 个元素的实施。此外，本研究中课程方案的编写相对翔实，信息量较为全面，在装帧设计上选择以"活页夹"的形式呈现，以此确保一线教师能够在课前尽可能全面地预设教学中的情况，掌握教学细节，同时达成课前"拿来即用"的教师友好性效果。

　　整个课程方案的编写需要遵循不同发展水平阶段的特点和差异，因此，教师在设计时需要注意如下要点：

　　第一，由于小班儿童对于周围的事物的认知尚处于相对比较懵懂的状态，并且这一阶段儿童的注意力容易分散、上课时注意力集中时间比较短暂。因此，针对这些特点，在进行课程方案目标设计时，从"学龄前儿童身体素养体系"这棵"指标大树"上获取指标的小班儿童所需的"果实"进行适宜性设计。在课程方案内容设计时，仅仅设计一个技能站点的学练和一个"赛一赛"两个主体环节，并通过新颖的教学内容激发孩子的运动好奇心和运动兴趣。以"跑步"、"篮球运球"作为主要学习内容的小班阶段的学龄前儿童身体素养课程方案案例可以设计如下：

课程方案一：跑步 & 篮球运球游戏课程方案

（小班）

课程方案目标：

- **动机和信心（情感）：** 激发学龄前儿童对体育游戏的好奇心，培养其运动的兴趣和积极性。

- **身体能力（身体）：** 发展学龄前儿童正确的体态和操控性动作技能以及环境适应能力。

- **知识和理解力（认知）**：提高学龄前儿童运动过程中规避危险的安全意识和能力。
- **体育参与（行为）**：培养学龄前儿童遵守规则的意识和坚持完成游戏任务的意志品质。

时间安排	运动任务	组织	关键要素和提示
1 min	课程导入	—教师1和教师2组织儿童站在户外体育场地中央的圆圈上；宣布本课的任务。	**关键要素：** —注意听 **提示：** "冰冻"（安静并看向教师1，或其他惯用的口令）
2 min	热身游戏	—教师2播放音乐并发出"跑步""马步跑""单脚跳""侧滑步""垫步跳"等移动性动作技能的指令； —儿童听老师的指令围绕圆圈做出相应的运动。	**关键要素：** —鼓励儿童积极参与游戏 **提示：** "快跑""像马儿一样跑""双手张开侧过来滑行""垫起步子跑，背着书包的放学郎"……
20 s	过渡	教师1分配不同儿童到不同的技能站点，教师2带领幼儿找到各自的站点。	**提示：** —快速、有序
7 min	**技能站点1：** 篮球运球练习 —两个小伙伴之间相隔1米远，练习篮球运球，2组×10次 ☆挑战：数出自己或同伴成功完成技能的次数	—★**教师1**解释运球动作要点并作踢球动作展示 —**儿童**：站在塑胶标志垫（Polyspot）上与另一个小伙伴一起完成运球练习、数出成功完成运球个数的任务； —★**教师**观察儿童动作技能学习，提供动作学习指导和认知反馈； —练习结束，儿童把所用的器材捡起来放回原位。	**关键要素：** —双脚按照自己的习惯前后站立 —躯干稍前倾 —惯用手五指张开，弹拨球，运球高度在腰间位置，另一只手肘关节弯曲，保护身体 —提供个性化反馈 **安全提示：** —运球时用力不能过猛，接球的幼儿要注意避让危险来球 —听到老师指令后才能开始运球

时间安排	运动任务	组织	关键要素和提示
7 min	"赛一赛"（移动性动作技能的游戏）：所有儿童被分为 4 个小组，先后进行跑跳步、跨步跳、侧滑步的接力比赛，获得冠军和亚军的小组将每人获得小贴纸	★教师介绍游戏的玩法 ★教师指导儿童进行小组接力比赛，从场地的一边到另外一边	—积极为本组队员欢呼、呐喊 —遵守游戏规则
2 min	课程结束：放松动作练习并表达分享感受，达到一个共同的观点，反馈和小结学习过程，给予表现好的儿童奖励（小玩具或贴纸）		—积极发言，敢于表达自己
1 min	儿童起立，师生道别。场地恢复原样。教师带领儿童回到班级。		—有序离开运动场地

器材准备：

1. 音乐播放器、音乐素材；

2. 篮球约 30 个；

3. 精美贴纸约 30 个——暂未准备，请忽略；

4. 塑胶标志垫 30 个左右——如果没有，请忽略；

5. 摄像机＋支架——华师大学生自备；

6. 录音笔——华师大学生自备。

第二，因为中班儿童处于小班和大班儿童发展的过渡阶段，身心发展相对小班较为成熟，但尚未达成大班儿童的认知、情感等方面的发展水平。因此，在课程方案目标的设计上，尽可能注意到各个维度指标设计上的进阶性，课程方案也主要以一个技能站点轮转和"赛一赛"两个环节作为内容主体进行设计。以"跑步"和"篮球传接球"2个基本动作为例，中班阶段儿童的身体素养课程方案具体可以作如下设计：

课程方案二：跑步 & 篮球传接球游戏课时计划

（中班）

课程方案目标：

- **动机和信心（情感）：** 提高学龄前儿童的运动动力，帮助其建立运动自信。

- **身体能力（身体）：** 提升学龄前儿童个人传接球动作技能、在不同环境下的运动能力以及自我保护能力。

- **知识和理解力（认知）：** 帮助学龄前儿童掌握运动知识，培养其运动感知能力。

- **体育参与（行为）：** 培养学龄前儿童为集体努力、喝彩以及亲社会行为。

时间安排	运动任务	组织	关键要素和提示
1 min	课程导入	—教师1和教师2组织幼儿站在户外体育场地中央的圆圈上；宣布本课的任务。	**关键要素：** —注意听 **提示：** "冰冻"（安静并看向教师1，或其他惯用的口令）
2 min	热身游戏 先后进行"跑步""马步跑""单脚跳""侧滑步""跑跳步"等移动性动作技能	—教师2播放音乐并发出指令； —幼儿听老师的指令围绕圆圈做出相应的运动。	**关键要素：** —鼓励幼儿积极参与游戏 **提示：** "快跑""像马儿一样跑""双手张开侧过来滑行""垫起步子跑，背着书包的放学郎"……

（续表）

时间安排	运动任务	组织	关键要素和提示
7 min	**技能站点 1：** 抛接球练习 —两个小伙伴之间相隔 1 米远，练习传球、接球，2 组×10 次 ☆挑战：数出自己或同伴成功完成技能的次数 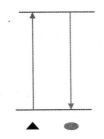	—★教师 1 解释传球动作要点并作传、接球动作展示 —儿童：站在塑胶标志垫（Polyspot）上与另一个小伙伴一起完成传接球练习、数出成功完成运球个数的任务； —★教师观察幼儿动作技能学习，提供动作学习指导和认知反馈； —练习结束，幼儿把所用的器材捡起来放回原位。	**关键要素（传球）：** —双脚按照自己的习惯前后站立 —躯干稍前倾 —惯用手五指张开，弹拨球，传球高度在胸前一臂距离的位置 **关键要素（接球）：** —准备阶段，肘部弯曲，手在身体前方 —手臂伸展以准备接触球 —只能用手接球和控制 —肘部弯曲接住球 **安全提示：** —传球时用力不能过猛，接球的儿童要注意避让危险来球 —听到老师指令后才能开始传接球
7 min	"赛一赛"（移动性动作技能的游戏）： 所有儿童被分为 4 小组，先后进行跑步、跑跳步、单脚跳的接力比赛，获得冠军和亚军的小组将每人获得小贴纸	★教师介绍游戏的玩法 ★教师指导儿童进行小组接力比赛，从场地的一边到另外一边	—积极为本组队员欢呼、呐喊 —遵守游戏规则
2 min	课程结束：放松动作练习并表达分享感受，达到一个共同的观点，反馈和小结学习过程，给予表现好的幼儿奖励（小玩具或贴纸）		—积极发言，敢于表达自己
1 min	儿童起立，师生道别。场地恢复原样。教师带领幼儿回到班级。		—有序离开运动场地

器材准备：

1. 音乐播放器、音乐素材；

2. 软皮球约30个；

3. 精美贴纸约30个——暂未准备，请忽略；

4. 塑胶标志垫30个左右——如果没有，请忽略；

5. 摄像机＋支架——HSD学生自备；

6. 录音笔——HSD学生自备。

第三，鉴于大班儿童的身体、认知、情感、行为等领域的发育相较于小班、中班儿童更加成熟，并且上课时间和儿童注意力集中时间较长。因此，课程方案目标的设计在完成难度上进行"拔高"，趋向目标体系二级指标的最高难度。而在设计课程方案内容时，以完成的2个技能站点轮转和一个"赛一赛"环节构成课程方案的主体环节。具体设计如下：

课程方案三：足球踢球 & 抛接球游戏课程方案

（大班）

课程方案目标：

● **动机和信心（情感）：** 激发学龄前儿童运动游戏参与的好奇心和积极性，提高其运动动力和运动自信。

● **身体能力（身体）：** 发展学龄前儿童个人踢球、抛接球动作技能和环境适应能力。

● **知识和理解力（认知）：** 发展学龄前儿童运动的运动感知能力和游戏的角色感。

● **体育参与（行为）：** 培养学龄前儿童坚持完成游戏任务、为集体努力、喝彩的行为及遵守规则、文明比赛的体育道德风尚。

时间安排	运动任务	组织	关键要素和提示
1 min	课程导入	—教师1和教师2组织儿童站在户外体育场地中央的圆圈上； —教师1根据本次游戏主题扮演角色并宣布本课的任务。	**关键要素：** —注意听 **提示：** "冰冻"（安静并看向教师1，或其他惯用的口令）
3 min	热身游戏	—教师2播放音乐并发出"跑步""马步跑""单脚跳""侧滑步""垫步跳"等移动性动作技能的指令；	**关键要素：** —鼓励儿童积极参与游戏 **提示：** "快跑""像马儿一样跑""双手张开侧过来滑行""垫起步子跑，背着书包的放学郎"……
20 s	过渡	—儿童听老师的指令围绕圆圈做出相应的运动。	**提示：** —快速、有序
7 min	**技能站点1：** 踢球练习 —两个小伙伴之间相隔2米远，练习踢球和接球，2组×10次 ☆挑战：数出自己或同伴成功完成技能的次数 	教师1分配不同幼儿到不同的技能站点，教师2带领幼儿找到各自的站点。 —★教师1解释踢球动作要点并作踢球动作展示，教师2作接球展示，两位教师相互配合 —儿童：站在塑胶标志垫（Polyspot）上与另一个小伙伴一起完成踢球、接球技能的练习； —★教师观察儿童动作技能学习，提供动作学习指导和认知反馈； —练习结束，儿童把所用的器材捡起来放回原位。	**关键要素：** —快速连续接近球 —触球时躯干向后倾斜 —与踢腿相反的手臂向前摆动 —通过在非踢脚上跳跃来跟进 —提供个性化反馈 **安全提示：** —踢球时用力不能过猛，接球的儿童要注意避让危险来球 —听到老师指令后才能开始踢球
20 s	过渡	—★教师组织儿童返回另一个技能站点，准备下一个活动。	**提示：** —快速、有序

（续表）

时间安排	运动任务	组织	关键要素和提示
7 min	**技能站点2：** 接球练习 —向2米远的小伙伴抛球，3组×5次	—★教师1和教师2两者相隔2米远站立，合作展示地面抛接球动作并作动作讲解； —**教师1**正对**教师2**，膝盖弯曲，对侧迈步，抛球手向后摆动，将球滚贴近地面抛出手 —**教师2**提前预判球的方向并作用手接住球并轻轻抛回 —儿童开始练习 —教师指导儿童动作，帮助其跟上游戏进程。	**关键要素：** —准备阶段，肘部弯曲，手在身体前方 —手臂伸展以准备接触球 —球只能用手接球和控制 —肘部弯曲接住球 **安全提示：** —接球时注意避让危险来球，保持警惕 —抛球时用力不能过猛，注意不能砸到其他小朋友 —注意不能投掷球，只能抛球
20 s	过渡	教师1和教师2引导幼儿返回到场地中央的圆圈上	
7 min	"赛一赛"（移动性动作技能的游戏）： 所有儿童被分为4小组，先后进行跑跳步、跨步跳、侧滑步的接力比赛，获得冠军和亚军的小组将每人获得小贴纸	★教师介绍游戏的玩法 ★教师指导儿童进行小组接力比赛，从场地的一边到另外一边	—积极为本组队员欢呼、呐喊 —遵守游戏规则
2 min	课程结束：放松动作练习并表达分享感受，达到一个共同的观点，反馈和小结学习过程，给予表现好的儿童奖励（小玩具或贴纸）	师生共同整理、收齐器材	—积极发言，敢于表达自己
1 min	儿童起立，师生道别。场地恢复原样。教师带领儿童回到班级。		—有序离开运动场地

器材准备：

1. 音乐播放器、音乐素材；

2. 足球约 30 个、沙滩排球约 30 个；

3. 精美贴纸约 30 个；

4. 塑胶标志垫 30 个左右；

5. 摄像机＋支架；

6. 录音笔。

综上所述，以上小班、中班、大班的课程方案仅为案例呈现，试图为一线教师提供课程方案设计上的启示。在实际教学中，需要教师充分运用自身的专业水平和创造力，结合不同水平阶段儿童的特点以及个体差异进行创新性的园本设计。以上 3 个课程方案将作为学龄前儿童身体素养体系幼儿园教学实践的方案样本，应用到体系实践研究中。在课程方案目标设计时，根据不同阶段儿童的发育水平，作了"进阶性"的目标设计；同时，由于不同水平阶段儿童上课时长和注意力集中时长的不同，进行了不同课程方案环节的设计，小班和中班主要以一个技能站点轮转和一个比赛环节进行设计，而大班以完整的 2 个技能站点轮转和 1 个比赛环节进行设计。此外，本研究课程方案以案例形式呈现，这对一线幼儿园教师实施学龄前儿童身体素养体系提出了挑战，需要一线教师在今后的教学实践中依据课程方案的设计理念发挥高超的创新能力和专业能力，对身体素养课程的系统教学进行精心设计，从而能够为根本上促进学龄前儿童身体素养的习得和养成提供脚本。

三、CHIN-SKIP 身体素养课程方案专家咨询的研究结果

为了确保设计的课程方案能够符合已经建成的学龄前儿童身体素养体系，并且能够适合幼儿园小班、中班、大班不同年龄段儿童的体育课堂教学，将设计的身体素养课程方案提交身体素养研究领域专家和一线幼儿园教师进行反复修改并最终确定。课程方案咨询结果显示，100%的专家认

为身体素养体系与课程方案的设计契合，78％的专家认为本研究设计的方案能够在幼儿园实施，100％的专家认为体系中最后一级的指标可以通过课程方案实现。总体而言，专家一致认为 CHIN-SKIP 身体素养课程方案能够在幼儿园有效实施，并能够培养儿童的身体素养。

表 5-2　CHIN-SKIP 身体素养课程方案咨询结果

序号	咨询内容	同意率	修改建议
1	课程方案的设计是否与本研究的身体素养体系契合？	100％	
2	课程方案的内容是否适合在幼儿园实施？	78％	
3	身体素养体系中的二级指标是否可以通过课程方案实现？	100％	

第四节　分析与讨论

一、CHIN-SKIP 身体素养课程方案引领国内学龄前儿童课程对标国际前沿

蔡元培先生在北京大学主持校务时针对当时"体育"被排除在"德育"、"智育"、"美育"之外的现状，发出"完全人格首在体育"的呼喊，他说："体育最要之事为运动，凡吾人身体与精神，均与一种潜势力，随外围之环境而发达，故欲发达至何地位。既能至何地位。"[①]一百多年后的今天，"要开展幼儿体育"被明确写入我国《全民健身计划（2016—2020年）》；国务院颁布的《"健康中国 2030"规划纲要》也明确"要突出解决儿童等重点人群的健康问题"；随即，北京大学妇女儿童研究中心正式发起成立"全国幼儿体育联盟"；李克强总理在第六次全国妇女儿童工作会议上强调"坚持儿童教育优先发展"。格古通今，"体育"、"幼儿（学龄前

---

① 北京大学新闻中心：《完全人格，首在体育：蔡元培的体育思想和实践》，http://pkunews. pku.edu.cn/xwzh/2008-07/content_124908.htm，2008-7-7。

儿童）"、"健康"这三个社会关键词引起强大的内在价值毫无悬念地产生勾连，如今人们对于幼儿体育关注的人潮——学龄前儿童依然成为当前"健康中国"关注的重点人群之一，幼儿（学龄前儿童）体育作为学前素质教育的重要组成部分，其重要价值也被人们再度挖掘和重新审视。然而，不容忽视的痛点是：中国学龄前儿童体育的发展水平与全球儿童早期体育发达国家相比，还停留在相对滞后的阶段。根本的原因是"学龄前儿童体育"似乎被人们"集体无意识忽视"，缺乏对其价值的应有认知和关注，进而造成缺乏对学龄前儿童体育发展的顶层设计及其导向下的相关体育课程的深度开发和广泛开设。在"三基"、"三维健康观"等概念已经无法满足新时代教育目标，体育学科中"身体素养"这一全新概念应运而生，中国新一轮体育教育，开发指向"学龄前儿童身体素养"这一顶层设计的 CHIN-SKIP 课程方案是追随国际儿童早期身体素养课程的时代要求。

体育教育是学前教育链环中不可替代的关键环节。学龄前儿童身体素养课程方案的研发是国际身体素养研究领域前沿性的视点之一，仅见英国、加拿大、美国等少数国家进行了相关研究。而 CHIN-SKIP 课程方案的研发恰恰有利于我国紧随发达国家的最新研究动向和趋势，引领我国身体素养研究与国际前沿保持同步发展，在当前我国学龄前儿童身体素养课程方案尚未出现的现状背景下，积极占据国内身体素养研究的"高地"。此外，在课程方案的开发过程中，通过大量的文献梳理与调研，选择以 SKIP 课程这一国际领先的学龄前儿童身体素养课程作为研究参照，切实将国际领先的课程方案引介到国内，并以中国化的研究成果追随 SKIP 这一国际流行的运动课程发展的步伐，参与 SKIP 课程研发共同体共同应对学龄前儿童肥胖、超重、动作发展成迟缓等身体素养发展不足问题。

二、CHIN-SKIP 身体素养课程方案创设儿童全面发展的积极环境

学龄前儿童 CHIN-SKIP 身体素养课程方案的开发，小班、中班、大

班儿童的课程方案突破了我国幼儿园的传统课程教学模式，以身体素养作为课程方案的顶层设计，以新颖的"动作技能站点＋比赛"的体育游戏模式展开课程教学运作，在这一过程中，不仅能够有效促进儿童身体的发展，同时能够促进其在身体和情感等方面的共同发展。具身性是身体素养的先天特点，将身体素养体系中认知、身体、情感、行为等4个维度的整体性发展融入课程方案的目标设计，与当前国内积极倡导的"人的全面发展"观形成有效对接。我国对学龄儿童的身体素养的研究已经逐步深入，但是对于学龄前儿童身体素养相关研究的开展仍旧匮乏，原本学龄前儿童体育运动类课程的设计与开展已然存在不足，基于身体素养体系的课程设计与开展则更为紧缺，CHIN-SKIP学龄前儿童身体素养相关课程的方案的开发无疑为处于人生发展开端的学龄前儿童创设全面发展的积极环境。

三、CHIN-SKIP身体素养课程方案提供学龄前儿童身体素养培育的重要启发性资源

本研究通过展示学龄前儿童身体素养课程方案的开发过程，呈现这一方案从学理分析到案例研究的成果，揭示CHIN-SKIP身体素养课程开发的原理。在系统介绍课程方案开发体系内容的基础上完整地呈现课程小班、中班和大班三个不同学段的典型课程方案案例，摒弃以往片段式的呈现分析，能够为一线教师、家长、培训班等相关从业者提供学龄前儿童身体素养培育的实践操作启发性教学资源。通过小班、中班、大班CHIN-SKIP课程方案的案例式设计，相关从业者一方面可以直接运用案例进行身体素养的教学；另一方面，也可以根据本研究中的课程开发学理分析的步骤和三个案例的启发，结合自身情况，进行学龄前儿童身体素养课程方案的创新性和适应性设计，这与《体育与健康课程标准（2022年版）》中课程方案的设计理念保持高度的一致，某种程度上也体现了对于"幼小衔接"理念的关照。同时，关注教师专业素养的发展，对教师相关能力的达成也有一定的建议与参考，教师在这一过程中可以清晰了解自身需要掌握

的相关能力和素养，而这也为教师自身成长与课程有效实施提供抓手，比如如何有效地调动儿童积极性或如何有效组织与管理课堂教学，也同样为儿童家长培育学龄前儿童身体素养提供重要启发性资源，这样的做法与英国"学龄前儿童身体素养发展计划"（PLEY，Physical Literacy for Early Years）中"额外的资源"保持契合，但尚未完全达成，今后可以将本研究中的启发性资源作为在线资源，让教师和家长能随时查阅并参考实施。

第五节　结论与建议

通过以上分析与讨论，可以获得如下研究结论与建议：

一、结论

（一）基于"学龄前儿童身体素养体系"设计的 CHIN-SKIP 身体素养课程方案具有一定的科学性和合理性。

（二）CHIN-SKIP 身体素养课程方案架构身体素养体系的理论与实践的桥梁，有效实现身体素养体系向下的实践延伸，起到上承体系理论、下接课程方案应用的中介作用。

二、建议

（一）积极建立自上而下的 CHIN-SKIP 身体素养课程方案实施机制

在既有的或传统或新颖的活动方案占据课程表的现状下，若要使本课程方案被幼儿园采用和实施，势必需要结合我国国情，打造自上而下的课程方案的实施机制——建议多层次完善自上而下的身体素养课程方案的实施架构，打造学龄前儿童身体素养课程方案的立体化支持系统[①]，并借助行政的力量，在我国各级各类幼儿园中广泛推行身体素养课程方案，引导

---

① 陶小娟、汪晓赞、范庆磊等：《新时代中国幼儿体育发展的现实问题与应对策略》，《体育科学》2021 年第 9 期。

和帮助一线教师把握教学的深度和广度，促使研究成果在学龄前儿童日常身体活动中发挥作用。

（二）定期开展广泛的 CHIN-SKIP 身体素养课程方案的一线教师培训

我国《义务教育阶段课程标准（2022 年版）》，建议定期进行各级教师的全员培训，这是确保身体素养课程方案落地生根的重要手段。通过创新培训形式，做到身体素养课程方案的常态化指导，建立教学视导与调研制度，及时分析、解决身体素养课堂教学中的实际问题[1]，从而促进一线教师掌握身体素养课程方案的内在价值、实施方法，并在儿童身体素养课程教学中获得专业化发展。尤其是在实施本课程方案前，加强专家型教师的介入和方案实施前教师的培训，是提升本课程方案保真度的一个重要策略。

当前，中国进入第二轮大规模以"核心素养"为价值取向的教育时代，以"体育学科核心素养"为顶层设计回应学科育人、课程育人的重大问题是体育课程设计的主流选择。本研究嵌入国际体育学术界关注的"身体素养"作为指引以解决其下位概念——"动作发展"的问题，对于体育学科核心素养在儿童早期阶段的垂直连贯性而言，是一种另辟蹊径的选择——两者的落脚点都涉及动作发展这一儿童早期运动游戏课程中亟须凸显的价值旨归。本研究试图精准把握这一关键目标，寻求"中国学龄前儿童身体素养体系"的课程化落地实践，也是对全球出现的儿童早期动作发展迟缓问题作出正面而有力的回应。本研究的下一步是将 CHIN-SKIP 干预课程研究转移到现实环境中应用并进行课程可行性和功效的初始数据收集，以保证以"中国学龄前儿童身体素养指标体系"为导向的运动技能干预的效果。体育教育是儿童早期教育链环中不可替代的关键环节，中国儿童早期基于"学龄前儿童身体素养体系"的运动游戏干预课程方案如何参与世界课程共同体，以解决儿童早期"身体活动缺乏症"、动作发展迟缓、肥胖、运动认知不足和社交发育障碍等全球性共性问题是一个极具挑战的课题。

---

① 《定了！义务教育课程方案和课程标准（2022 年版）发布，北京将从三方面着手落实新标准》，网易，https://www.163.com/dy/article/H5G72SJV0516DLL3.html。

第六章　学龄前儿童身体素养体系的实践探索研究

　　依据当前国际学龄前儿童身体素养实践的价值走向，学龄前儿童身体素养体系构建之后，从理论走向实践的落地化应用主要有两个走向：一则指向学龄前儿童的身体素养测评，走向对当前和未来我国学龄前儿童身体素养的现状评价和问题反馈；二则指向学龄前儿童身体素养的培育，走向课程标准，指引学龄前儿童身体素养课程教学。不论是哪一种走向，归根结底对我国学龄前儿童身体素养的启蒙和养成都将发挥重要作用。基于此，本章创新性地从教育学的视角，将学龄前儿童身体素养体系推向幼儿园进行课堂试用的探索性研究，即使用第五章紧扣学龄前儿童身体素养体系设计的 CHIN-SKIP 身体素养课程方案进行课堂教学，并同时完成两个实践探索的操作，落实学龄前儿童身体素养体系和课程方案的一体化应用的探索——一是使用基于体系的维度指标和一级指标设计测评量表对学龄前儿童进行身体素养的测评，局部实现学龄前儿童身体素养体系的测评研究。二是以《舒茨曼课堂观察量表》进行案例式课堂观察，验证身体素养体系在课程化实践应用中的可靠性和合理性。本章学龄前儿童身体素养体系落地化应用的积极尝试，为幼儿园教师等提供可操作的体系实践指引。

第一节　研究设计与实施

一、研究目的

旨在通过将基于学龄前儿童身体素养体系设计的 CHIN-SKIP 身体素养课程方案推向幼儿园的课堂试用，对学龄前儿童身体素养体系进行落地化应用。通过学龄前儿童身体素养体系测试量表的信效度检验，验证体系测试量表的信效度。同时，通过身体素养课程方案的课堂观察，验证身体素养体系在课程化实践应用中的可靠性和合理性，为我国学龄前儿童身体素养体系的实践应用提供可靠的经验。

二、研究对象与时间

（一）研究对象

由于受到疫情防控的影响，无法展开身体素养体系应用研究数据的大样本采集。因此，分别选取 H 市不同区 3 所幼儿园 86 名学龄前儿童作为研究对象，实施身体素养体系合理性验证的课堂观察和质性分析，并对其中 6 名学龄前儿童进行身体素养指标的课堂测评的体系应用研究。具体研究对象信息见表 6-1。

表 6-1　课堂观测对象信息表

序号	幼儿园名称	水平阶段	课堂观察对象人数	课堂观测对象人数
1	CNYY 幼儿园	小班	30	2
2	MHSY 幼儿园	中班	30	2
3	MHZZ 幼儿园	大班	26	2

（二）研究时间

实践实施时间从 2021 年 11 月下旬—2022 年 1 月中旬，主要分为三个阶段：（1）2021 年 11 月下旬实践实施前的准备阶段；（2）2021 年 12 月下旬至

2022年1月中旬约3周左右为实践实施时间；（3）2022年1月中旬到2022年2月为数据的收集与整理阶段，整个体系的实践研究共计2个月。

三、研究工具

实践探索所采用的研究工具，分为课程方案实践工具和课堂观测/察评价工具两大类，具体包括CHIN-SKIP身体素养课程方案（小班、中班、大班）学龄前儿童身体素养体系的测试量表和舒茨曼课堂观察日志三种。

（一）CHIN-SKIP身体素养课程方案

根据学龄前儿童在不同发展阶段的身心发展特点，针对不同年龄儿童的发展水平，精心设计小班、中班、大班3份不同的身体素养课程方案，经过多轮专家修订与修正，最终确立《CHIN-SKIP身体素养课程方案（小班）》《CHIN-SKIP身体素养课程方案（中班）》和《CHIN-SKIP身体素养课程方案（大班）》，并具体实施学龄前儿童身体素养启蒙与培养的教学实践，努力为一线幼儿园教师提供切实可行的身体素养课程方案的应用蓝本。

（二）学龄前儿童身体素养体系的测试量表

采用自制并经过信效度检验的学龄前儿童身体素养体系的测试量表对CHIN-SKIP身体素养课程方案进行全面观测。该量表是结合体系的指标、课程方案内容进行的设计，为更加贴合学龄前儿童课堂的特点，进行简短设计。对于学龄前儿童的身体素养进行观测打分。这一测试量表主要包括体系的指标解读、打分标准以及打分表格，供测评者在课堂教学的现场对体系的维度指标、一级指标打分。

（三）舒茨曼课堂观察日志

在进行课堂观察的过程中，采用舒茨曼课堂观察日志，对身体素养课程方案进行现场即时观察和场外客观记录。该日志主要将体系的维度指标、一级指标嵌入其中，并结合教学现场的细节予以观察并记录，供课堂观察者获取教学问题评议等相关信息使用。

四、研究实施

（一）实施前的准备

1. 联络实施学校

在 2021 年 12 月正式启动体系的实践实施之前，分别与参与实践研究的 3 所幼儿园负责人进行多次沟通和反复协商，就入园前后的相关事宜包括本研究的目的与内容、入园后的操作方法、入园后的伦理要求以及疫情防控相关要求的掌握等达成一致意见。

2. 制定并发放实践方案等实施材料

为确保实践实施的顺利、有效开展，制定科学、合理的实践方案等相关材料是研究实施前一系列准备工作的第一步。结合研究目的和幼儿园的实际情况，制定的实践方案即体系测评方案（附件 G）和课堂观察实施方案（附录 I），详细介绍了研究实践的目的、内容、时间以及注意事项等相关的具体内容。设计的测评量表是结合体系的指标、课程方案内容进行的设计，为更加贴合学龄前儿童课堂的特点进行了简短设计。主试提前 2 周将设计的课程实施方案等相关材料在线提供给各个幼儿园负责人，并请负责人分享给一线专家型体育课教师。

3. 人员培训

在正式入园测试之前，为保证研究者入园之后能够在有限的时间和时机内收集有效的研究数据，对遴选出的研究人员进行培训，时长总计 2 小时，主要向其介绍指标体系的构建目的、内容架构及测评方法和标准等情况（附件 G），着重对体系中的各级指标进行逐条阐释，以保证研究者能够充分地理解和精准地掌握测评指标的内涵与测评时机。此外，为确保课程方案教学的顺利实施，对参与研究的幼儿园教师进行在线培训，并于入园日提前到场组织参与研究的一线教师进行沟通和试教。

4. 入园前的沟通与确认

鉴于疫情防控的严格要求，就入园的准确时间、研究实施细节以及入园前的注意事项与参与研究的各个幼儿园做最后的沟通和确认。

（二）实践实施

1. 现场观测与观察的实践实施

在实践现场，由 3 所幼儿园本园的身体活动课老师进行"身体素养课程方案"的教学，依据西登托普等人在 *Physical Education Methods* 提出的身体素养实践测评模式①，邀请 5 位独立测评者（包括 2 名研究生，3 名本科生）使用学龄前儿童身体素养体系的测试量表对幼儿园身体活动课进行课堂观察并打分。鉴于身体素养体系的二级指标内容相对比较庞杂，而幼儿园一堂课的时间在 30 分钟左右，课堂观测时间非常短。因此，选择仅对身体素养体系的大框架即体系的维度指标、一级指标条目进行逐一观测并打分。在观测过程中，根据培训时的统一要求，观测者选择一节课中同一个部分的捕捉观测时机，并针对同一批儿童的身体活动行为、对照打分表中的指标条目进行判断和打分（见表 6-2）。

表 6-2　体系中条目与课堂观测时机选取的对应关系

序号	体系中的具体条目		课堂观测时机
1	1.1	运动好奇心和兴趣	上课开始后的前 10 分钟
2	2.1	体态	课程导入阶段
3	2.2	基本动作技能（FMS）	3 个体育游戏技能站点阶段
4	2.5	环境适应能力	整节课中的观察
5	3.3	运动游戏的角色感	3 个体育游戏技能站点阶段
6	3.4	运动安全意识与自我保护能力	体育游戏比赛阶段
7	4.3	亲社会行为	体育游戏比赛阶段
8	4.4	体育道德风尚	体育游戏比赛阶段

为保证学龄前儿童身体素养体系测试量表的信效度，在正式测评之前遴选对学龄前儿童身体素养研究感兴趣的体育与健康学院体育教育专业的 3 名本科生和 2 名研究生共 5 人参与 HSD 大学附属 ZZ 幼儿园小班、H 市 CN 区 XXL 第一幼儿园中班以及 H 市 MH 区 YDL 实验幼儿园（HSD 大

---

① Sidentop, Daryl. *Physical Education Methods*. NY：New York Press，2006：13—26.

学幼儿体育研究中心）大班学龄前儿童课堂观测。在进行正式身体素养体系测试量表的实践测评之前一周，研究者对 5 位测评者进行 4 小时的测评培训，介绍具体的测评方案，并要求 5 位测评者在幼儿园现场观测过程中注意疫情防控、测评伦理以及测评的独立性。

同时，在现场观测、课堂观察的过程中，主试依照舒茨曼教学现场观察的记录格式[①]，在对照学龄前儿童身体素养体系各级指标的基础上，进行教学现场的观察笔记和个人评议，评议部分主要通过对照学龄前儿童身体素养体系，提炼运动课堂中身体素养的内涵，分析在整个教与学的过程中出现的问题并施以评议，归纳出在学龄前儿童的运动课堂中应该关注的身体素养问题和身体素养的培育要点，并提出具有针对性和专业性的策略和建议，为相关从业者提供具有教学实践指导价值的专业化参考。

2. 数据采集

数据采集过程中，鉴于幼儿园防疫要求管控严格，入园采集人员有限，因此，除了现场打分的数据采集形式外，为了全方位捕捉教学现场的相关信息并记录个人在观察过程中的观点和感受，保证现场数据源的完整性和可持续性使用，在严格遵循未成年人研究伦理的要求下，整个数据采集的过程以视频、笔录、音频相结合的资料记录方式进行。5 名观测人员按照统一的数据采集方式（观测和问询），对被观测儿童的行为进行低（0—10 分）、中（11—20 分）以及高（21—30 分）3 个水平进行打分（附录 K）。

3. 数据回收

在身体素养课程方案实施结束之后，主试在现场逐一收取研究者的打分表和课堂观察记录表，并将所有资料装入文件袋中封装保存，以保证保护每一位参加研究实践的学龄前儿童的隐私，并供后续研究时再使用。

（三）数据处理

在采集数据工作完成之后，通过 EXCEL、SPSS 等工具进行数据的统

---

① 赵富学：《课程改革视域下体育学科核心素养研究》，南京师范大学 2018 年学位论文。

计与分析，为研究报告的撰写提供重要的数据支持。

（四）实践反馈

1. 撰写实践报告

分别针对 3 个幼儿园学龄前儿童身体素养体系的实践调研结果进行专业分析，并撰写实践报告，一方面可以将其作为重要的研究数据，纳入后续研究，形成体系的实践探索成果；另一方面也可为参与本次实践调研的各个幼儿园学龄前儿童身体素养的现状提供问题反馈。

2. 反馈实践观测/察结果

应参与实践实施幼儿园园长的要求，将形成的实践报告及时在线反馈给相关幼儿园负责人，为各个幼儿园未来进行学龄前儿童身体素养的教学和评价提供重要的教学、科研证据，促进幼儿园未来进行学龄前儿童专业化的身体素养培养。

第二节　研究结果

学龄前儿童身体素养体系测试量表在实践应用中的可靠性和稳定性是本研究关注的重要问题，也是这一测试量表能否落地并实现培育学龄前儿童身体素养的关键所在。通过检验，学龄前儿童身体素养体系测试量表的信效度结果如下：

一、体系测试量表的信效度检验结果

（一）身体素养体系测试量表的独立评分者信度检验结果

评分者信度（Score reliability）指的是多个评分者给同一批人的答卷评分的一致性程度[1]。由于测试量表观测评分中，答案不固定，掺杂了评分者的主观判断，因此，需要检验评分者间信度。评分者信度的计算与评分者人数的多少有关，如果是三人或者三人以上的评分者评 N 份试卷常用

---

[1]　知乎：《评分者信度》，https://zhuanlan.zhihu.com/p/154579098，2020-7-3。

肯德尔和谐系数求信度[①]。针对学龄前儿童的身心发展特点研制的学龄前儿童身体素养体系测试量表包括 4 个领域指标。5 位评分者在上课前随机选择 6 位小朋友作为探索性研究的观测对象，对基于体系设计的学龄前儿童运动课堂上的行为表现结合观测指标进行观测。鉴于疫情防控的特殊时期，3 名评分者入园现场观测并录像，其他 2 位测评者针对录像资料及选取的观测对象进行补充评分。在进行观测时将体系的 4 个领域指标及其对应的一级指标分别拆分成一个子量表进行观测。评分者在对 4 个维度指标的测评过程中，参照赵富学博士论文中对于体育核心素养体系既有的测评结果统计方法[②]，将体系各级指标总得分/观测到的指标个数。在 5 位测评者严格的独立评分的前提下，评分者对于 3 节运动课堂中的有效评分如表6-3—表 6-5 所示：

表 6-3   幼儿园大班身体素养课程独立测评者观测有效性评分

测评者编　号	观测对象 1	观测对象 2	观测对象 3	观测对象 4	观测对象 5	观测对象 6
测评者 1	21.50	21.44	23.94	19.25	18.31	21.38
测评者 2	24.31	23.94	25.00	18.75	17.38	23.63
测评者 3	25.44	23.31	24.31	20.25	19.13	22.63
测评者 4	22.75	21.81	22.94	21.19	19.63	22.00
测评者 5	23.44	23.00	25.00	20.13	18.00	22.94

幼儿园中班身体素养体系测试量表独立测评者观测的评分见表 6-4：

表 6-4   幼儿园中班身体素养课程独立测评者观测有效性评分

测评者编　号	观测对象 1	观测对象 2	观测对象 3	观测对象 4	观测对象 5	观测对象 6
测评者 1	24.69	22.19	24.56	24.69	24.94	24.63
测评者 2	23.25	21.81	23.38	24.19	23.94	24.31
测评者 3	25.19	20.38	24.19	23.94	25.31	24.00
测评者 4	22.13	20.13	21.44	22.25	23.06	22.50
测评者 5	22.88	20.75	23.63	23.81	24.63	22.63

①　知乎：《评分者信度》，https://zhuanlan.zhihu.com/p/154579098，2020-7-3。
②　赵富学：《课程改革视域下体育学科核心素养研究》，南京师范大学 2018 年学位论文。

幼儿园小班身体素养体系测试量表独立测评者观测的评分见表 6-5：

表 6-5　幼儿园小班身体素养课程独立测评者观测有效性评分

测评者编号	观测对象 1	观测对象 2	观测对象 3	观测对象 4	观测对象 5	观测对象 6
测评者 1	22.50	22.94	24.88	23.50	24.19	23.88
测评者 2	20.88	21.75	23.88	23.75	25.44	22.69
测评者 3	21.69	21.38	25.75	23.56	25.06	22.81
测评者 4	21.63	21.63	23.38	22.19	23.06	22.00
测评者 5	21.06	22.06	23.88	22.69	23.75	23.06

为了考察 5 位测评者在对学龄前儿童身体素养体系测试量表进行测评过程中独立评分的一致性，采用肯塔尔系数对观测的数据进行 SPSS 统计分析发现，5 位测评者对基于身体素养体系测试量表实践应用的大班运动课程评分 Kendall W 系数为 0.963，P 值＝0.000 2＜0.01，说明评分者信度很高；中班 Kendall W 系数为 0.653，P 值＝0.006＜0.01，说明评分者信度较高；小班 Kendall W 系数为 0.936，P 值＝0.000 2＜0.01，说明评分者信度很高，5 位测评者应用学龄前儿童身体素养体系测试量表的测评实践打分有很高的一致性，打分具有可靠性。

（二）身体素养体系测试量表的构念效度检验结果

构念是测试的理论基础，是试题设计的前提，也决定了测试结果的解释力[①]。构念效度（Construct validity）又称为"逻辑效度"，是评判身体素养体系理论完整性的统计指标[②]。需要用体系测试量表中 4 个维度指标量的得分和总量表的得分分别做线性回归分析，以验证学龄前儿童身体素养体系测试量表的构念效度。在做线性回归之前，首先需要对所观测到的数据进行正态性检验和方差齐性检验，同时用散点图对自变量和因变量之间的线性关系进行线性趋势的判断。正态性检验和方差齐性检验的结果如下表（表 6-6—表 6-7）：

---

① 李光敏：《英语阅读诊断测试的构念效度研究》，《外国语言文学》2021 年第 1 期。
② 赵富学：《课程改革视域下体育学科核心素养研究》，南京师范大学 2018 年学位论文。

表 6-6　正态性检验分析

	组别	Kolmogorov-Smimov		Sig.	Shapiro-Wilk		Sig.
		统计量	df		统计量	df	
整体量表	1	0.277	6	0.166	0.905	6	0.403
得分	2	0.291	6	0.124	0.878	6	0.260
	3	0.196	6	0.200*	0.914	6	0.460

注：组别中的 1、2、3 分别代表小班、中班、大班，* 表示真实显著水平的下限。

由上表可见，正态性检验结果显示，显著性水平（Sig.值）均大于 0.05，表明体系测试量表的观测所得的评分数据呈现正态分布，符合预测分析（线性回归）的前提条件。

表 6-7　方差齐性检验分析

Levene 统计量	df 1	df 2	Sig.
0.626	2	15	0.548

通过 SPSS 统计分析，结果显示：Levene 统计量的值为 0.626，组内和组间的自由度分别为 2 和 15，对应的显著性水平（Sig.）为 0.548，满足方差齐性检验要求，5 位评分者独立测评了大班、中班、小班的运动课程教学活动，并做了现场实录。因此，在预测的回归分析中有与之相对应的数据与之呼应，可以进一步做子量表和总量表得分之间的回归分析。

1. 运动动机和信心维度对整体量表得分的预测结果

使用体系中的"动机和信心"维度的子量表得分对体系的整体量表（维度指标得分与一级指标得分）进行预测时需要计算预测决定系数 R^2，通过 SPSS 统计分析，$R^2 = 0.831$，表明变量中有 83.1% 是由体系的第一个维度指标"动机和信心"子量表和整体量表的差异造成的。

学龄前儿童身体素养体系测试量表整体量表得分与"运动动机和信心"维度子量表的得分之间的线性回归关系需要通过方差分析进行进一步检验，统计结果如下：

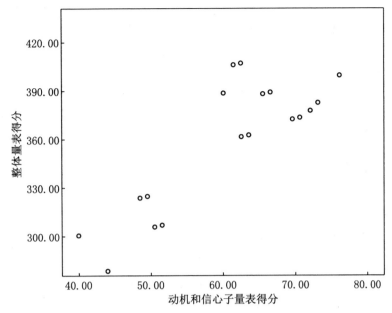

图 6-1　运动动机和信心维度子量表得分情况散点图

表 6-8　"动机与信心量表"与整体量表的线性回归方差分析

Model	SS（平方和）	df（自由度）	MS（均方）	F	P
回归	33 525.89	1	33 525.89	78.698	0.000
残差	6 816.113	16	426.007		
总计	40 342.00	17			

通过 SPSS 对"动机与信心"子量表得分和整体量表的得分之间的线性回归方差分析做进一步检验，结果显示：F＝78.698，P＝0.000。因此，该子量表和整体量表之间呈现显著的线性回归关系，表明"动机与信心"量表可以作为"学龄前儿童身体素养体系"总量表的有效预测量表。

2. 身体能力维度对整体量表得分的预测结果

使用"身体能力"维度子量表得分对观测总量表进行预测时，其预测决定系数 $R^2＝0.804$，表明其因变量中有 80.4% 是由身体能力子量表和总量表的得分差异造成的。

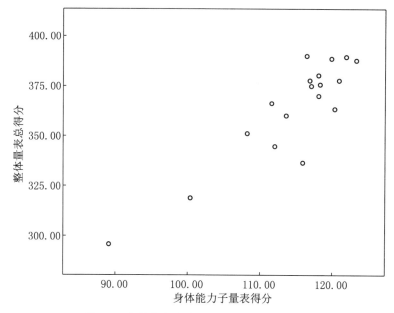

图6-2　身体能力维度子量表得分情况散点图

通过方差分析对"身体能力"维度子量表与整体量表之间的线性回归关系进行进一步检验时，结果如表6-9所示：

表6-9　"身体能力子量表"与整体量表的线性回归方差分析

Model	SS（平方和）	df（自由度）	MS（均方）	F	P
回归	9 921.326	1	9 221.36	65.572	0.000
残差	2 250.054	16	140.628		
总计	11 471.38	17			

由表6-9可见，通过方差分析可见，F＝65.572，P＝0.000，表明"身体能力子量表"和体系测试量表的整体量表之间呈现显著的线性回归关系。因此，推断"身体能力子量表"可以作为学龄前儿童身体素养体系测试量表总量表的有效预测量表。

3. 知识和理解力维度对整体量表得分的预测结果

通过SPSS软件对"知识和理解维度子量表"与体系的整体量表作预测分析，结果发现预测决定系数 R^2＝0.935，进而说明因变量中有93.5%

是由"知识和理解"子量表与整体量表的得分差异决定的。

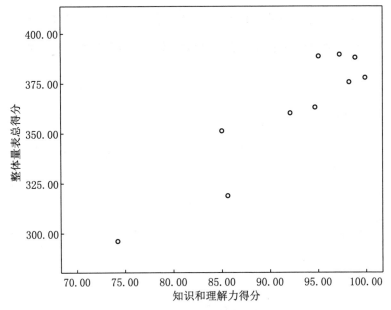

图 6-3 "知识和理解"维度子量表得分情况散点图

学龄前儿童身体素养体系测试量表总得分与"知识和理解力"维度子量表得分之间的线性回归关系需要作方差分析检验，结果如表 6-10 所示：

表 6-10 "知识和理解"维度子量表与整体量表的线性回归方差分析

Model	SS（平方和）	df（自由度）	MS（均方）	F	P
回归	14 111.87	1	14 111.87	111.417	0.000
残差	2 026.534	16	126.658		
总计	16 138.40	17			

通过 SPSS 软件对"知识和理解力"维度子量表与整体量表的线性回归方差分析，结果发现，F＝111.417，P＝0.000，说明子量表和总量表之间呈现显著的线性回归关系，说明知识和理解力维度子量表能够有效预测学龄前儿童身体素养体系测试量表的测评情况。

4. 体育参与行为维度对整体量表得分的预测结果

通过 SPSS 软件对"体育参与行为"维度子量表与体系测试量表的整体量表作预测分析，结果发现预测决定系数 $R^2 = 0.944$，进而说明因变量中有 94.4% 是由"体育参与"子量表与整体量表的得分差异决定的。

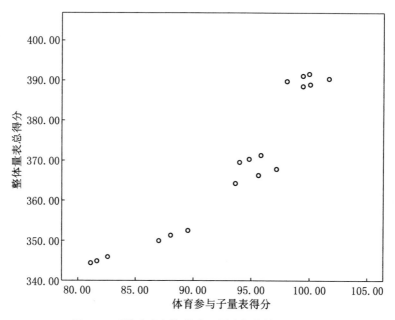

图 6-4 "体育参与"维度子量表得分情况散点图

学龄前儿童身体素养体系量表总得分与"体育参与行为"维度子量表得分之间的线性回归关系需要作方差分析检验，结果如表 6-11 所示：

表 6-11 "体育参与行为"维度量表与整体量表的线性回归方差分析

Model	SS（平方和）	df（自由度）	MS（均方）	F	P
回归	4 770.49	1	4 770.049	131.115	0.000
残差	582.091	16	36.381		
总计	5 352.140	17			

通过以上数据的分析可知，本研究设计的学龄前儿童身体素养体系测试量表具有良好的信度和效度，可以作为测试学龄前儿童身体素养的有效

预测工具。

二、CHIN-SKIP 课程方案实施的研究结果

选择采用案例研究的方法对 CHIN-SKIP 课程方案进行学龄前儿童身体素养体系课堂观测和课堂观察的实践探索，研究结果如下：

（一）课堂观测的研究结果

根据王娟的研究经验[1]，在课程方案实施的基础上，选择 H 市 CX 第一幼儿园、MHSY 幼儿园以及 MDZZ 幼儿园进行课程方案实施的案例分析，并结合学龄前儿童在课程方案实施过程中的课堂表现和教师反馈进行深入的数据分析，形成学龄前儿童身体素养课程方案课堂观测的实践反馈综述报告。

学龄前儿童身体素养课程方案实践反馈的综述报告

观测时间：2022 年 1 月 6 日上午 9:00—9:30

　　　　　　1 月 10 日上午 9:00—9:30

　　　　　　1 月 12 日下午 2:30—3:00

观测对象：参与 CHIN-SKIP 学龄前儿童身体素养课程方案实施的 MDZZ 幼儿园小班、H 市 CX 第一幼儿园中班以及 MHSY 幼儿园大班学龄前儿童与上课教师。

观测周期：每周 1 次

观测人员：学龄前儿童身体素养研究小组

综述报告内容：

1. 学龄前儿童身体素养课程方案的课堂观测概况

通过参与"学龄前儿童身体素养体系构建的探索性研究"课程方案测试团队入园课堂观测的实践活动，获得三所幼儿园学龄前儿童身体素养的

---

① 王娟：《中小学校长领导力评价指标体系研究》，华东师范大学 2016 年学位论文。

发展情况并作如下阐释：

首先，MDZZ幼儿园小班小朋友上课后在两位一线教师（其中负责教学的教师具有体育专业背景）的引导下进入室内上课场地，在教师的引导下完成跑步、马步跑、侧滑步、垫脚跳等热身游戏，篮球运球与移动性动作技能"赛一赛"三个教学环节。整个过程中，由于小班小朋友认知、注意力等方面的发展尚未成熟，课堂表现相对懵懂，课堂中经常需要在体育专业教师积极有效的引导和普通幼儿园教师的辅助管理下才能从注意力分散状态调整到积极的上课状态。由于生长发育的个体差异，不同小朋友身体素养的动机和信心（情感）、身体能力（身体）、知识和理解（认知）及体育参与（行为）4个维度的表现参差不齐，根据测试的结果，整体而言，身体素养的发展水平不高。

其次，CX第一幼儿园中班小朋友在一线教师的引导下对运动充满兴趣、运动自信，在抛接球、踢球两个操控性动作技能中表现良好，积极模仿老师进行常规跑、马步跑、单脚跳、螃蟹走（侧滑步）等移动性动作技能的学习。现场教学氛围欢乐、积极，小朋友也能适应寒冷天气下的户外运动，表现出了较强的环境适应能力，课后能够配合研究人员回答相关的认知性问题且回答真实，基本能够达成研究构建的身体素养测评量表中的测试指标项。从整体上来说，在运动动机和信心（情感）、身体能力（身体）、知识和理解（认知）及体育参与（行为）4个维度上表现出中班小朋友发育阶段的水平。

第三，MHSY幼儿园大班小朋友课前能够按照教师的指令到达上课地点，多数小朋友能主动帮助上课教师准备器材。课中多数小朋友能够根据教师的教学指令完成移动性动作技能热身游戏、足球踢球和抛接球以及"赛一赛"的游戏任务，课堂表现活跃，也有极个别的小朋友注意力容易分散，需要在教师的提醒下继续完成课堂学习任务。整体而言，在运动动机和信心（情感）、身体能力（身体）、知识和理解（认知）力及体育参与（行为）4个维度上，该园大班小朋友的发展水平明显高于其他两个幼儿园小班和大班儿童。值得注意的是，教师在课堂教学时由于受到传统身体活动课的教学方式影响，表现出明显的"教师说得多，儿童动得少"的特征，在有限的时间内，儿童等待时间过长，在今后的课程方案的教学中应注意充分以学生为主体，即将更多上课时间留给学生进行运动和游戏。

2. 学龄前儿童身体素养课程方案的课堂观测反馈与建议

通过课堂观测的结果，MDZZ幼儿园小班小朋友应加强身体素养课程的介入，使其在身体素养教学环境的"刺激"下，熟悉各个运动游戏，为其充分提供发展基本动作技能的机会，帮助其把握基本动作技能发展的"窗口期"，为动机和信心、知识和理解力以及体育参与的发展创造可能。CX第一幼儿园中班小朋友的学习氛围良好，但是由于教师缺乏专业的体育知识和教学技能，因此，身体素养课程方案的实施效果受到一定程度的影响。在今后的教学中应从开设身体素养课程、加强教师专业发展水平两方面着手，进行有针对性的课程方案实施的改进。MHSY幼儿园大班小朋友由于熟悉与高校幼儿体育课程合作项目并且生长发育相对成熟，因此，身体素养水平较高。

在当前我国幼儿园普遍尚未开设学龄前儿童身体素养培育课程的背景之下，通过此次观测，建议CX第一幼儿园等三所幼儿园的园长、教师今后能够更多关注中班以及小班、大班小朋友的走、跑、跳、投、攀爬、悬垂等基本动作技能（FMS）的学习和指导，如果条件允许，建议能够开设专门的幼儿体育（基本动作技能干预）课程，在学龄前儿童每天的运动课程中融入基本动作技能的教学，把握学前阶段儿童发展基本动作技能的关键期和敏感期，为小朋友提供发展身体素养的宝贵机会。同时，积极以基本动作技能指导和教学为基础，在运动课程中融入身体素养除"身体能力"之外的运动动机和信心、运动知识和理解能力、体育参与等其他3个维度的发展，注重以身体素养的4个维度为目标对学龄前儿童进行身体素养的培养和评价，并及时给予学龄前儿童个性化的反馈。此外，应加强幼儿园一线教师身体素养的专业化培训，提高幼儿园教师的体育专业素养，确保幼儿在园期间获得相对专业化的身体素养指导。课余也应积极向家长普及"身体素养"的重要概念和培育的重要性，与家长形成培育共同体，形成合力共同帮助幼儿在生命的早期阶段顺利启蒙身体素养发展，及时开启第一站"身体素养之旅"，为我国年幼公民在今后参与全生命周期的更多运动项目、获得情感、认知、身体、行为的最优化发展奠定坚实的身体素养基础。

（二）课堂观察的研究结果

如前文所分析，学龄前儿童身体素养体系从理论层面迈向身体素养培育的实践层面需要课程的介入。换言之，学龄前儿童身体素养的培育势必需要从课堂教学入手，不可能一蹴而就。需要一线幼儿园教师以身体素养体系中不同指标内容作为课程目标，遵循不同水平阶段儿童的身心发展特点、动作发展规律等有重点地展开运动课程的教学，进而最终实现身体素养体系实践的最远抵达。为了探索身体素养体系应用于学龄前儿童运动课程的可行性，尝试采用学前教育阶段典型的研究方法之一——课堂观察法对学龄前儿童展开课堂行为的研究，以 HSD 大学幼儿体育研究中心（H 市 MH 区 YDL 实验幼儿园）大班儿童的身体素养课程方案为例。

表 6-12　大班学龄前儿童身体素养课程方案课堂试用的观察记录表

维度指标	一级指标	二级指标	教学现场观察	个人记录与评议
1. 运动动机和信心（情感）	1.1 运动好奇心和兴趣	1.1.1 对运动游戏或身体活动抱有足够好奇和新鲜感，喜欢尝试并积极主动地参与【★】	**课程导入** **（1 min）**：教师 1 和教师 2 组织幼儿站在户外运动场地中央的圆圈上。教师 1 宣布本次课的主题并宣布本课的任务。	**内涵提炼：** 在运动课程开始之前，教师通过丰富、鲜艳的运动器材布置，激发小朋友的运动兴趣和好奇心。在运动游戏开始，要求学习小马、螃蟹等。

（续表）

维度指标	一级指标	二级指标	教学现场观察	个人记录与评议
		1.1.2　渴望了解运动游戏的场地、器材、玩具的用途和使用方法【★】	**热身游戏** **(3 min)**：教师2播放音乐并发出"马步跑""单脚跳""侧滑步"等移动性动作技能的指令。小朋友围绕圆圈进行各种动作节能技能的游戏化练习。 随后小朋友在教师1的分配下到不同的技能站点进行踢球、接球两个技能的练习。7分钟以后进行交换。 完成两个技能站点汇合并分为4小组进行"赛一赛"（7 min）的小组比赛，分别进行跑跳步、跨步跳、侧滑步的接力比赛，获得冠军或亚军的小组将每人获得一张小贴纸。课程结束阶段，全体放松练习，并针对课堂表现发表自己的感受，反馈和小结学习过程。	**教学中的问题评议：**对于学生的"学"：这节课是为大班第一学期的运动课程的小朋友设计的。通过这节课的学习，小朋友对踢球、抛接球的动作要领有了基本的掌握，同时练习马步跑、单脚跳、跑步等基本动作技能，在这一过程中增加规避运动风险常识的了解。通过比赛提升相互合作、团队意识，为日常体育参与提供重要基础。 对于教师的"教"：首先，教师要对身体素养的内涵非常明确并渗透到教学中。
1.2　运动动力		1.2.2　能通过同伴或成人的鼓励，获得积极参与运动游戏和身体活动的外在动力【★】	最后（3 min），幼儿在教师的带领之下进行器材回收，场地恢复原样，教师带领小朋友回到班级教室中。	**问题反馈：**1.上课教师非体育专业教师，规则意识相对比较弱；2.教师站位存在问题：示范　抛接球，点评好，但是对孩子的表扬没有针对具体行为进行表扬，只停留在泛泛层面；3.错误普遍未纠正——乱；

（续表）

维度指标	一级指标	二级指标	教学现场观察	个人记录与评议
	1.3 运动自信	1.3.2 对自己需要完成的任务具有基本的判断并抱有能够完成的信心【★】		在这堂课上，小朋友通过两个技能站点的学习和"赛一赛"环节获得身体素养的 4 个维度中的不同侧重点的指标的培养。
		1.3.3 在运动游戏或比赛中能在同伴或成人的鼓励下，克服胆怯、紧张等情绪，相对乐观地迎接运动挑战【★】		**身体素养培育的意见与建议：** 建议幼儿园能够依据身体素养体系作为课程目标或顶层设计，明确教学目标，分别设置小班、中班、大班的运动课程教学单元、学期教学计划，使得小朋友及时获得身体素养的系统培育；针对寒冷的天气，为了加强孩子的运动积极性，注意加强鼓励小朋友坚持，多对好的行为进行表扬和奖励，让寒冷环境下的运动课堂氛围更加积极活跃。此外，在运动技能教学的同时，不能忽视对小朋友的运动动机和信心、知识和理解力以及体育参与行为的培养，这一点往往容易被忽视。

（续表）

维度指标	一级指标	二级指标	教学现场观察	个人记录与评议
2. 身体能力	2.2 基本动作技能	2.2.1 掌握爬行、走、（常规）跑、马步跑、单脚跳、追逐跑、飞奔、立定跳远、侧滑步、躲闪、攀登等移动类基本动作技能【★】		
		2.2.2 掌握投掷球、接球、运球、踢球、抛球、射门、用球拍击球等球类操控性基本动作技能【★】		
	2.4 环境适应能力	2.4.1 能在较热或较冷的户外环境中连续活动半小时左右【★】		
		2.4.2 能应用户外既有的运动器材、设备、玩具进行户外运动游戏或身体活动【★】		
		2.4.3 在成人的保护下，敢于尝试具有一定挑战性的运动游戏或身体活动【★】		
3. 知识和理解	3.4 运动安全意识与自我保护能力	3.4.2 运动时能知道主动规避危险，不给他人造成危险，如能躲避他人滚过来的球或扔过来的沙包等【★】		
4. 体育参与行为	4.1 个体责任	4.1.2 在成人鼓励下，能坚持完成运动游戏任务，不怕累，具备基本的坚韧、顽强的意志品质【★】		
		4.1.3 在运动游戏中表现出为集体共同荣誉奉献、协作、喝彩等良好的行为倾向【★】		

（续表）

维度指标	一级指标	二级指标	教学现场观察	个人记录与评议
	4.4 体育道德风尚	4.4.1 具备基本的规则意识，如懂得轮流、不争抢，懂得排队，不拥挤等【★】		
		4.4.4 运动过程中，不做任何妨碍、伤害、有损他人利益的事，如踢球时不做故意用脚勾绊同伴的脚等攻击性行为，具备基本的公德，文明运动和比赛【★】		

注：★表示符合，○表示不符合。

大班的身体素养课试图遵循学龄前儿童以"游戏"为工作载体的特点，将玩耍和技能学习进行有机融合，充分发展身体能力，并在这一过程中同步提高动机和信心、知识和理解力、体育参与等身体素养维度的水平。从上述观察记录表中可见，本课程的设计和实施与学龄前儿童身体素养体系的相应的指标产生高度契合，符合预设的身体素养发展目标，这表明这一课程的设计和实施符合学龄前儿童身体素养体系对学龄前儿童身体素养理念的培育要求，进而通过这一节运动课程的介入，真正让身体素养四个领域的各级指标均在教学中有所体现，进而直达学龄前儿童的运动参与过程中。譬如，在知识和理解维度之下的"运动安全意识与自我保护能力"的培养，学生通过踢球、抛接球练习过程中，能通过躲避他人滚过来的球或扔过来的沙包等提高自我安全意识，能够知道主动规避危险，不给他人造成危险，这种意识和能力的培养将使得学龄前儿童在日后具有一定风险的运动中保持警惕，做到安全地参与运动技能和其他运动项目的学习，这样的意识在纵向上将为儿童日后乃至终身的运动参与带来长久效益和价值，也将在横向上助益其在日常生活中保持自己和他人的安全。

在以身体素养为培养目标指向的学龄前儿童运动课程教学过程中，将已经建成的学龄前儿童身体素养体系中的情感、身体、认知、行为 4 个维度的目标下的各级指标充分渗透到每一节课程设计和教学中，学龄前儿童按照每一节课的任务要求完成身体维度之下各项基本动作技能的学习，并在学习过程中体验其他 3 个维度教学实践的培养，这是身体素养培养从理论层面走向实践操作层面进而直抵学龄前儿童的最终实施。

第三节　分析与讨论

一、身体素养的课堂测评需把握观测时机和打分标准的一致性

在对体系中的指标进行测评时，应充分关照学龄前儿童身心发展特点，通过实践发现：首先，应注意测评时机的把握。学龄前儿童在一整节课上的表现是动态变化的，选取好观测点和观测时机，对这一时机之下的行为表现进行判断并打分；不同的观测者针对一节课学龄前儿童进行指标测评时，需要统一打分的时机和具体标准，从而确保对同一行为表现进行打分，以免在一节课 30 分钟时间内对同一个小朋友不同的行为表现进行判断和打分，导致观测的目标行为不一致，造成评分的误差；对体系中各级指标打分时，为避免评分误差，确保打分行为的准确性，基于这一课程方案观察时，需要针对每一条观测指标进行具体教学环节的划分。譬如，"1 动机和信心（情感）"维度下的"1.1 运动好奇心和兴趣""1.2 运动动力"两条指标进行评分时，需要统一规定在课程开始的热身阶段进行有针对性的观测，因为这一时间点小朋友刚刚进入身体素养课程，最能体现出对运动的好奇心和兴趣以及运动动力，进入课程的中后阶段，学龄前儿童有可能随着运动量的增加而出现运动疲劳，那时的运动表现没有刚刚进入运动课堂时那么明显，而对于体系的第二个维度——"2 身体能力（身体）"之下的"2.2 基本动作技能（FMS）""2.3 与健康相关的体能"

及"2.4 环境适应能力"部分测评可以观测技能站点1或者技能站点2中小朋友的行为表现。

二、身体素养体系的各个指标需在课程方案实施中获得检验和修正

从课程方案的课堂试用发现，若要使学龄前儿童身体素养体系中各个指标的对学龄前儿童身体素养发展的促进功能，身体素养体系的各个指标需在课程实施中获得检验和修正：

在体系检验方面，要在整体上确保体系（顶层设计）、课程方案（载体）、学龄前儿童（受众）三者之间的贯通性。一方面应关注课程方案的目标设定是否与体系中的指标保持了高度契合，根据课程目标设置的需要，体系中的相关指标也应在课程方案中充分印证。同时，需要确保这一体系中的相关指标对于学龄前儿童的高度适切性，应注意验证每一条指标项是否真正适宜？是否符合学龄前儿童的身心发展特点和幼儿园的一线教学实际。在整体上，确保体系通过课程方案的实施，直达学龄前儿童的身体素养发展。通过课堂观察和观测的过程，应注意验证学龄前儿童的课堂表现是否能够充分体现课程方案目标设置以及学龄前儿童身体素养体系的相关指标。因此，通过这一双向互动的体系检验通路，最终使体系指标获得实践检验的机会。

在体系修正方面，应注意从以下几个层面进行不断修正：首先，在这一体系的实践应用过程中，当前体系中尚且存在亟须优化的指标。譬如，在体系的身体能力维度中，最后一级指标的移动性动作技能需要量化呈现，这对于没有体育专业背景的一线教师而言，在教学实践中才能明确需要达成的"度"。对于认知、情感、行为等维度的指标也同样需要尽可能具体、量化地呈现，以确保与《学龄前儿童发展指南》《H市学前教育课程指南》以及《幼儿评价指南》中的指标保持一致性。其次，需注意最后一级指标设计的简洁性和可测化。由于幼儿园相较于小学课堂时间非常短

暂，若测评者要在短时间内完成一系列指标的测评，则指标体系必须再做精简，相关指标的表述也不能太冗余，进而为一线幼儿园教师、父母/监护人以及社区娱乐领导者提供"拿来即用"的评价工具。最后一级指标需尽可能体现出可测评的特点，避免空洞、模糊、不具体的指标呈现，这是对照已建成的体系进一步优化的一个关键点。

三、CHIN-SKIP 身体素养课程方案需在课堂教学实践中不断优化

从学龄前儿童身体素养课程方案的课堂试用所收集的测评结果可以发现，若要真正发挥课程方案的评价、反馈和激励作用，进而反向促进幼儿园运动课程的教学，并从根本上让学龄前儿童从身体素养培养中获益，势必要关注课程方案的设计与实践之间的"互动"。具体而言，首先，注意理论与实践的紧密结合，理论指导实践的同时，再以实践验证理论，从而促使课程方案中的每一条目标设置更加符合学龄前儿童的身心发展特点和幼儿园的教学实际。其次，注意根据实践所得促进课程方案的动态修正，为课程方案在实践中获得优化提供可能，不断修正和完善，最终以优质、适宜的小班、中班、大班课程方案落实身体素养教学，为学龄前儿童提供身体素养发展的最优化载体。

以 XXQ 第一幼儿园为例，该园在课程方案具体实践过程中，儿童生性特别好动，课堂上难以有效实施，授课教师对中班课程方案的修改意见如下：

首先，中班的一节活动课通常是 25 分钟，不超过 30 分钟。前面 3 分钟热身，最后 2 分钟放松，也就是整个教学活动的时间差不多 20 分钟。那么就要看一下这节课的一个内容，是否容量太多，可能一节课完成不了。其次，中班的孩子对于踢球和接球的经验还不够，也许就是初步学习状态，如果要到规范的踢球动作，操作起来有点难。同时，跑跳步、侧滑步、跨步跳，对他们来说都是第一次经历，老师在讲解示范的过程中，可

能会花费更多的时间。第三，相互抛接球，中班孩子手眼协调不够，多数接不住，或者就是抛接球的距离，要适当变近一点。最重要的一点，整个运动距离，中班相对大班，可能要缩短点距离。

四、CHIN-SKIP身体素养课程方案的实施是促进体系落地的重要手段

以身体素养为价值导向的课程方案实施，是突破我国幼儿园专业化的动作发展指导与干预课程缺乏的瓶颈问题的重要途径。针对学龄前儿童构建的身体素养体系应用和实施对于我国幼儿园体育课程改革、将我国学校体育前置到学龄前阶段、切实促进身体素养在我国学龄前阶段的实证都将产生重要的影响。CHIN-SKIP课程方案是紧扣学龄前儿童身体素养体系的维度指标、一级指标以及二级指标进行的设计，由于小班、中班以及大班一节实际活动课的时间大约在30分钟左右，而整个学龄前儿童身体素养体系相对比较系统和庞杂。因此，在设计身体素养课程方案时，需要根据每一节课的不同需要，从体系的"动机和信心""身体能力""知识和理解力"维度指标下的二级指标进行选取和局部设计。在身体素养课程方案的实践过程中，相应的课程方案目标也随之实现，促进学龄前儿童身体素养体系指标的局部实现，从而实现学龄前儿童身体素养体系与学龄前儿童身体素养方案的一体化实践的目标，通过课堂观察所得的结果同样可以印证这一分析，课堂观察的维度指标、一级指标均能够在课程方案中得到体现，反之，身体素养课程方案也能够局部逐步实现体系中的维度指标和一级指标，由此说明，体系—方案—实施—学龄前儿童这一身体素养一体化的实践脉络已经形成。而在这一实践脉络中，能否将身体素养课程方案有效实施好是核心。因此，这也提示在今后的体系应用中，尤其应重视课程方案的人员配备，应建立高校与幼儿园合作的人才输送机制，选派体育专业人才进入幼儿园进行身体素养的课堂教学，以促使身体素养方案获得专业化的实践，确保身体素养干预的有效性。

五、教师进行身体素养课程教学需结合学龄前儿童的学前性特点

通过课堂观察发现，由于身心发展特点的不同，不同水平阶段学龄前儿童在课堂上的身体素养呈现不同的特点。小班的儿童相对比较懵懂，怕生，属于直观思维（课上球给到他，他才能知道运动任务），在课堂中的"接力比赛"环节由于是第一次上课，小朋友对于"接力"的含义相对比较陌生，需要教师引导才能顺利完成教学任务。中班的儿童相较于小班的儿童在认知发展有所发展，但对于跑步、侧滑步、马步跑等基本动作技能的发展尚未达到成熟阶段。需要教师在课堂中做出正确的动作示范并及时对他们的动作做出纠正和指导，并通过积极性的语言鼓励其参与运动课程的各项任务，通过基本动作技能的学习提升身体能力，拓展动机和信心、知识和理解力以及体育参与等方面的发展。大班儿童认知、基本动作基本发育成熟，基本能够听懂教师课堂上的指令并完成相应的运动任务，但课堂上更加活跃、难于管理，这对教师教学提出挑战。因此，教师应针对这一特点，设置不同的标志点，将孩子"固定"在各自的位置上，避免讲课时乱跑、注意力分散等。

在教学设计中要注意遵循学龄前儿童的身心发展特点和动作发展规律进行有针对性、适宜的运动内容设计，结合学龄前儿童听得懂的童趣化语言（譬如，"谁愿意帮助他们完成？""谢谢你！""明白的小朋友点点头""给自己鼓鼓掌"）对儿童进行积极引导，使小班小朋友能够在听懂教师的指令的前提之下，通过努力达成运动目标，获得成就感，获得今后参与身体活动的内驱力。此外，小班中存在个别弱势儿童需要老师在上课过程中给予特别的关照。

在教学过程中需要教师自身具备一定的身体素养，在整个教学过程中除了完成课程方案中的教学任务之外并懂得教学艺术的灵活运用，将孩子身体能力的培养与认知能力、情感发展、行为规范的培养相融合，渗透到

具体的教学行为中需要用语言进行有针对性的引导，激发学龄前儿童的学习兴趣和热情。上课时，教师应加强孩子课堂行为的积极性反馈，树立"榜样"，引导儿童在遵守课堂基本纪律的前提下，积极完成各个技能站点或运动比赛的任务，发展身体素养。

第四节　结论与建议

一、结论

学龄前儿童身体素养体系测试量表具有良好的信效度，可以在幼儿园进行实践实施。

学龄前儿童身体素养课程方案实现了理论与应用层面的一体化实践，打通了体系—课程方案—课程方案实施—学龄前儿童身体素养培育—身体素养的测评的一体化实践路径。

二、建议

（一）建立行政主管部门主推、各级幼儿园配合的体系应用机制

当前，若要使"身体素养课程方案"被幼儿园采用并实施，应建立上级部门主推、各级幼儿园积极配合的行政推行机制，促进身体素养课程方案的广泛实施，这样课程方案的"营养"才能在学龄前儿童的日常身体素养培育过程中发挥作用。

（二）注意学龄前儿童身体素养测评的适切方式和方法

对于学龄前儿童进行身体素养测评应充分遵循学龄前儿童身体素养的不同特点进行适切测评，掌握一节课时间短、测评时机转瞬即逝的特点，以适切的方式即时捕捉测评时机，以此确保测评任务的有效完成。同时，应重点注意体系的二级指标的应用，尤其是注意在测评过程中的应用。

（三）及时向幼儿园提供身体素养课程方案的教学反馈

建议从研究者的专业视角为幼儿园教师提供课堂教学反馈，提出优点和不足，从而反向促进身体素养课堂教学，让儿童收获高质量身体素养的指导。此外，建议定期给幼儿园行政人员身体素养专报，引起其对儿童身体素养现状的关注。

第七章　研究总结与展望

　　学龄前儿童身体素养体系构建是紧密围绕身体素养这一国际前沿视点和学龄前儿童体育发展的新时代实际需求所进行的系统研究，是我国儿童早期阶段身体素养本土化研究的开端。学龄前阶段作为身体素养发展的初成阶段，许多能力的发展处于相对模糊的阶段，迥异于青少年、成人群体，具有自身的特殊性。通过对学龄前儿童身体素养相关研究问题的深层次思考和系统研究，为我国幼儿体育的专业化研究和实践架构顶层设计起到积极的引领作用。对全文进行系统的总结和展望是萃取研究结晶、弥补研究不足并对未来研究提出期待的重要环节，对于身体素养和幼儿体育研究领域的未来发展具有重要意义。本章通过对整个研究成果的总结、反思及展望，综合剖析研究总结论与建议、研究创新、研究局限与展望，以期为未来同类研究提供有益的借鉴。

第一节　总结与建议

　　本研究通过对学龄前儿童身体素养体系构建与实践探索的整体性研究，获得如下研究总结和研究建议：

一、研究总结

　　1. 身体素养，指个体在不同环境之下进行身体活动呈现的动机和信心、身体能力、知识和理解力等综合的修习涵养。学龄前儿童身体素养，指3—6岁阶段的儿童为适应当下乃至未来的健康挑战，通过以基本动作技能为主的身体活动，初步具备基本的动机和信心、身体能力、知识和理解力以及体育参与的能力等综合的修习涵养。

2.学龄前儿童身体素养，由动机和信心、身体能力、知识和理解力、体育参与4个要素构成，要素之间紧密相连，互相融通，作为身体素养的4大基石，在整体上共同促进个体身体素养的发展，是构建我国学龄前儿童身体素养体系的重要前提。

3.学龄前儿童身体素养体系，由4个维度指标、15个一级指标、48个二级指标构成，对我国学龄前儿童身体素养的发展具有理论与实践的指导价值。

4.学龄前儿童身体素养课程方案，作为顶层设计，框架结构包括"预期学习产出"、"发展适宜和序列化的学习活动"、"发展适宜和序列化的学习活动"、"任务结构"、"教师的CK专长"以及"学习成果的评估"等6个环节，并遵循热身游戏→站点1→站点2→移动性动作技能的"赛一赛"→结束的课程结构。这与我国"中国健康体育课程模式"中的"运动技能学习＋体能练习"、"常练、常赛"的元素保持了一致，体现了中国本土化体育课程的色彩，符合儿童身心发展特点和幼儿园教学实际。

5.身体素养课程方案内容体系，包括运动技能、体能、学科融合以及中国传统节庆日元素等，与2022年版我国义务教育阶段体育与健康课程标准中的课程内容元素保持高度契合，有效实现体育课程的"幼小衔接"。

6.学龄前儿童身体素养方案的课堂试用，打通"身体素养体系构建—课程方案开发—课程方案实践应用—体系指标的初步测评"这一一体化的体系实践路径，实现学龄前儿童身体素养体系的落地，是对学龄前儿童身体素养体系课程化应用的积极尝试和对身体素养实证研究的有益探索。

7.学龄前儿童身体素养课程方案的开发和实施，为幼儿园注入新的儿童培育理念，为幼儿园一线教师等利益相关方提供儿童身体素养干预载体的同时，也对其身体素养和专业能力提出全新挑战。

二、研究建议

立足当前的学龄前儿童身体素养体系的研究内容和研究结果，可以从以下四个方面进一步完善：

1. 进一步完善体系的第四级指标研制，加强体系指标的针对性和具体性

第一，对体系指标向下做纵向分解，按照小班、中班、大班的特点进行体系指标的再划分，分3个不同水平阶段进行体系第四级指标的设置，加强体系指标的具体化和针对性。第二，在体系的实践应用过程中，建议体系的实施者按照三个不同年龄段的指标进行身体素养的具体化指导和干预。

2. 与时俱进地更新体系指标，定期进行指标的更替和维护

鉴于学龄前儿童的体态、身体机能、体质、认知、情感等各个方面将随时代的发展不断变化，建议结合学龄前儿童的发展实际，进行指标的更替，每隔几年对"学龄前儿童身体素养体系"作"定期维护"，及时向社会发布最新研究版本。

3. 加强指标体系的可测性，促进学龄前儿童身体素养的培育

指标体系需要为学龄前儿童身体素养测评服务，从而反馈教学，最终实现促进学龄前儿童身体素养发展的根本目的，这是未来体系的一个重要发展方向。加强体系中各级指标的可测性，简化相关指标，最大便利地让一线教师或家长/监护人等利益相关方能就每一个指标"拿来即用"，为学龄前儿童在日常生活中获得身体素养的及时反馈提供更多的机会和可能。

4. 注重纳入更多学龄前儿童利益相关方，凝聚合力推动指标体系的广泛应用

学龄前儿童处于社会生态学模型的中心，身体素养的发展和培养应以学龄前儿童为中心，以家长为导向，并获得利益相关者共同发力。因此，

建议扩大体系的应用范围，汇聚众人的合力，共同推动学龄前儿童在社会生态环境下身体素养的启蒙和养成。

第二节　研究创新

从"学龄前儿童身体素养体系"的整体看，研究的创新点主要体现在研究视角、研究内容两个方面：

一、研究视角的创新

围绕学龄前阶段儿童身体素养体系的构建和实证展开创新性的理论与实践研究，研究视角的创新主要体现在两个方面：

1. 实现了从多研究领域交叉处选择研究视点

选题颇具前沿性和创新性，从国际体育教育前沿领域"身体素养"与我国新时代体育学科的学术热点"幼儿体育"的交叉处展开学术思考，针对我国学前阶段儿童身体素养研究被"集体忽视无意识"的现实问题，进行相应指标体系构建的探索性研究。在研究视角的选择上，充分把握国际学术前沿、符合我国新时代发展的需求，这一成果产出将为我国广大学龄前儿童身体素养的理论与实践提供指引和参考，也将在根本上为推动我国学龄前儿童身体素养研究提供专业化的研究依据。

2. 实现了跨学科的协同研究

学龄前儿童身体素养体系构建融合学前教育学、体育学等多学科领域和身体素养、学校体育、幼儿体育理论、幼儿体育实践、指标体系建构等多个研究方向，突破单一的学科壁垒和窠臼，实现跨学科融合的研究视角的学术创新。

二、研究内容的创新

身体素养研究是国内外体育教育研究领域的学术前沿，国内针对学龄前阶段身体素养相关内容的研究相对匮乏，本研究开创性地进行我国学龄前儿童身体素养体系构建与实践研究，弥补这一研究的空白。研究内容的创新主要体现在以下三个方面：

1. 创立学龄前儿童身体素养体系

学前阶段是全生命周期的基础阶段，在身体素养研究领域，学龄前儿童身体素养是国际身体素养研究领域前沿性的研究视点之一。在国内率先展开学龄前儿童身体素养体系这一内容的研究，实现身体素养研究对象在学段上的前移，刷新国内大多数学者仅仅聚焦"儿童青少年"或"大学生群体"身体素养体系构建的研究态势，将研究的主体在学段上向前作了延伸。学龄前儿童身体素养体系的理论与实践研究尚且属于国内第一个系统性研究。作为一个重要且颇具创新的研究视点，为幼儿体育研究开辟新的研究方向，对于国家未来开展以身体素养为导向的学龄前儿童体育课程改革，无疑具有前瞻性，将引领学龄前儿童体育教学的价值导向和教学内容设计。

2. 设计学龄前儿童身体素养体系课程化方案

在国际身体素养研究领域，学龄前儿童身体素养课程化实践研究是该领域最前沿和主流的研究视点之一。紧随这一重要趋势，突破身体素养研究内容的局限，开展我国学龄前儿童身体素养体系课程化设计与实践的研究，开了对我国学龄前儿童进行身体素养课程化研究的先河，与国际身体素养研究共同体的研究内容保持同步，这一研究内容突破我国身体素养研究领域以理论研究为主、相关实践研究并不多见的局限，具备很强的创新性。

3. 尝试身体素养体系的应用性研究

"体系的构建与应用"研究是我国体育学科研究领域的一股新兴潮流，是各研究逐步走向精细化、系统化及实用化的特征。本研究以身体素养的"体系构建与应用"作为研究的最终落脚点，在研究内容上立足于我国近年来"体系构建与应用"研究的最新潮流，进行身体素养体系的应用研究，实现与时俱进。

第三节　研究局限与展望

回顾"学龄前儿童身体素养体系的理论构建与实践探索"研究的整体内容，本研究认为整个研究的局限性和未来展望可能在于：

一、研究局限

反观学龄前儿童身体素养体系探索性研究的成果，主要存在以下三个方面的研究不足，亟待后续研究进行完善：

1. 指标体系构建的学前教育专家参与人数不足

在构建指标体系的过程中，虽然向多位学前教育的知名专家发出课题参与邀请，但由于专家工作繁忙，并未加入本研究专家组，最终只有为数不多的几位专家参与整个体系的指标筛选和修订过程。因此，跨学科研究专家组人员构成比率中，学前教育专家占比相对较少，虽然在最终确定相关指标时对学前教育专家的意见给予相对倾斜以平衡最终指标的确定，但这对于搜集更多学前教育学科专业性、全面性意见造成一定局限。

2. 指标体系稍显庞杂且处于实践探索阶段

学龄前儿童身体素养体系分为维度指标、一级指标、二级指标共三级指标，评价指标体量稍显庞杂，这给实际体系测评带来巨大挑战，尤其在短暂的一节运动课堂观测中难以一次性完全实现整套体系的观测。体系的应用研究止步于对体系的大框架即维度指标、一级指标的测评，对于二级指标的应用还只能作为课程化实践，与上海大学体育学院"儿童青少年体育素养测评体系"成果相比，本研究还停留在实践探索阶段。

3. 指标体系实证研究的大样本数据支撑尚显不足

由于受当前全球性疫情的高度影响，本研究与当前国内指标体系的构建与应用的研究范式相比，在完成指标体系的构建之后，缺乏以在全国

（包括香港、澳门、台湾）地区的大样本数据采广泛、全面应用指标体系，而是选取了"短小精悍"的案例式研究展开了"学龄前儿童身体素养体系"的实践探索研究，以期望达成"麻雀虽小五脏俱全"的研究功效。

二、研究展望

在未来的发展中，为了促进学龄前儿童身体素养体系在我国的全面应用，使我国广大的学龄前儿童能获得这一体系的"滋养"，应从以下两个方面展开未来研究的思考：

1. 创生体系指标新型采集模式，搭建课堂 AI 监测—分析—评估一体化应用系统

未来是 AI 的时代，数字化技术将取代当前人工劳作的工作模式，AI 辅助课堂教学将成为一个崭新的研究课题。因此，为了顺应未来学前体育教育课堂的身体素养教学趋势，应突破传统的人工课堂观测、分析以及打分的指标数据采集方式，创生更多新型的身体素养指标的 AI 数字化采集方式，在一节课 30 分钟左右的课堂中为一线幼儿园教师创设专业化的身体素养指标采集途径，搭建集成监测—分析—评估于一体的身体素养课堂应用系统，让一线教师在"腾出手"放手进行课堂教学的同时，仍然能借助 AI 的辅助成功捕捉学龄前儿童身体素养的行为表现，从而为有的放矢地进行身体素养培育提供直接便利。同时，通过一整套预设的监测—分析—评估程序，AI 将能够针对学龄前儿童不同的身体素养行为表现进行专业化分析和打分评估机器化操作，让具备身体素养培育辅助功能的 AI 走进学龄前儿童的身体素养教学课堂，在为学龄前儿童增加课堂趣味性的同时，也能实现对学龄前儿童身体素养各指标的可视化监测、专业化分析、即时性评估的智能化操作，从而为提高课堂教学质量和效果提供可能，从真正意义上实现学龄前儿童身体素养课堂效能的提升。

2. 配齐高身体素养的幼儿园体育教师，开展广泛系统的一线师资培训

幼儿园一线（体育）教师是勾连"学龄前儿童身体素养体系"与"学

龄前儿童"的重要中介，他们决定了后者能否有效获得前者的充分滋养。通过对 H 市幼儿园的实践调研发现，由于长期缺乏专门的幼儿园体育教师，一线普通教师普遍充当了幼儿园"体育老师"角色，对于"身体素养"这一专业性极高的学术名词多表现出陌生感，这对于学龄儿童而言，无疑失去了专业性身体素养培育机会。长此以往，对学龄前儿童当前乃至终身身体、认知、情感、行为等领域的发展都是莫大损失。因此，配齐高身体素养的一线幼儿园教师（负责学龄前儿童体育活动课程的教师）是未来体系应用的另一个重要手段。此外，为确保学龄前儿童身体素养体系的有效应用，在全国范围各级幼儿园全面、统一地开展身体素养体系理论与实践的专题培训，这是在短时间内提升体系普适性的重要途径。

在新时代中国，学龄前儿童的生活方式和思维方式大大不同于上一代。因此，对于他们的培养方式势必需要改变。面对"如何帮助学龄前儿童应对未来挑战？"这一重要的时代命题，本研究聚焦于健康领域身体素养的体系构建研究，试图通过跨学科研究对当前我国儿童身体活动不足、近视眼激增、肥胖儿逐渐增多等令人担忧的健康问题作出积极探索，一方面，为一线幼儿园教师、家长等利益相关方提供学龄前儿童身体素养培育实践的"未来路线图"；另一方面，也在根本上为我国广大学龄前儿童创设身体素养发展的机会和环境，以学龄前儿童身体发展带动认知、行为、情感等领域的综合发展，进而为将其培养成体态健硕，体格健全，能面向未来，走向世界中心的合格公民贡献理论与实践的研究支撑。

参考文献

一、中文论文

［1］丁海东：《论学前教育的规律》，《学前教育研究》2009 年第 7 期。

［2］赖天德：《试论素质教育与学校体育改革》（下），《中国学校体育》1998 年第 1 期。

［3］李博、任晨儿、刘阳：《辨证与厘清：体育科学研究中"德尔菲法"应用存在的问题及程序规范》，《体育科学》2021 年第 1 期。

［4］李光敏：《英语阅读诊断测试的构念效度研究》，《外国语言文学》2021 年第 1 期。

［5］李静、刁玉翠：《3—10 岁儿童基本动作技能发展比较研究》，《中国体育科技》2013 年第 3 期。

［6］李英心：《对高校学生体育素养培养的探讨》，《贵州体育科技》1995 年第 4 期。

［7］李永华、张波：《学校体育的使命：论体育素养及其提升途径》，《南京体育学院学报》（社会科学版）2011 年第 4 期。

［8］刘少英：《新颖、实用、经典——邱建国著〈青少年身体素养培养探究评价〉》，《社科书评》2015 年第 4 期。

［9］马宏霞：《河南大学生身体素养调查》，《体育文化导刊》2009 年

第 12 期。

[10] 任海：《身体素养：一个统领当代体育改革与发展的理念》，《体育科学》2018 年第 3 期。

[11] 任海：《"体育素养"还是"身体素养"？——Physical Literacy 译名辨析》，《体育与科学》2023 年第 6 期。

[12] 韩晓伟、周志雄：《国际幼儿体育研究演进特征及启示》，《北京体育大学学报》2020 年第 5 期。

[13] 胡小清、唐炎：《〈澳大利亚身体素养标准〉的框架体系、特征与启示》，《上海体育学院学报》2020 年第 7 期。

[14] 刘阳、陈思同、唐炎：《中国儿童青少年身体素养测评体系的产生背景、构建应用及未来发展》，《上海体育学院学报》2021 年第 3 期。

[15] 公维娜：《浅析如何在幼儿园户外活动中提升幼儿的身体素养》，《天天爱科学（教育前沿）》2021 年第 9 期。

[16] 顾亮、孙洪涛、张强峰：《国际身体素养研究的现状、演变和趋势——基于 WOS 数据库的可视化分析》，《西安体育学院学报》2020 年第 3 期。

[17] 桂春燕、李红娟、王荣辉：《儿童青少年身体素养测评工具研制进展》，《中国体育科技》2020 年第 4 期。

[18] 布鲁斯·韦克斯勒、董进霞：《幼儿体育文摘》2018 年第 1 期。

[19] 刁玉翠：《济南市 3—10 岁儿童运动技能比较研究》，《山东体育科技》2013 年第 3 期。

[20] 陈琦：《学生身体素养的评价》，《体育学刊》2002 年第 6 期。

[21] 陈思同、刘阳：《加拿大身体素养测试研究及启示》，《体育科学》2016 年第 3 期。

[22] 陈思同、刘阳：《对我国体育素养概念的理解》，《体育科学》2017 年第 6 期。

[23] 陈思同、赵雅萍：《儿童体育素养的"图示化"测量与评价》，

《上海体育学院学报》2022 年第 1 期。

[24] 宁科、王庭照、万炳军：《身体素养视域下幼儿体育的游戏化推进机制与发展路径》，《北京体育大学学报》2021 年第 8 期。

[25] 庞丽娟、夏婧：《国际学前教育发展战略：普及、公平与高质量》，《教育学报》2013 年第 3 期。

[26] 陶小娟、汪晓赞、Goodway J. D.、陈君：《3—6 岁儿童早期运动游戏干预课程设计研究：基于 SKIP 的研究证据》，《北京体育大学学报》2021 年第 2 期。

[27] 陶小娟、汪晓赞、范庆磊、杨燕国：《新时代中国幼儿体育发展的现实问题与应对策略》，《体育科学》2021 年第 9 期。

[28] 陶小娟、汪晓赞：《中国 3—6 岁幼儿运动游戏课程的目标体系的理论框架构建：基于三大核心素养的价值取向》，《武汉体育学院学报》2017 年第 12 期。

[29] 汪晓赞、陶小娟、仲佳镕、杨燕国：《KDL 幼儿运动游戏课程的开发研究》，《北京体育大学学报》2020 年第 5 期。

[30] 钟启泉：《基于"跨学科素养"的教学设计——以 STEAM 与"综合学习"为例》，《全球教育展望》2022 年第 1 期。

[31] 吴升扣、张首文、刑新菊：《动作发展视角下幼儿体育与健康领域学习目标的国际比较研究》，《成都体育学院学报》2014 年第 5 期。

[32] 吴文峰、王鑫：《大学生体育素养培养体系研究》，《中国青年政治学院学报》2014 年第 1 期。

[33] 闫静、徐双双：《基于身体素养的美国"综合学校体力活动计划"推行及启示》，《武汉体育学院学报》2021 年第 5 期。

[34] 颜亮、孙洪涛、张强峰、申宝磊：《多元与包容：身体素养理念的国际发展与启示》，《武汉体育学院学报》2021 年第 8 期。

[35] 杨丽娟、张宇晴、林平：《基于德尔菲法的药学门诊管理标准要素研究》，《中国医院》2022 年第 2 期。

[36] 杨献南、鹿志海：《形式逻辑视角下的体育素养概念辨析》，《南京体育学院学报》2015 年第 2 期。

[37] 叶澜：《深化儿童发展与学校改革的关系研究》，《中国教育学刊》2018 年第 5 期。

[38] 于秀、孙夕鹭、刘海燕：《城市学生身体素养评价指标的研究》，《沈阳体育学院学报》2012 年第 5 期。

[39] 于永晖、高嵘：《身体素养研究》，《首都体育学院学报》2017 年第 6 期。

[40] 余智：《体育素养概念研究》，《浙江体育科学》2005 年第 1 期。

[41] 赵海波：《加拿大身体素养测评体系的内容及启示》，《中国考试》2019 年第 11 期。

[42] 赵雅萍、孙晋海、陈思同、蔡捷：《加拿大幼儿体育素养测评工具 Pre PLAy 解读及启示》，《成都体育学院学报》2021 年第 5 期。

[43] 赵雅萍、孙晋海、石振国：《加拿大三种青少年身体素养测评体系比较研究》，《首都体育大学学报》2019 年第 3 期。

[44] 赵雅萍、孙晋海：《加拿大青少年身体素养测评体系"生命护照"研究及启示》，《成都体育学院学报》2018 年第 4 期。

[45] 赵雅萍、孙晋海：《加拿大青少年身体素养测评体系 PLAY 解读及启示》，《首都体育学院学报》2018 年第 2 期。

[46] 赵雅萍、陈思同、马佳妮等：《儿童体育素养"图示化"测评问卷解读、特征及启示》，《体育学研究》2022 年第 6 期。

[47] 赵研：《我国青少年身体素养测评结构研究》，《沈阳体育学院学报》2019 年第 2 期。

[48] 赵富学：《身体素养导向的美国"综合学校体力活动计划"：目标指向、内容组构及运行启示》，《天津体育学院学报》2020 年第 2 期。

[49] 王晓刚：《国际身体素养研究的前沿热点、主题聚类与拓展空间》，《北京体育大学学报》2019 年第 10 期。

[50]王芹：《生命历程视野下青少年体育健康素养研究》，《山东体育学院学报》2015年第4期。

[51]张强峰：《加拿大身体素养测评演变的解析与启示》，《体育科学》2020年第8期。

[52]张维凯、李士英、王宏伟：《生命关怀导向下青少年身体素养教育教学路径构建》，《中国教育生命学刊》2021年第2期。

[53]张旋、段少楼、张旭：《国外青少年身体素养培育研究——以英、美、澳、加为例》，《中国青少年社会科学》2021年第1期。

[54]张曌华、李红娟、张柳：《身体素养：概念、测评与价值》，《首都体育学院学报》2021年第3期。

[55]张震：《整体性于独特性：体育只是基本问题的具身哲学阐析》，《体育科学》2021年第6期。

[56]张承云、杨新泰：《加强体育教育增强学生体质——浅谈中医系学生所必备的体育素养》，《河南财经学院学报》1986年第4期。

[57]田恒行、孙铭珠、尹志华等：《国际体育素养体系的多维比较与发展趋势分析》，《首都体育学院学报》2023年第3期。

[58]田恒行、苗向军、孙铭珠等：《图像式自我评估：澳大利亚儿童体育素养测评工具PL-C Quest解析与镜鉴》，《体育学研究》2022年第6期。

[59]刘敦晓：《幼儿教师体育素养的内涵及提升路径研究》，《成都师范学院学报》2018年第3期。

[60]刘海燕：《我国部分城市中小学生体育素养特征研究》，《沈阳体育学院学报》2016年第1期。

[61]孟涵、尹志华、田恒行等：《体育素养构成体系、测评与培养：威尔士的经验与启示》，《河北体育学院学报》2022年第5期。

[62]姜勇、朱美晓、赵洪波：《文化回应教学视域下青少年体育素养解析及培养路径》，《成都体育学院学报》2021年第5期。

[63] 李卫东、沈鹤军、朱乔：《国内外体育素养文献分析与对比研究》，《成都体育学院学报》2021年第1期。

[64] 肖紫仪、熊文、王辉：《辨误与厘正：体育素养、体育学科核心素养在我国学校体育的引入与应用审视》，《武汉体育学院学报》2022年第6期。

[65] 周生旺、程传银、张翠梅等：《体育本体论下身体素养、体育素养与健康素养的内涵及关系》，《武汉体育学院学报》2020年第6期。

[66] 钟启泉：《基于核心素养的课程发展：挑战与课题》，《全球教育展望》2016年第1期。

二、中文著作

[1] 陈洪淼：《日本幼儿体育活动这样做》，华东师范大学出版社2016年版。

[2] 董进霞：《大脑和身体协调发展课程——儿童3C脑体双优》，化学工业出版社2014年版。

[3] 董进霞、门晓坤、钟逸婧：《立方核幼儿体育课程设计与指导》，北京体育大学出版社2023年版。

[4] 杜熙茹：《幼儿体育艺术游戏——实践应用型学前教育专业精品教材》，人民大学出版社2021年版。

[5] 管旅华：《3—6岁儿童学习与发展指南——案例式解读》，华东师范大学出版社2013年版。

[6] 李媛：《初中身体素养体系研究》，武汉体育学院2016年学位论文。

[7] 李生兰：《21世纪学前教育专业规划教材——学前教育概论》，北京大学出版社2017年版。

[8] 刘炎：《中国幼儿园教师班级保教工作质量评价量表》，北京师范大学出版社2019年版。

[9] 刘焱：《儿童游戏通论》，北京师范大学出版集团 2014 年版。

[10] 林崇德：《21 世纪学生发展"核心素养"研究》，北京师范大学出版社 2017 年版。

[11] 玛利亚·蒙台梭利：《蒙台梭利教学法——3—6 岁孩子教育的圣经》，京华出版社 2008 年版。

[12] 文军：《当代社会学理论：跨学科视野》，中国人民大学出版社 2016 年版。

[13] 罗家英：《学前儿童发展心理学》，科学出版社 2011 年版。

[14] Greg Payne、耿培新、梁国立：《人类动作发展概论》，人民教育出版社 2016 年版。

[15] 邱学青：《学前儿童游戏》（第四版），凤凰教育出版社 2016 年版。

[16] 张力为：《体育科学研究方法》，高等教育出版社 2006 年版。

[17] 华炜：《学前儿童心理健康教育》，中国人民大学出版社 2015 年版。

[18] 吴忠观：《人口科学辞典》，西南财经大学出版社 1997 年版。

[19] 汪晓赞、赵海波：《幼儿运动游戏课程》（幼儿园小班），华东师范大学出版社 2018 年版。

[20] 汪晓赞、赵海波：《幼儿运动游戏课程》（幼儿园中班），华东师范大学出版社 2019 年版。

[21] 汪晓赞、赵海波：《幼儿运动游戏课程》（幼儿园大班），华东师范大学出版社 2019 年版。

[22] 汪晓赞：《上海市政府幼儿体育成果专报》，2020 年。

[23] 黄瑾：《幼儿园教育互动设计与指导》（第 2 版），华东师范大学出版社 2014 年版。

[24] 黄世勋：《儿童运动游戏创编》，光明日报出版社 1989 年版。

[25] 朱家雄、张亚军：《幼儿园活动设计与经典案例》，华东师范大学

出版社 2013 年版。

[26] 朱家雄：《让儿童的学习看得见——给学习与集体学习中的儿童》，华东师范大学出版社 2007 年版。

[27] 朱家雄：《幼儿园课程》（第 2 版），华东师范大学出版社 2011 年版。

[28] 朱家雄、张亚军：《幼儿园活动设计与经典案例》，华东师范大学出版社 2013 年版。

[29] 庄弼、陈蕾：《"三维"幼儿体育活动组合器材》，广东高等教育出版社 2016 年版。

[30] 潘绍伟：《做一个睿智的体育教师——江苏省学校体育优秀教育教学案例评析》，河海大学出版社 2019 年版。

[31] 贾富池：《动作发展视域下幼儿体育教学改革与发展》，天津科学技术出版社 2023 年版。

[32] 郝晓岑：《中外幼儿体育制度研究》，北京体育大学出版社 2024 年版。

[33] 杨帆：《中国幼儿体育教育体系构建研究》，中国社会科学出版社 2024 年版。

[34] 伊丽莎白-琼斯、格雷琴-瑞诺兹：《小游戏大学问——教师在幼儿游戏中的作用》，南京师范大学出版社 2012 年版。

[35] 姚蕾、李晓冬：《幼儿体育活动怎么做：幼儿教师必读手册》，教育科学出版社 2024 年版。

[36] 杨汉麟：《外国幼儿教育名著选读——教育科学系列教材》，华中师范大学出版社 2008 年版。

[37] 中华人民共和国教育部：《幼儿园教育指导纲要》（试行），北京师范大学出版社 2001 年版。

[38] 中国社会科学院语言研究所：《现代汉语词典》（第 8 版），商务印书馆 2012 年版。

三、中文译著

[1]［法］米歇尔·德·蒙田：《世界教育名著译丛——论儿童教育》，马振骋译，上海人民出版社 2016 年版。

[2]［美］乔·佛罗斯特、苏·沃瑟姆：《游戏与儿童发展》，唐晓娟、张胤、史明洁译，机械工业出版社 2017 年版。

[3]［日］前桥明等：《幼儿体育指导——实践篇——日本学前教育译丛》，万礼、于春英译，北京师范大学出版社 2022 年版。

[4]［日］前桥明等：《幼儿体育指导——理论篇——日本学前教育译丛》，万礼、于春英译，北京师范大学出版社 2022 年版。

[5]［奥］阿尔弗雷德·阿德勒：《阿德勒儿童教育心理学》，窦珺译，东方出版社 2021 年版。

四、中文学位论文

[1] 胡月英：《儿童青少年体育健身评估指标体系构建及应用研究》，上海体育学院 2017 年博士学位论文。

[2] 李嘉：《身体素养视角下对小学生身体活动现状及体育行为习惯养成的研究》，北京体育大学 2017 年博士学位论文。

[3] 马跃华：《初中生身体素养评价指标体系构建研究》，中北大学 2021 年博士学位论文。

[4] 孔琳：《中国儿童青少年身体活动促进模式构建的理论与实证研究》，华东师范大学 2021 年博士学位论文。

[5] 郭浩：《健身气功选修大学生身体素养评价指标体系构建研究》，西南大学 2017 年博士学位论文。

[6] 查茂勇：《大学生身体素养评价指标体系构建及自测量表编制》，南京师范大学 2014 年博士学位论文。

[7] 杜晨：《天津市 7—12 岁少儿身体素养研究》，天津体育学院 2020

年硕士学位论文。

[8]王娟：《中小学校长领导力评价指标体系研究》，华东师范大学2016年硕士学位论文。

[9]赵富学：《课程改革视域下体育学科核心素养研究》，南京师范大学2018年博士学位论文。

[10]殷宪阳：《长春市大学生身体素养评价指标体系构建研究》，吉林体育学院2020年硕士学位论文。

[11]杨海梦：《基于多元智能理论的幼儿运动游戏设计及实施效果研究》，华东师范大学2021年博士学位论文。

[12]刘虹宇：《幼儿园体育伤害事故的特征、原因和归责研究——基于长三角地区97份裁判文书的分析》，华东师范大学2023年硕士学位论文。

[13]柴梓：《沈阳市高中生身体素养评价指标的构建与应用》，沈阳体育学院2018年硕士学位论文。

[14]高翔：《我国8—12岁小学生身体素养发展特征及促进研究》，首都体育学院2024年博士学位论文。

[15]曾珊珊：《基于社会认知理论的初中生体育素养影响因素模型研究》，上海交通大学2022年硕士学位论文。

[16]施艺涛：《Physical Literacy理论的本土化研究》，北京体育大学2021年硕士学位论文。

[17]吉津慧：《体能训练发展5—6岁幼儿身体素养的实验研究》，河南大学2021年硕士学位论文。

[18]侯鸿雁：《小篮球运动影响儿童身体素养的实验研究》，山东体育学院2020年硕士学位论文。

[19]杜晨：《天津市7—12岁少儿身体素养研究》，天津体育学院2020年硕士学位论文。

[20]李嘉：《身体素养视角下对小学生身体活动现状及体育行为习惯

养成的研究》，北京体育大学 2017 年硕士学位论文。

五、中文报纸资料

[1]《中国 0—6 岁孩子身体活动指南》，凤凰财经 2018 年 4 月 27 日。

[2]慈鑫：《肥胖率、近视率不断攀升——我国幼儿体质状况恶化亟待关注》，《中国青年报》2018 年 8 月 13 日。

[3]《国常会审议通过〈中国妇女发展纲要（2021—2030 年）〉和〈中国儿童发展纲要（2021—2030 年）〉》，新浪财经 2021 年 8 月 25 日。

[4]《上海市教委：把学生体质健康工作及身体素养评价管理纳入学校评价考核体系》，《上观（第一教育）》2021 年 6 月 8 日。

[5]《上海市教育委员会关于开展 2021 年本市中小学生身体素养测评相关工作的通知》，《上海教育》2021 年 8 月 10 日。

[6]上海市教育委员会：《关于进一步加强中小学体质健康管理工作的通知》，上海市教育委员会 2021 年。

六、外文论文

[1] Allan V., Turnnidge J., Côté, J. Evaluating approaches to physical literacy through the lens of positive youth development. *Quest*, Vol.69，No.6，2017.

[2] Altunsoz I. H., Goodway J. D. SKIPing to motor competence：The influence of Project Successful Kinesthetic Instruction for Preschoolers on motor competence of disadvantage preschoolers. *Physical Education and Sport Pedagogy*，Vol.21，No.4，2016.

[3] Barnett L. M., Mazzoli E., Hawkins M., et al. Development of a self-report scale to assess children's perceived physical literacy. *Physical Education & Sport Pedagogy*，Vol.27，No.1，2022.

[4] Barnett L. M., Lander N., Mazzoli E., et al. Mental Toughness

Training Enhances Endurance Performance in Athletes: A Multimodal Intervention Study. *Journal of Science & Medicine in Sport*, Vol.24, 2021.

[5] Beddoes Z., Castelli D. M. Comprehensive school physical activity programs in middle schools. *Journal of Physical Education, Recreation & Dance*, Vol.88, No.6, 2017.

[6] Beilock S. L. Beyond the playing field: Sport psychology meets embodied cognition. *International review of sport and exercise psychology*, Vol.1, No.1, 2008.

[7] Borghi A. M., Scorolli C, Caligiore D, et al. The embodied mind extended: using words as social tools. *Front Psychology*, No.4, 2013.

[8] Cairney J., Clark H. J., James M. E., et al. The Preschool Physical Literacy Assessment Tool: Testing a New Physical Literacy Tool for the Early Years. *Frontiers In Pediatrics*, Vol.27, No.6, 2018.

[9] Cairney J., Dudley D., Kwan M., et al. Physical literacy, physical activity and health: Toward an evidence-informed conceptual model. *Sports Medicine*, Vol.49, No.3, 2019.

[10] Chen A., Sun H., 信仰的飞跃：JSHS "体育素养" 特刊（英文）. *Journal of Sport and Health Science*, Vol.4, No.2, 2015.

[11] Chen S. T., Tang Y., Chen P. J., Liu Y. The Development of Chinese Assessment and Evaluation of Physical Literacy (CAEPL): A Study using Delphi Method. *International Journal of Environmental Research and Public Health*, Vol.17, No.8, 2020.

[12] Corbin C. B. Implications of physical literacy for research and practice: A commentary. *Research quarterly for exercise and sport*, Vol.87, No.1, 2016.

[13] Dudley D., Cairney J., Goodway J. D., Special issue on physical

literacy：evidence and intervention. *Journal of Teaching in Physical Education*，Vol.38，No.2，2019.

［14］Dynia J. M.，Schachter R. E.，Piasta S. B.，et al. An empirical investigation of the dimensionality of the physical literacy environment in early childhood classrooms. *Journal of Early Childhood Lireacy*，Vol.18，No.2，2018.

［15］Edwards L. C.，Bryant A. S.，Keegan R. J.，et al. "Measuring" physical literacy and related constructs：a systematic review of empirical findings. *Sports Med*，Vol.48，No.3，2018.

［16］Edwards L. C.，Bryant A. S.，Keegan R. J.，et al. Definitions，Foundations and Associations of Physical Literacy：A Systematic Review. *Sports Medicine*，Vol.47，No.1，2017.

［17］Edwards L. C.，Bryant A. S.，Keegan R. J. "Measuring" Physical Literacy and Related Constructs：A Systematic Review of Empirical Findings. *Sports Medicine*，Vol.48，No.6，2018.

［18］Erwin H.，Beighle A.，Carson R. L.，et al. Comprehensive School-Based Physical Activity Promotion：A Review. *Quest*，Vol. 65，No.4，2013.

［19］Essiet I. A.，Salmon J.，Lander N. J.，et al. Rationalizing teacher roles in developing and assessing physical literacy in children. *Prospects*，Vol.50，No.1，2021.

［20］Foglia L.，Wilson R. A. Embodied cognition. *Wiley Interdisciplinary Reviews Cognitive Science*，Vol.4，No.3，2013.

［21］Foulkes J. D.，Foweather L.，Fairclough S. J.，et al. "I Wasn't Sure What It Meant to Be Honest" —Formative Research Towards a Physical Literacy Intervention for Preschoolers. *Children*，Vol.7，No.7，2020.

［22］Francis C. E.，Longmuir P. E.，Boyer C.，Andersen L. B.，

Barnes J. D., Boiarskaia E., Tremblay M. S. The Canadian assessment of physical. literacy: Development of a model of children's capacity for a healthy, active lifestyle through a Delphi process. *Journal of Physical Activity & Heal-th*, Vol.13, No.2, 2016.

[23] Goddard C., Opportunity Areas: West Somerset: On the move. *Nursery World*, No.5, 2020.

[24] Goldinger S. D., Papesh M. H., Barnhart A. S., et al. The poverty of embodied cognition. *Psychonomic bulletin & review*, No.4, 2016.

[25] Goodway J. D., Branta C. F. Influence of a motor skill intervention on fundamental motor skill development of disadvantaged preschool children. *Res Q Exerc Sport*, Vol.74, No.174, 2003.

[26] Goodway J. D., Savage H., Ward P. Effects of motor skill instruction on fundamental motor skill development. *Adapted Physical Activity Quarterly*, Vol.20, No.4, 2003.

[27] Goodway J. D., Branta C. F. Influence of a motor skill intervention on fundamental motor skill development of disadvantaged preschool children. *Research Quarterly for Exercise and Sport*, Vol.74, No.2, 2003.

[28] Goodway J. D., Brian A., Chang S. H. , et al. Promoting physical literacy in the early years through Project SKIP. *ICSSPE Bulletin Journal of Sport Science and Physical Education*, Vol.65, No.3, 2013.

[29] Goodway J. D., Robinson L. E. Developmental trajectories in early sport specialization: A case for early sampling from a physical growth and motor development perspective. *Kinesiology Review*, Vol.15, No.3, 2015.

[30] Gao Zan, Chen Senlin, Huang C. C. Investigating elementary school children's daily physical activity and sedentary behaviours during weekdays. *Journal of Sports Sciences*, Vol.35, No.1, 2017.

［31］Higgs C., Way R., Harber V., et al. Long-term development in sport and physical activity 3.0. *Sport for Life*, 2019.

［32］Houser N. E., Cawley J., Kolen A. M., et al. A loose parts randomized controlled trial to promote active outdoor play in preschool-aged children：Physical Literacy in the Early Years （PLEY） project. *Methods and protocols*, Vol.2, No.2, 2019.

［33］Huang Y., Sum K. W. R., Yang Y. J., et al. Measurements of Older Adults' Physical Competence under the Concept of Physical Literacy：A Scoping Review. *Int J Environ Res Public Health*, Vol.17, No.18, 2020.

［34］Jones D., Innerd A., Emaa L. G., et al. Association between fundamental motor skills and physical activity in the early years：A systematic review and meta-analysis. *Journal of Sport and Health Science*, Vol.9, No.6, 2020.

［35］Ku B. The Effects of Motor Skill Interventions on Motor Skills in Children with Developmental Disabilities：A Literature Review. *The Asian Journal of Kinesiology*, Vol.22, No.4, 2020.

［36］Li M. H., Sum K. W. R., Cindy H. S. Perceived and actual physical literacy and physical activity：A test of reverse pathway among Hong Kong children. *Journal of Exercise Science & Fitness*, Vol.19, No.3, 2021.

［37］Linstone H. A., Turoff M., Helmer O. The Delphi Method Techniques and Applications, Advanced Book Program. *New Jersey*：*Addison-Wesley*, 2002.

［38］Lisa Y., Justen O. C. & Laura A. Physical literacy：a concept analysis, Sport. *Education and Society*, Vol.25, No.8, 2020.

［39］Logan S. W., Robinson L. E., Wilson A. E., et al. Getting the fundamentals of movement: A meta-analysis of the effectiveness of motor skill interventions in children. *Child: Care, Health and Development*, Vol.38, No.3, 2012.

[40] Longmuir P. E., Boyer C., Lloyd M., et al. The Canadian assessment of physical literacy: Methods for children in grades 4 to 6 (8 to 12 years). *BMC Public Health*, Vol.15, No.1, 2015.

[41] Luban D. R., Morgan P. J., Clif D. P., et al. Fundamental movement skills in children and adolescents: review of associated health benefits. *Sports Med*, Vol.40, No.10, 2010.

[42] Mandigo J., Francis N., Lodewyk K., et al. Physical Literacy for Educators. *Physical Health Education*, Vol.75, No.3, 2009.

[43] Niederer I., Kriemler S., Zahner L., et al. Influence of a lifestyle intervention in preschool children on physiological and psychological parameters (Ballabeina): study design of a cluster randomized controlled trial. *BMC Public Health*, Vol.94, No.4, 2009.

[44] Patricia E. L., Mark S. T. Top 10 Research Questions Related to Physical Literacy. *Research Quarterly For Exercise and Sport*, Vol.87, No.1, 2016.

[45] Rajbhandari-Thapa J., Bennett A., Keong F., et al. Effect of the Strong Life school nutrition program on cafeterias and on manager and staff member knowledge and practice, Georgia. *Public Health Reports*, Vol.132, No.2, 2017.

[46] Robinson L. E., Palmer K. K., Meehan S. K. Dose-response relationship: The effect of motor skill intervention duration on motor performance, *Journal of Motor Learning and Development*, Vol.5, No.2, 2017.

[47] Roetert, E. P., MacDonald L. C. Unpacking the physical literacy concept for K-12 physical education: What should we expect the learner to

master? *Journal of Sport and Health Science*, Vol.4, No.1, 2015.

[48] Rudd J. R., Crotti M., Davies K. F., et al. Skill Acquisition Methods Fostering Physical Literacy in Early-Physical Education (SAMPLE-PE): Rationale and Study Protocol for a Cluster Randomized Controlled Trial in 5—6-Year-Old Children From Deprived Areas of North West England. *Front Psychol*, Vol.17, No.7, 2020.

[49] Scott J. J., Hill S., Barwood D., et al. Physical literacy and policy alignment in sport and education in Australia. *European Physical Education Review*, Vol.27, No.2, 2021.

[50] Shearer C., Knowles Z. R., Boddy L. M., et al, How is physical literacy defined? A contemporary update. *Journal of Teaching in Physical Education*, Vol.37, No.3, 2017.

[51] Smith L. B., Thelen E. Development as a dynamic system. *Trends in cognitive sciences*, Vol.7, No.8, 2003.

[52] Smith L. B. Cognition as a dynamic system: Principles from embodiment. *Developmental Review*, Vol.25, No.4, 2005.

[53] Sport for Life. Developing Physical Literacy-Building a New Normal for All Canadians, 2019.

[54] Stodden D. F., True L. K., Langendorfer S. J., et al. Associations among selected motor skills and health-related fitness: Indirect evidence for seefeldt's proficiency barrier in young adults? *Research Qua Quarterly for Exercise Sport*, Vol.84, No.3, 2013.

[55] Stodden D. F., Goodway J. D., Langendorfer S. J., et al. A develop-mental perspective on the role of motor skill competence in PA: An emergent relationship. *Quest*, Vol.60, No.2, 2008.

[56] Su C. W., Fou L. L. Inquiry-Based Mathematics Curriculum Design for Young Children teaching Experiment and Reflection, Eurasia

Journal of Mathematics. *Science & Technology Education*, Vol.12, No.4, 2016.

［57］Sum K. W. R., Whitehead M. Getting up close with Taoist-Chinese perspectives on physical literacy. *UNESCO Prospects—Special Issue*, 2020.

［58］Syahrial B., Famelia R., Goodway J. D. Developing a Motor Skill-Based Curriculum for preschools and kindergartens as a preventive plan of children obesity in Indonesia. *Advances in Health Science Research (ICSSHPE 2019)*, Vol.21, 2019.

［59］Tsuda E., Goodway J. D., Famelia R., et al. Relationship between fundamental motor skill competence, perceived physical competence and free play physical activity in children. *Research Quarterly for Exercise and Sport*, Vol.91, No.1, 2020.

［60］Usher, T., Wayne. Analysing an Early Child Care Physical Literacy Program: A National (Australia) Rugby League Initiative. *Physical Literacy in Early Year*, Vol.9, No.2, 2018.

［61］Wainwright N., Goodway J., Whitehead M., et al. The Foundation Phase in Wales—a play-based curriculum that supports the development of physical literacy. *Education*, Vol.44, No.5, 2016.

［62］Whitehead M. The Concept of Physical Literacy. *Eur J Phys Edu*, Vol.6, No.2, 2001.

［63］Lundvall S.体育教育领域中的体育素养——挑战与机遇（英文）. *Journal of Sport and Health Science*, Vol.4, No.2, 2015.

［64］Lounsbery M., L., Mckenzie T.体育素养与体育教育：一朵玫瑰，两种名称？（英文）. *Journal of Sport and Health Science*, Vol.4, No.2, 2015.

七、外文著作

[1] Balyi I., Way R., Higgs C., *Long-term athlete development*, Human Kinetics Press, 2013.

[2] Goodway J. D., Ozmun J. C., Gallue D. L., *Understanding motor development*：*Infants，children，ad olescents，adults*（*8th*），Burlington：Jones & Bartlett Learning Press，2019.

[3] Whitehead M., *Physical Literacy*，*International Association of Physical Education and Sport for Girls and Women Congress*. Melbourne，1993.

[4] Whitehead M. *Physical literacy*：*Throughout the Life Course*. London：Routledge，2010.

[5] Schools and Physical Activity Task and Finish Group, *Physical literacy*：*an all-Wales approach to increasing levels of physical activity for children and young people*, Cardiff：Crown，2013.

[6] Goodway J. D. *Skiping Toward an Active Start*：*The Importance of Promoting Physical Literacy in the Early Years*, Crane Center for Early Childhood Research & Policy of The Ohio State University，2019.

[7] Chen Y. Y., *Lesson Plan 6 of Early Childhood Physical Education Experience—G-Tyree in PAES 2542 Lifespan Motor Development*, The Ohio State University，2018.

[8] Clark D., Ogden, Jewitte K., et al. *Preschool Physical Literacy Curriculum Framework*，2016.

[9] Goodway J. D. *KNPE 2542-lifespan motor development*（3）*Handout*，2019.

[10] Joanne M. L., Keith R. B. *Motor Skills & Movement Station Lesson Plans for Young Children Teaching Remediation and Assessment*.

The Applied in Education，2013．

[11] Newell K. M.，Constraints on the development of coordination，*Wade M. G.，WHITING H. T. Motor development in children：Aspects of coordination and control*，The Netherlands：Nijhoff，1986．

[12] Shepper R. M. E.，*The United States Has a New Physical Literacy Plan*，Washington D C：The Aspen Institute，2015．

[13] Sidentop and Daryl，*Physical Education Methods*，NY：New York Press，2006．

[14] Donnelly P. and Delaney B.，News J.，*Improving physical literacy*，Belfast：Sport Northern Ireland，2008．

[15] Li Y. L.，*Lesson Plan 11 of Early Childhood Physical Education Experience—G-Tyree in PAES 2542 Lifespan Motor Development*，The Ohio State University，2019．

[16] Youth Sport Trust. *Early Years Physical Literacy Framework*，2017．

八、外文学位论文

[1] Famelia R.，*Getting an active start：Evaluating the feasibility of INDO-SKIP to promote motor competence，perceived motor competence and executive function in young，muslim children in Indonesia*，Columbus：The Ohio State University，2018．

[2] Li M. H.，*Exploring and Promoting Physical Literacy and Physical Activity of Primary School Students*，Hong Kong University of Science and Technology（Hong Kong），2020．

九、重要网址

[1]《完全人格，首在体育：蔡元培的体育思想和实践》，北京大学新

闻中心，http：//pkunews.pku.edu.cn/xwzh/2008-07/07/content_124908.html，2008-7-7.

[2]《OECD发布〈强势开端2017：早期教育发展关键指标〉报告｜重磅!》，奕阳教育，https：//www.sohu.com/a/164720481_154345，2017-8-15.

[3]《关于印发健康儿童行动计划（2021—2025年）的通知（国卫妇幼发［2021］33号）》，国家卫生健康委员会妇幼健康司，http：//www.gov.cn/zhengce/zhengceku/2021-11/05/content_5649019.htm，2021-11-5.

[4]《中国儿童发展纲要（2011—2020年）》，国务院妇女儿童工作委员会，http：//www.nwccw.gov.cn/2017-04/05/content_149166.htm，2017-4-5.

[5]《2015年中国儿童人口状况：数据与事实》，联合国儿童基金会，http：//www.unicef.cn/cn/index.php?a＝show＆c＝index＆catid＝226＆id＝4242＆m＝content.

[6]《达标！上海市学生身体素养评价体系发布》，人民网，http：//sh.people.com.cn/n2/2021/0606/c134768-34763382.html，2021-6-6.

[7]《关于十九大，你必须知道的关键词》，人民网，http：//cpc.people.com.cn/19th/n1/2017/1018/c414305-29595155.html，2017-10-18.

[8]《定了！义务教育课程方案和课程标准（2022版）发布，北京将从三方面着手落实新标准》，网易，https：//www.163.com/dy/article/H5G72SJV0516DLL3.html.

[9]《焦点小组法》，百度百科，https：//baike.baidu.com/item/焦点小组？6523450?fr＝Aladdin.

[10]《2019年〈中国儿童发展纲要2011—2020年〉统计监测报告》，中华人民共和国中央人民政府，http：//www.gov.cn/xinwen/2020-12/19/content_5571132.htm，2020-12-19.

[11]《国务院办公厅关于印发体育强国建设纲要的通知（国办发

〔2019〕40 号）》，中华人民共和国中央人民政府，http://www.gov.cn/zhengce/content/2019-09/02/content_5426485.htm，2019-9-2.

［12］《中共中央国务院印发〈"健康中国 2030"规划纲要〉》，中华人民共和国中央人民政府，http://www.gov.cn/zhengce/2016-10/25/content_5124174.htm，2016-10-25.

［13］中华人民共和国主席令（第五十二号），中华人民共和国中央人民政府，http://www.gov.cn/ziliao/flfg/2006-06/30/content_323302.htm，2006-6-29.

［14］孙鸿：《"上海学前教育年会开幕式暨主旨报告"在 11 月 10 日举行》，https://j.eastday.com/p/1636616316047891，2021-11-11.

［15］《评分者信度》，知乎，https://zhuanlan.zhihu.com/p/154579098，2020-7-3.

［16］《3—6 岁儿童学习与发展指南》，教育部，http://www.moe.gov.cn/srcsite/A06/s3327/201210/t20121009_143254.html，2012-10-9.

［17］《中国儿童数量位居世界第二位　将建设 100 个儿童友好城市》，中国新闻网，http://www.chinanews.com/gn/2021/10-21/9591283.shtml，2021-10-21.

［18］《"身体素养"研究主题分布图》，中国知网，https://kns.cnki.net/kns/brief/result.aspx?dbprefix＝CJFQ.

［19］《主题："身体素养"检索》，中国知网，https://kns.cnki.net/kns/brief/result.aspx?dbprefix＝CJFQ.

［20］《2019 年〈中国儿童发展纲要 2011—2020 年〉统计监测报》，中华人民共和国中央人民政府，http://www.gov.cn/xinwen/2020-12/19/content_5571132.htm，2020-12-19.

［21］《国常会审议通过〈中国妇女发展纲要（2021—2030 年）〉》和《中国儿童发展纲要（2021—2030 年）》，新浪财经，http://finance.sina.com.cn/china/2021-08-25/doc-ikqcfncc4968832.shtml?cref＝cj，2021-8-25.

［22］《"健康中国 2030"规划纲要发布》，新华社，http://new.xin-huanet.com/health/2016-10/25/c_1119786029.

［23］《国务院办公厅关于印发体育强国建设纲要的通知（国办发〔2019〕40 号）》，中华人民共和国中央人民政府，http://www.gov.cn/zhengce/content/2019-09/02/content_5426485.html，2019-9-2.

［24］《重磅：中国儿童青少年体育健身指数评估报告（2017 年版）在上体正式发布！》，搜狐，https://www.sohu.com/a/247450541_754336，2018-8-16.

［25］《教育部副部长沈晓明　要教育好孩子，教育界要认同生长发育规律是重要的教育规律》，搜狐，http://mt.souhu.com/20161016/n470390248.shtml，2016-10-16.

［26］《在第六次全国妇女儿童会议上的讲话》，中国妇女报，http://paper.cnwomen.cn/content/2016/11/21033526.html?sh＝top，2016-11-20.

［27］《全国幼儿体育联盟启动》，中国妇女报，http://paper.cnwomen.cn/content/2016-11/21/033526.html?sh＝top，2016-11-20.

［28］American Academy of Pediatrics（AAP）. *Fitness, activity, and sports participation in the preschool child. Pediatrics*，1992，90，1002—1004.

［29］Canadian Sport For Life. *Actively Engaging Women and Girls—Addressing the Psycho-Social Factors（A Supplement to Canadian Sport for Life）*，The Canadian Association for the Advancement of Women and Sport and Physical Activity，2012.

［30］Centers for Disease Control and Prevention. *Comprehensive School Physical Activity Programs：A Guide for Schools*. Atlanta，GA：U.S. Department of Health and Human Services，2013.

［31］Healthy Families B. C. *Physical Literacy in the Early Years*. https:// www. healthyfamiliesbc. ca/home/blog/physical-literacy-early-years，

2015-8-28.

[32] The Early Years Physical Literacy Team. *Early Years Physical Literacy Planning Manual For Child Care Centres*. https://www.early-yearsphysicalliteracy.com/early-years-physical-literacy-plann, 2017-9-22.

[33] The Early Years Physical Literacy Research Team. *Early Years Physical Literacy*. https://www.earlyyearsphysicalliteracy.com/apple-model, 2020-9-23.

[34] IPLA. *"Choosing Physical Activity for Life"*. https://www.physical-literacy.org.uk/about/?v=0f177369a3b7.

[35] IPLA. *Physical Literacy*. www.International Physical Literacy Association.

[36] IPLA. *What is Physical Literacy*. https://physicalliteracy.ca/physical-literacy/.

[37] Physical Literacy For Life. *Physical Literacy for Life Partners*. https://physical-literacy.isca.org/partners/.

[38] Physical Literacy For Life. *Welcome to physical literacy for life Self-assessment tools*. https://physical-literacy.isca.org/tools/.

[39] PLNET. *Danish common understanding*. https://en.pl-net.dk/.

[40] PLNET. DEFINITION. https://en.pl-net.dk/.

[41] POP HOP & ROCK.P D 1.2: *Physical Literacy and Sharing with Parents—Pop, Hop & Rock* (pophopandrock.com). https://popho-pandrock.com/pd-1-2-physical-literacy-and-sharing-with-parents/.

[42] Sport Australia. *The Australian Physical Literacy Framework version 2*. https://www.sportaus.gov.au/_data/assets/pdf_file/0019/710173/35455_Physical-Literacy-Framework_access.pdf.

[43] Sport Australia. *Australian Physical Literacy Framework Version 2*. https://www.sportaus.gov.au/_data/assets/pdf_file/0019/710173/

35455_Physical-Literacy-Framework_access.pdf.

[44] Sport for Life. *Long-term Development In Sport and Physical Activity 3.0.* https://sport for life.ca/physical-literacy/.

[45] UNESCO. *Quality physical education（QPE）：Guidelines for policy-makers.* Paris：UNESCO. https://en. unesco. org/inclusivepolicylab/sites/default/fles/learning/document/2017/1/231101E.pdf.

[46] UNESCO. *Education for the 21ˢᵗ Century.* http://en.unsco.org/themes/education-21st-century，2016-3-6.

[47] WHO. *The WHO Child Growth Standards.* http://www.who.int/childgrowth/en/.

[48] WHO. *New storybook to help children stay hopeful during CO-VID-19—Resource for parents，teachers and health professionals follows hugely successful first edition.* https://www.who.int/news/item /24-09-2021-new-storybook-to-help-children-stay-hopeful-during-covid-19，2021-09-24.

[49] Youth Sport Trust. *Early Years Physical Literacy Framework，2017.*

[50] Youth Sport Trust. *West Somerset Healthy Movers：Interim Evaluation Executive Summary，2019.*

[51] Web of Science. *Physical Literacy.* https://www.webofscience.com/wos/alldb/analyze-results/76710a42-7312-460a-a4bc-69fd7850b408-2c-9a704d.

附件

附件 A 学龄前儿童身体素养体系构建的探索性研究访谈提纲

尊敬的专家：

您好，

我是华东师范大学博士研究生陶小娟，目前正在进行博士论文《学龄前儿童身体素养体系构建的探索性研究》的数据收集工作，我的专业是体育人文社会学，研究方向是儿童早期身体素养。向来敬仰您在学界的卓著成就，还请您百忙之中能够拨冗参与我的访谈，为我的博士论文提供宝贵的专业意见。您的专业观点对于本研究的顺利完成将会有重要价值，本访谈提纲只作为学术研究，您的访谈内容我们将作保密处理，真诚感谢您的大力支持！

此致，

敬礼！

华东师范大学　体育与健康学院　博士生　陶小娟

1. 请谈谈您对"身体素养"、"体育素养"及"学龄前身体素养"三个概念的看法。

2. 请谈谈学龄前儿童身体素养与学龄儿童青少年身体素养的区别？

3. 您认为身体素养体系、身体素养指标体系、身体素养测评体系三者之间的概念如何区分？

4. 您认为学龄前儿童身体素养体系应该包含几个维度？构成要素有哪些？请谈谈您对指标池（库）建立的建议和意见。

5. 对于本研究，您是否了解与学龄前儿童身体素养体系方面的相关国外经验？

6. 结合学龄前儿童的身心发展特点，您认为学龄前儿童身体素养体系构建完成后应该如何做落地化处理？对此，您怎么看？

7. 对于本研究主题中身体素养体系的"构建"与"应用"研究，您认为应该注意哪些方面？

8. 本研究需要对指标池进行德尔菲法的专家意见征询，请问您是否愿意作为专家组中的专家持续跟进第二至三轮的专家征询以提供宝贵的学术观点、支持本论文的完成？

附件 B 指标池专家意见调查表

《学龄前儿童身体素养体系的构建研究》指标池专家意见调查表

序号	学龄前儿童身体素养构成要素	若您赞同，请在方框上打"√"	若您不认同，请将您的意见填写在空白处
1	运动动机	☐	
2	对日常身体活动的兴趣	☐	
3	身体能力	☐	
4	运动游戏	☐	
5	基本动作技能	☐	
6	运动信心	☐	
7	能享受运动的快乐	☐	
8	运动认知	☐	
9	知识和理解力	☐	
10	大量的运动机会	☐	

序号	学龄前儿童身体 素养构成要素	若您赞同， 请在方框上打"√"	若您不认同，请将您的 意见填写在空白处
11	基本动作技能	□	
12	与健康相关的体能	□	
13	体育锻炼行为	□	
14	为生活而参与体育活动	□	
15	运动心理	□	
16	积极的生活态度	□	
17	体质健康	□	
18	运动词汇	□	
19	运动习惯	□	
20	终身体育意识	□	
21	人际关系	□	
22	与同伴交流的能力	□	
23	运动中的同情心	□	
24	运动安全和自我保护	□	
25	道德意识	□	
26	责任心	□	
27	角色感	□	
28	运动环境	□	
29	大量的运动机会	□	
30	新兴运动参与能力	□	

除上述构成要素外，结合 3—6 岁幼儿身心发展特点，幼儿身体素养还应包含哪些构成要素？请将您的意见补充到以下空白处，谢谢您的支持！

附件 C　德尔菲第一轮专家征询表

学龄前儿童身体素养体系构建研究

德尔菲第一轮专家意见征询表

尊敬的专家：

您好，

我是华东师范大学在读博士研究生，我的专业是体育人文社会学，研究方向是幼儿身体素养，目前正在进行博士论文《学龄前儿童身体素养体系构建的探索性研究》的数据收集工作。本研究旨在探索培养学龄前儿童身体素养必要性何在？学龄前儿童身体素养包含哪些元素？学龄前儿童身体素养框架体系如何？如何培养学龄前儿童身体素养体系等相关问题。向来敬仰您在学界卓著的成就和影响力，敬请您百忙之中能够拨冗参与本研究指标体系构建的第一轮德尔菲专家征询，为我的博士论文提供宝贵的专业意见。您的专业观点对于本研究的顺利完成将会有重要价值，本次专家征询意见只作为学术研究，您的反馈内容我们将作保密处理，真诚感谢您的大力支持！

此致，

敬礼！

华东师范大学　体育与健康学院　博士生　陶小娟

一、专家基本信息

1. 您的姓名：_____　职称：_____　年龄：_____

2. 工作单位：_____　工作年限：_____年

3. 联系电话：_____　E-mail：_____

4. 文化程度：○博士　○硕士　○本科　○本科以下

5. 您的专业领域：_____

6. 您对身体素养或学龄前儿童身体素养研究的熟悉程度：

　　○非常熟悉　○熟悉　○比较熟悉　○不太熟悉　○很不熟悉

7. 您对学龄前儿童身体素养体系指标的判断依据

指标判断依据	依据程度		
	大	中	小
实践经验			
理论分析			
同行了解			
直观选择			

二、填写说明

本研究预设的学龄前儿童身体素养体系有 4 个维度指标、16 个一级指标和 48 个二级指标，各个维度指标对应相应的一级指标，每个一级指标对应相应的二级指标，请根据您的见解进行审核，若您认为指标符合幼儿身体素养体系结构的要求，请在"符合"一栏打"√"；若您认为修改后符合要求，请在"修改后符合"一栏打"√"，并填写您宝贵的修改意见；若您认为不符合，请在"不符合"一栏打"√"。

一、维度指标的征询表

	序号	维度指标	符合	修改后符合	不符合
学龄前儿童身体素养	1	动机和信心（情感）			
		修改意见：			
	2	身体能力（身体）			
		修改意见：			
	3	知识和理解力（认知）			
		修改意见：			
	4	终身体育参与（行为）			
		修改意见：			

二、一级指标的征询表

序号	一级指标	符合	修改后符合	不符合
1.1	运动好奇心和兴趣			
	修改意见：			
1.2	运动动力			
	修改意见：			
1.3	运动自信			
	修改意见：			
2.1	基本动作技能（Fundamental Motor Skills）			
	修改意见：			

（续表）

序号	一级指标	符合	修改后符合	不符合
2.2	身体协调能力			
	修改意见：			
2.3	与健康相关的体能			
	修改意见：			
2.4	对环境的敏感性和适应性			
	修改意见：			
3.1	运动知识的掌握			
	修改意见：			
3.2	感知运动能力（Perceived Motor Competence）【儿童认为他/她在某个活动领域的能力及发展的程度】			
	修改意见：			
3.3	运动游戏的角色感			
	修改意见：			
3.4	运动安全意识与自我保护能力			
	修改意见：			
3.5	道德原则的理解			
	修改意见：			
4.1	个体责任			
	修改意见：			
4.2	终身受益的生活方式			
	修改意见：			
4.3	亲社会行为			
	修改意见：			
4.4	新兴运动参与			
	修改意见：			

三、维度指标、一级指标、二级指标的征询表

1. 动机和信心（情感）维度：

序号	一级指标	二级指标	符合	修改后符合	不符合
1.1.1		对运动游戏和身体活动抱有足够好奇、新鲜感及热情，喜欢尝试并积极、主动地参与			
		修改意见：			
1.1.2		渴望了解体育场地、器材、教具的用途及使用方法			
		修改意见：			
1.1.3	运动好奇心和兴趣	有自己感兴趣的运动游戏或项目，能够擅长其中的1—2项并坚持对其长期锻炼			
		修改意见：			
1.1.4		有自己欣赏的运动项目，对相关的赛事或明星保持一定的敏感度和关注度，懂得为成功喝彩			
		修改意见：			
1.2.1		具有积极、活跃参与运动游戏和身体活动的内在驱动力			
		修改意见：			
1.2.2	运动动力	能够通过环境刺激获得积极参与运动游戏和身体活动的外在动力			
		修改意见：			
1.3.1		对自己能够完成的运动任务抱有必胜的信念			
		修改意见：			
1.3.2		在运动游戏和比赛过程中，能克服胆怯、紧张和焦虑等消极情绪，乐观开朗地应对运动挑战			
	运动自信	修改意见：			
1.3.3		成功完成运动游戏和身体活动任务并享受运动的愉悦、快乐及满足感			
		修改意见：			

2. 身体能力（身体）维度：

序号	一级指标	二级指标	符合	修改后符合	不符合
2.1.1		掌握爬行、走、（常规）跑步、马步跑、单脚跳、追逐跑、逃跑、飞奔、立定跳远、侧滑步、躲闪、攀爬等移动类基本动作技能			
		修改意见：			
2.1.2	基本动作技能	掌握投掷球、接球、运球、踢球、抛球、射门、用球拍击球等球类操控性基本动作技能			
		修改意见：			
2.1.3		掌握悬垂、扭转、滚翻、平衡（静态和动态）、纵跳和着地、支撑、身体重心转移、卷曲等非操控性动作技能			
		修改意见：			
2.2.1		运动时，各个关节动作灵活、敏捷，能伴随音乐的节律协调展示动作			
		修改意见：			
2.2.2	身体协调能力	运动时，动作协调，腰部核心区（腰、腹、臀、腿部）和肩部核心区（胸、肩、背部）稳定性良好			
		修改意见：			
2.2.3		肌肉爆发力协调（例如能够突发的仰卧撑、倒立等）			
		修改意见：			
2.3.1		能够体验各种运动的强度，具有较好的心肺能力			
		修改意见：			
2.3.2	与健康相关的体能	能够体验各种运动的长度，具备一定的肌肉力量			
		修改意见：			

（续表）

序号	一级指标	二级指标	符合	修改后符合	不符合
2.3.3	与健康相关的体能	能够体验各种运动的难度，身体的肩、髋、躯干具备基本的柔韧性			
		修改意见：			
2.4.1		能够与环境互动，适应户外气候环境的挑战，能够参与户外水上、空中、陆地及冰上等不同环境下不同类型的运动游戏和身体活动			
		修改意见：			
2.4.2	对环境的敏感、适应性	能够应用户外各种既有的运动器材、设备、玩具，进行相对广泛的户外运动游戏和身体活动			
		修改意见：			
2.4.3		敢于大胆从事冒险类运动游戏或身体活动并获得成就感			
		修改意见：			

3. 知识和理解力（认知）维度：

序号	一级指标	二级指标	符合	修改后符合	不符合
3.1.1		了解人体的基本结构及自身的身体基本状况（如身高、体重）			
		修改意见：			
3.1.2	运动知识的掌握	知晓从事的具体基本动作技能、运动项目或身体活动所对应的运动词汇的读音和写法			
		修改意见：			
3.1.3		知道为何进行运动，了解基本动作技能、具有活力的运动方式并能够表述运动对人日常乃至贯穿终身的健康惠益			
		修改意见：			

（续表）

序号	一级指标	二级指标	符合	修改后符合	不符合
3.1.4	运动知识的掌握	懂得如何运动，了解运动游戏和身体活动的正确方法、策略、技巧、注意事项及运动损伤的简单处理方法（例如扭伤后要及时冷敷等）			
		修改意见：			
3.1.5		知道应该何时进行运动（例如知道下雨天、雾霾天气应该尽可能在室内运动）			
		修改意见：			
3.2.1	感知运动能力（PMC）【儿童认为他/她在某个活动领域的能力及发展的程度】	能对自己运动时的身体反应保持敏感（例如口渴了知道及时补水，出汗了能够及时擦汗等）			
		修改意见：			
3.2.2		正确地感觉、判断自身的运动能力，对自己所能达到的运动能力（MC）水平和身体活动量（PA）极限具有准确判断			
		修改意见：			
3.2.3		知晓一些身体不适的感觉（例如肚子痛、腿抽筋等）			
		修改意见：			
3.3.1	运动游戏的角色意识	识别运动游戏中的角色特征，有意识地模仿、扮演不同的社会角色（例如教师、裁判、警察、医生、法官等），具备基本的角色感			
		修改意见：			
3.3.2		知晓运动游戏中的角色分工，具备基本的角色担当			
		修改意见：			
3.4.1	运动安全意识与自我保护能力	懂得避免运动损伤的基本方法（例如运动前穿好运动装、运动鞋，不携带尖锐物品，做好热身与放松，集体运动时不拥挤、冲撞等）			
		修改意见：			

（续表）

序号	一级指标	二级指标	符合	修改后符合	不符合
3.4.2	运动安全意识与自我保护能力	能够识别运动场地及运动过程中的安全隐患（例如钉子、玻璃碎片）并有效规避，具备基本的安全感			
		修改意见：			
3.4.3		小心谨慎地参与冒险类运动游戏和身体活动（例如知道纵跳后的落地缓冲），身体不适时能够做好自我保护并及时停止运动			
		修改意见：			
3.5.1	道德原则的理解（自主原则、有利原则、无害原则）	具备基本的规则意识，了解课堂常规，自觉遵守课堂纪律（例如懂得轮流，不争抢，懂得排队，不拥挤等），能控制自己的情绪，不乱发脾气，不哭闹			
		修改意见：			
3.5.2		在日常生活中，懂得遵守基本的社会规则和秩序（例如在家庭、公共场所知道尊老爱幼，遵守交通规则、在图书馆保持安静等）			
		修改意见：			
3.5.3		运动过程中，发现危险因素能够及时提醒同伴或他人，避免受到伤害			
		修改意见：			
3.5.4		运动过程中，不做任何妨碍、伤害、有损他人利益的事（例如踢球过程中不故意用脚勾绊同伴的脚等），具备基本的公德，文明运动和比赛			
		修改意见：			

4.终身体育参与（行为）维度：

序号	一级指标	二级指标	符合	修改后符合	不符合
4.1.1	个体责任	将运动视为对自身终身健康负责的行为，持续参加有意义并且对自己有挑战的运动游戏或其他身体活动			
		修改意见：			
4.1.2		具备坚持到底、不怕困难、顽强果敢等意志品质和顽强进取、追求卓越的体育精神			
		修改意见：			
4.1.3		积极为共同荣誉贡献、喝彩、协同合作，具备集体主义荣誉感			
		修改意见：			
4.2.1	终身受益的生活方式	养成积极主动的锻炼习惯——将每天总计至少60分钟的结构化身体活动、至少60分钟—数小时不等的非结构化身体活动，除睡觉外，1次久坐时间不超过1小时作为日常生活方式，为提高动作技能和健康相关的体能奠定基础			
		修改意见：			
4.2.2		能够积极主动休息，保证每天充足的睡眠时间和质量			
		修改意见：			
4.2.3		养成健康的饮食观念和习惯（例如知道多吃蔬菜果蔬，有利于健康成长）			
		修改意见：			
4.3.1	亲社会行为	运动过程中，懂得积极与同伴、老师、教练等人合作、交流、分享（例如两人共享教具等），人际关系良好			
		修改意见：			

（续表）

序号	一级指标	二级指标	符合	修改后符合	不符合
4.3.2	亲社会行为	运动过程中，在同伴遇到困难、失败或挫折时，具有同情心，懂得主动安慰、帮助他（例如简单的语言/肢体提示），能够尽己所能地帮助他人并以此为乐			
		修改意见：			
4.4.1	新兴运动参与	积极参与新颖的运动游戏或身体活动，保持运动参与项目的迭代更新，保证身体发展的可持续化			
		修改意见：			
4.4.2		能够利用既有的运动条件（器材）创新游戏玩法，为自己或同伴创造大量室内外新兴运动参与机会（例如能把废弃的棒球当作保龄球进行投准比赛等）			
		修改意见：			

第一轮专家调查问卷到此结束，谢谢各位专家的大力支持！时间紧张，请您尽可能 **10** 天内完成本卷！

敬祝您每天快乐、阖家幸福！

附件 D　德尔菲第二轮专家征询表

学龄前儿童身体素养体系的构建研究

德尔菲第二轮专家意见征询表

尊敬的专家：

您好！

感谢您对本研究第一轮专家意见征询所提供的真知灼见！本次调查是在第一轮调查基础上进行的第二轮专家意见征询。与第一轮相比，本轮意见征询在广泛汲取各位专家的意见和建议，参照《3—6 岁儿童学习与发展指南》内容，更多地考虑了 3—6 岁儿童身体发展特点并将各个指标的平均数、标准差及变异系数纳入的基础上，对初步形成的第一轮体系中各级指标项进行逐条修订，尽可能使各项指标趋向合理化、科学化，请您对第一轮的修订结果予以审阅和评判。因现在已是10月中旬，数据搜集时间相对比较紧张，故烦请您于百忙之中拨冗完成第二轮专家意见征询表并尽可能将您的结果于7日内即10月24日之前返回，以便本人继续推进本轮次的统计、分析及下一轮的征询工作。您的专业观点对于本研究的顺利完成将会有重要价值，本次专家征询意见只作为学术研究，您的反馈内容我们将作匿名、保密处理，再次感谢您对本研究的大力支持和帮助！期待您提出新的宝贵意见和建议！

　　此致，

　　　　敬礼！

　　　　　　　　华东师范大学　　体育与健康学院　　博士生　　陶小娟

【填写说明】

　　1. 本学龄前儿童身体素养体系是以3—6岁儿童为研究对象展开的相关指标设计，未来主要拟供幼儿园教师和家长使用。

　　2. 本轮次意见征询是在第一轮问卷指标修订的基础上形成的，通过征询、分析37位跨学科专家的宝贵意见和建议，遵循学龄前儿童的身心发展特点和国内幼儿园的实际情况，以及纳入了平均分、标准差、变异系数（即标准差/平均分，旨在考察专家对指标项的意见协调程度）、满分频率（对某指标给出满分的专家数与参与该指标评分的专家总数的比值，是"界值法"筛选参考指标之一）等方式，对指标项进行了指标要求的"降级化"处理和文本表述的再修订，以此推进本体系指标项的精准与完善。

　　3. 第二轮专家意见征询表是研究者综合第一轮专家反馈的具体情况以及研究者本人的知识体系进行指标合理选择的结果，第二轮专家征询对第一轮次的修订工作尽可能做到学龄前儿童身体素养指标的本土化、简洁化、合理化及可测化。此外，您的第一次修订意见也将同时发送给您作为第二轮修订的参考意见。

4. 修订后的学龄前儿童身体素养体系有 4 个维度指标、15 个一级指标和 48 个二级指标，其中原指标项剔除 11 项，新增 10 项。请根据您的见解对目前的修订操作内容作进一步审核。若您认为目前修订后的指标符合本体系结构的要求，请继续在"符合"一栏打"√"；若您认为还需要进一步修改后才符合要求，请在"修改后符合"一栏打"√"，并填写您宝贵的修改意见；若您认为不符合，请在"不符合"一栏打"√"。

一、维度指标的征询表

	序号	维度指标	第一轮意见				第二轮意见		
			平均数 (Mean)	标准差 (Standard deviation)	变异系数 (Coefficient of variation)	满分频率 (Full frequency)	符合	修改后符合	不符合
学龄前儿童身体素养	1	动机和信心（情感）							
		修改意见：							
	2	身体能力（身体）							
		修改意见：							
	3	知识和理解力（认知）							
		修改意见：							
	4	终身体育参与（行为）						修改为：体育参与（行为）	
		修改意见：							

二、一级指标的征询表

序号	一级指标	第一轮意见				第二轮意见		
		平均数 (Mean)	标准差 (Standard deviation)	变异系数 (Coefficient of variation)	满分频率 (Full frequency)	符合	修改后符合	不符合
1.1	运动好奇心和兴趣							
	修改意见：							

（续表）

序号	一级指标	第一轮意见				第二轮意见		
		平均数（Mean）	标准差（Standard deviation）	变异系数（Coefficient of variation）	满分频率（Full frequency）	符合	修改后符合	不符合
1.2	运动动力							
	修改意见：							
1.3	运动自信							
	修改意见：							
2.1	体态					依据《指南》的新增项		
	修改意见：							
2.2	基本动作技能（Fundamental Motor Skills）							
	修改意见：							
2.3	身体协调能力					删除		
	修改意见：							
2.4	与健康相关的体能					改为：体能		
	修改意见：							
2.5	对环境的敏感性和适应性					改为：环境适应能力		
	修改意见：							
3.1	运动知识的掌握					改为：运动常识的理解		
	修改意见：							
3.2	运动感知能力（Perceived Motor Competence）【儿童认为他在某个活动领域的能力及发展的程度】							
	修改意见：							

（续表）

序号	一级指标	第一轮意见				第二轮意见		
		平均数（Mean）	标准差（Standard deviation）	变异系数（Coefficient of variation）	满分频率（Full frequency）	符合	修改后符合	不符合
3.3	运动游戏的角色感						主观保留	
	修改意见：							
3.4	运动安全意识与自我保护能力						依据《指南》保留	
	修改意见：							
3.5	道德原则的理解						删除	
	修改意见：							
4.1	个体责任							
	修改意见：							
4.2	终身受益的生活方式						改为：生活习惯和生活能力	
	修改意见：							
4.3	亲社会行为						依据《指南》保留	
	修改意见：							
4.4	新兴运动参与						删除	
	修改意见：							
4.5	体育道德风尚						增加项，由原3.5修改、调整至此	
	修改意见：							

三、维度指标、一级指标、二级指标的征询表

1. 动机和信心（情感）维度：

序号	一级指标	二级指标	第一轮意见				第二轮意见		
			平均数（Mean）	标准差（Standard deviation）	变异系数（Coefficient of variation）	满分频率（Full frequency）	符合	修改后符合	不符合
1.1.1		对运动游戏或身体活动抱有足够好奇、新鲜感及热情，喜欢尝试并积极主动地参与						改为：对运动游戏或身体活动抱有足够好奇和新鲜感，喜欢尝试并积极主动参与	
		修改意见：							
1.1.2		渴望了解体育场地、器材、教具的用途及使用方法						改为：渴望了解运动游戏的场地、器材、玩具的用途和使用方法	
	运动好奇心和兴趣	修改意见：							
1.1.3		有自己感兴趣的运动游戏或项目，能够擅长其中的 1—2 项并坚持对其长期锻炼						改为：有自己感兴趣的运动游戏，积极参与和发展多项基本动作技能	
		修改意见：							
1.1.4		有自己欣赏的运动项目，对相关的赛事或明星保持一定的敏感度和关注度，懂得为成功喝彩						改为：能够在同伴或成人的陪伴下一起观看体育赛事或相关的电视节目，对体育活动具有兴趣	
		修改意见：							
1.2.1	运动动力	具有积极、活跃参与运动游戏和身体活动的内在驱动力						改为：具有积极、主动参与运动游戏和身体活动的内在驱动力	
		修改意见：							

（续表）

序号	一级指标	二级指标	第一轮意见				第二轮意见		
			平均数（Mean）	标准差（Standard deviation）	变异系数（Coefficient of variation）	满分频率（Full frequency）	符合	修改后符合	不符合
1.2.2	运动动力	能够通过环境刺激获得积极参与运动游戏和身体活动的外在动力						改为：能够通过同伴或成人的鼓励，获得积极参与运动游戏和身体活动的外在动力	
		修改意见：							
1.3.1	运动自信	能够随着运动游戏的需要转换情绪和注意，情绪安定愉快，不乱发脾气						依据《指南》的新增项	
		修改意见：							
1.3.2		对自己能完成的运动任务抱有必胜的信念						改为：对自己需完成的任务具有基本的判断并抱有能够完成的信心	
		修改意见：							
1.3.3		在运动游戏和比赛过程中，能够克服胆怯、紧张和焦虑等消极情绪，乐观开朗地应对运动挑战						改为：在运动游戏或比赛中，能够在同伴或成人鼓励下，克服胆怯、紧张等情绪，相对乐观地迎接运动挑战	
		修改意见：							
1.3.4		成功完成运动游戏和身体活动任务并享受运动的愉悦、快乐及满足感						改为：在运动游戏或身体活动中并享受运动的愉悦、快乐及满足感	
		修改意见：							

2. 身体能力（身体）维度：

序号	一级指标	二级指标	第一轮意见				第二轮意见		
			平均数（Mean）	标准差（Standard deviation）	变异系数（Coefficient of variation）	满分频率（Full frequency）	符合	修改后符合	不符合
2.1.1	体态	具有适宜的身高和体重						依据《指南》的新增项	
		修改意见：							
2.1.2		在成人的提醒下，能够经常保持正确的站、坐、行走姿势						依据《指南》的新增项	
		修改意见：							
2.2.1	基本动作技能	掌握爬行、走、（常规）跑步、马步跑、单脚跳、追逐跑、逃跑、飞奔、立定跳远、侧滑步、躲闪、攀爬等移动类基本动作技能						改为：掌握爬行、走、（常规）跑步、马步跑、单脚跳、追逐跑、飞奔、立定跳远、侧滑步、躲闪、攀登等移动类基本动作技能	
		修改意见：							
2.2.2		掌握投掷球、接球、运球、踢球、抛球、射门、用球拍击球等球类操控性基本动作技能							
		修改意见：							
2.2.3		掌握悬垂、扭转、跨越、滚翻、平衡（静态和动态）、纵跳和着地、支撑、负重、身体重心转移、卷曲等非操控性动作技能							
		修改意见：							

（续表）

序号	一级指标	二级指标	第一轮意见				第二轮意见		
			平均数（Mean）	标准差（Standard deviation）	变异系数（Coefficient of variation）	满分频率（Full frequency）	符合	修改后符合	不符合
2.3.1	身体协调能力	运动时，各个关节动作灵活、敏捷，能够伴随音乐的节律协调展示动作					删除		
		修改意见：							
2.3.2		运动时，动作协调，腰部核心区（腰、腹、臀、腿部）和肩部核心区（胸、肩、背部）稳定性良好							
		修改意见：							
2.3.3		肌肉爆发力协调（例如，能够突发的仰卧撑、倒立等）					删除		
		修改意见：							
2.4.1	体能	能够体验各种运动的强度，具有较好的心肺能力					改为：具备一定的力量和持久力，如能连续行走1—1.5公里（途中可适当停歇），能单脚连续向前跳2—8米，能快跑15—25米左右（低值为小班，高值为大班）		
		修改意见：							
2.4.2		能够体验各种运动的长度，具备一定的肌肉力量					改为：具备一定的肌肉力量，如能单手将沙包投掷2—5米左右		
		修改意见：							

（续表）

序号	一级指标	二级指标	第一轮意见				第二轮意见		
			平均数（Mean）	标准差（Standard deviation）	变异系数（Coefficient of variation）	满分频率（Full frequency）	符合	修改后符合	不符合
2.4.3	体能	能够体验各种运动的难度，身体的肩、髋、躯干具备基本的柔韧性						改为：具备一定的柔韧性，如能够坐位体前屈坚持3—5秒	
		修改意见：							
2.4.4		具备一定的身体协调和灵活性，如能够伴随音乐玩跳房子、踩小高跷、跳竹竿、滚铁环等传统运动游戏，能够与他人玩追逐、躲闪的游戏						依据《指南》的新增项	
		修改意见：							
2.5.1	环境适应能力	能够与环境互动，适应户外气候环境的挑战，能够参与户外水上、空中、陆地及冰上等不同环境下不同类型的运动游戏和身体活动						改为：能够在较热或较冷的户外环境中连续活动半小时左右	
		修改意见：							
2.5.2		能够应用户外各种既有的运动器材、设备、玩具，进行相对广泛的户外运动游戏和身体活动						改为：能够应用户外既有的运动器材、设备、玩具，进行户外运动游戏或身体活动	
		修改意见：							
2.5.3		敢于大胆从事冒险类运动游戏或身体活动并获得成就感						改为：在成人的保护下，敢于尝试具有一定挑战性的运动游戏或身体活动	
		修改意见：							

（续表）

序号	一级指标	二级指标	第一轮意见				第二轮意见		
			平均数（Mean）	标准差（Standard deviation）	变异系数（Coefficient of variation）	满分频率（Full frequency）	符合	修改后符合	不符合
2.5.4	环境适应能力	能够较快适应新的集体生活和人际环境，如运动时有新的同伴加入时，能够较快适应						依据《指南》的新增项	
		修改意见：							

3. 知识和理解力（认知）维度：

序号	一级指标	二级指标	第一轮意见				第二轮意见		
			平均数（Mean）	标准差（Standard deviation）	变异系数（Coefficient of variation）	满分频率（Full frequency）	符合	修改后符合	不符合
3.1.1	运动常识的理解	了解人体的基本结构及自身的身体基本状况（如身高、体重）						改为：能够说出运动中涉及的简单人体五官、肢体部位的名称	
		修改意见：							
3.1.2		知晓所从事的具体基本动作技能、运动项目或身体活动所对应的运动词汇的读音和写法						改为：知晓所进行的运动对应词汇的读音和所表示的含义，如能够读出运动卡片上简单的文字并知道其基本的含义	
		修改意见：							
3.1.3		知道为何进行运动，了解基本动作技能、具有活力的运动方式并能表述运动对人日常乃至贯穿终身的健康惠益						改为：知道运动时口渴了应及时补水，出汗了应及时擦汗或换干净的衣服，扭伤后要冷敷	
		修改意见：							

（续表）

序号	一级指标	二级指标	第一轮意见				第二轮意见		
			平均数（Mean）	标准差（Standard deviation）	变异系数（Coefficient of variation）	满分频率（Full frequency）	符合	修改后符合	不符合
3.1.4	运动常识的理解	懂得如何运动，了解运动游戏和身体活动的正确方法、策略、技巧、注意事项及运动损伤的简单处理方法（例如，扭伤后要及时冷敷等）					删除		
		修改意见：							
3.1.5		知道应该何时进行运动，如知道下雨天、雾霾天气应该尽可能在室内运动					改为：知道何时进行运动，如知道炎炎夏日应避开中午时间运动，下雨天或雾霾天应尽可能不户外运动		
		修改意见：							
3.2.1	感知运动能力（PMC）【儿童认为他/她在某个活动领域的能力及发展的程度】	能够对自己运动时的身体反应保持敏感（例如，口渴了知道及时补水，出汗了能够及时擦汗等）					删除，上调至二级指标"运动知识的掌握"内，即修改后替换3.1.3		
		修改意见：							
3.2.2		正确地感觉、判断自身的运动能力，对自己能达到的运动能力（MC）水平和身体活动量（PA）极限具有准确判断					改为：在成人指导下，能正确感觉、判断自身的运动能力（MC）水平		
		修改意见：							
3.2.3		知晓一些身体不适的感觉（例如，肚子痛、腿抽筋等）					改为：在成人指导下，能够评估自己身体能承受的运动量和运动强度的最大程度和范围		
		修改意见：							

（续表）

序号	一级指标	二级指标	第一轮意见				第二轮意见		
			平均数（Mean）	标准差（Standard deviation）	变异系数（Coefficient of variation）	满分频率（Full frequency）	符合	修改后符合	不符合
3.3.1	运动游戏的角色意识	识别运动游戏中的角色特征，有意识地模仿、扮演不同的社会角色，如，教师、裁判、警察、医生、法官等，具备基本的角色感						改为：能够识别运动游戏中的角色特征，有意识地模仿、扮演不同的社会角色，如运动员、教师、裁判、警察等，具备基本的角色感	
		修改意见：							
3.3.2		知晓运动游戏中的角色分工，具备基本的角色担当							
		修改意见：							
3.4.1	运动安全意识与自我保护能力	知晓基本的运动安全规则，如懂得运动时不吃东西，不在河边和马路边运动等						依据《指南》的新增项	
		修改意见：							
3.4.2		懂得避免运动损伤的基本方法，如运动前穿好运动装、运动鞋，不携带尖锐物品，做好热身与放松，集体运动时不拥挤、冲撞等						改为：运动时能够知道主动规避危险，不给他人造成危险，如不携带尖锐物品参加运动，如能够躲避他人滚过来的球或扔过来的沙包等	
		修改意见：							
3.4.3		能够识别运动场地及运动过程中的安全隐患（例如钉子、玻璃碎片）并有效规避，具备基本的安全感						改为：当处于安全隐患的环境中时，能够及时向成人寻求帮助，如在有钉子、玻璃碎片的场地上运动，知道及时报告老师清理	
		修改意见：							

（续表）

序号	一级指标	二级指标	第一轮意见				第二轮意见		
			平均数（Mean）	标准差（Standard deviation）	变异系数（Coefficient of variation）	满分频率（Full frequency）	符合	修改后符合	不符合
3.4.4	运动安全意识与自我保护能力	小心谨慎地参与冒险类运动游戏和身体活动（例如知道纵跳后的落地缓冲），身体不适时能够做好自我保护并及时停止运动						改为：身体出现不适状况时，知道及时向成人寻求帮助并停止运动	
		修改意见：							

4. 体育参与（行为）维度：

序号	一级指标	二级指标	第一轮意见				第二轮意见		
			平均数（Mean）	标准差（Standard deviation）	变异系数（Coefficient of variation）	满分频率（Full frequency）	符合	修改后符合	不符合
4.1.1	个体责任	将运动视为对自身终身健康负责的行为，持续参加有意义并且对自己有挑战的运动游戏或其他身体活动						改为：认识到运动的好处，能够在成人引导下或自主、主动地参加运动游戏	
		修改意见：							
4.1.2		具备坚持到底、不怕困难、顽强果敢等意志品质和顽强进取、追求卓越的体育精神						改为：在成人鼓励下，能够坚持完成运动游戏任务，不怕累，具备基本的坚韧、顽强的意志品质	
		修改意见：							
4.1.3		积极为共同荣誉贡献、喝彩、协同合作，具备集体主义荣誉感						改为：在运动游戏中表现出为集体荣誉奉献、协作、喝彩等良好的行为倾向	
		修改意见：							

（续表）

序号	一级指标	二级指标	第一轮意见				第二轮意见		
			平均数（Mean）	标准差（Standard deviation）	变异系数（Coefficient of variation）	满分频率（Full frequency）	符合	修改后符合	不符合
4.2.1	生活习惯和生活能力	养成积极主动的锻炼习惯——将每天总计至少60分钟的结构化身体活动、至少60分钟一数小时不等的非结构化身体活动，除睡觉外，1次久坐时间不超过1小时作为日常生活方式，为提高动作技能和健康相关的体能奠定基础					改为：在成人的引导下，养成积极主动的锻炼习惯——每天累计至少2小时的身体活动。除睡觉外，1次久坐时间不超过1小时作为日常生活方式		
		修改意见：							
4.2.2		能够积极主动休息，保证每天充足的睡眠时间和质量					改为：在成人的提醒下，养成每天按时睡觉和起床的习惯，保证每天充足的睡眠时间和质量		
		修改意见：							
4.2.3		养成健康的饮食观念和习惯，如知道多吃蔬菜果蔬，有利于健康成长					改为：在成人的引导下，养成健康的饮食观念和习惯，不偏食、挑食，喜欢吃瓜果、蔬菜等新鲜食品		
		修改意见：							
4.2.4		在成人引导下，主动保护眼睛，连续屏幕时间每次不超过30分钟					依据《指南》的新增项		
		修改意见：							

（续表）

序号	一级指标	二级指标	第一轮意见				第二轮意见		
			平均数（Mean）	标准差（Standard deviation）	变异系数（Coefficient of variation）	满分频率（Full frequency）	符合	修改后符合	不符合
4.3.1		运动过程中，懂得积极与同伴、老师、教练等他人合作、交流、分享，如两人共享教具等，人际关系良好							
		修改意见：							
4.3.2	亲社会行为	运动过程中，在同伴遇到困难、失败或挫折时，具有同情心、懂得主动安慰、帮助他，如简单的语言/肢体提示，能够尽己所能地帮助他人并以此为乐					改为：运动过程中，在同伴遇到困难、失败或挫折时，具有同情心、能够主动安慰、帮助他，如用简单的语言、肢体提示鼓励		
		修改意见：							
4.3.3		在成人的引导下，尊重同伴，能够正确面对游戏的输赢，赢了向同伴分享经验，输了总结经验，下次追上					依据《儿童行为心理学》的新增项		
		修改意见：							
4.4.1		积极参与新颖的运动游戏或身体活动，保持运动参与项目的迭代更新，保证身体发展的可持续化					删除		
		修改意见：							
4.4.2	新兴运动参与	能够利用既有的运动条件（器材）创新游戏玩法，为自己或同伴创造大量室内外新兴运动参与机会（例如能够把废弃的棒球当作保龄球进行投准比赛等）					删除		
		修改意见：							

（续表）

序号	一级指标	二级指标	第一轮意见				第二轮意见		
			平均数 （Mean）	标准差 （Standard deviation）	变异系数 （Coefficient of variation）	满分频率 （Full frequency）	符合	修改后 符合	不 符合
4.4.1		具备基本的规则意识，了解课堂常规，自觉遵守课堂纪律（例如懂得轮流，不争抢，懂得排队，不拥挤等），能够控制自己的情绪，不乱发脾气，不哭闹					改为：具备基本的规则意识，如懂得轮流、不争抢，懂得排队，不拥挤等		
		修改意见：							
4.4.2	体育道德风尚	在日常生活中，懂得遵守基本的社会规则和秩序（例如，在家庭、公共场所知道尊老爱幼，遵守交通规则、在图书馆保持安静等）					删除		
		修改意见：							
4.4.3		运动过程中，发现危险因素能够及时提醒同伴或他人，避免受到伤害					改为：运动过程中，发现危险因素能及时提醒同伴或他人，如运动时遇到障碍物能及时提醒同伴		
		修改意见：							
4.4.4		运动过程中，不做任何妨碍、伤害、有损他人利益的事（例如踢球过程中不故意用脚勾绊同伴的脚等），具备基本的公德，文明运动和比赛					改为：运动过程中，不做任何妨碍、伤害、有损他人利益的事，如踢球时不做故意用脚勾绊同伴的脚等攻击性行为，具备基本的公德，文明运动和比赛		
		修改意见：							

第二轮专家调查问卷到此结束，谢谢各位专家的大力支持！

敬祝您每天快乐、阖家幸福！

附件 E　指标体系相对权重调查问卷

学龄前儿童身体素养体系的构建研究

指标相对权重调查问卷

尊敬的专家：

您好！

感谢您对本研究第一、二轮专家意见征询所提供的真知灼见！本次调查旨在征询您对目前构建的体系中各级指标相对权重的意见，以使本体系中指标选取更加精准。请您结合您的专业视角再次为本体系的构建提供专业意见，非常感谢您一直以来对本研究数据搜集工作的大力支持！烦请您在**一周内**返回本问卷，谢谢！期待您提出新的宝贵意见和建议！

此致，

敬礼！

华东师范大学　体育与健康学院　博士生　陶小娟

【填写说明】

本问卷使用对数加权法测评学龄前儿童身体素养体系中各级指标的相对权重请各位专家就其重要程度进行排序。根据研究的需求和两轮问卷调查的结果，本问卷旨在搜集目前已经构建的学龄前儿童身体素养体系中 4 个维度指标，15 个一级指标相对权重的意见。

1. 请您按照学龄前儿童身体素养体系中维度指标的重要程度，对以下 4 个指标进行排序（按照重要程度由大及小的顺序，填写序号即可）。

①动机和信心　②身体能力　③知识和理解力　④体育参与

_____＞_____＞_____＞_____

2. 在动机和信心（情感）维度之下，请您按照运动好奇心和兴趣、运动动力、运动自信 3 个一级指标的重要程度，对其进行排序（按照重要程度由大及小的顺序，填写序号即可）。

①运动好奇和兴趣　②运动动力　③运动自信

＿＿＿＿＿＿＞＿＿＿＿＿＿＞＿＿＿＿＿＿

3. 在身体能力（身体）维度之下，请您按照体态、基本动作技能（FMS）、体能、环境适应能力 4 个一级指标的重要程度进行排序（按照重要程度由大及小的顺序，填写序号即可）。

①体态　②基本动作技能（FMS）　③体能　④环境适应能力

＿＿＿＿＿＿＞＿＿＿＿＿＿＞＿＿＿＿＿＿＞＿＿＿＿＿

4. 在知识和理解（认知）维度之下，请您按照运动知识的掌握、运动感知能力、运动游戏的角色感、运动安全意识与自我保护能力 4 个一级指标的重要程度进行排序（按照重要程度由大及小的顺序，填写序号即可）。

①运动知识的掌握　　　　　②运动感知能力

③运动游戏的角色感　　　　④运动安全意识与自我保护能力

＿＿＿＿＿＿＞＿＿＿＿＿＿＞＿＿＿＿＿＿＞＿＿＿＿＿

5. 在体育参与（行为）维度之下，请您按照个体责任、健康的生活方式、亲社会行为、体育道德规范 4 个一级指标的重要程度进行排序（按照重要程度由大及小的顺序，填写序号即可）。

①个体责任　②健康的生活方式　③亲社会行为　④体育道德规范

＿＿＿＿＿＿＞＿＿＿＿＿＿＞＿＿＿＿＿＿＞＿＿＿＿＿

第三轮专家调查问卷到此结束！

再次谢谢各位专家对本研究的大力支持！敬祝您每天快乐、阖家幸福！

附件 F　学龄前儿童身体素养体系的使用指南

一、体系的建构

本研究构建的"学龄前儿童身体素养体系"的结构分为维度指标、一

级指标及二级指标3级，即动机和信心、身体能力、知识和理解、体育参
与4个维度指标，运动好奇心和兴趣、运动动力、运动自信、基本动作技
能、体能、环境适应能力等15个一级指标以及"对运动游戏或身体活动抱
有足够好奇、新鲜感及热情，喜欢尝试并积极主动地参与"等48个二级指
标。从维度指标到二级指标，遵循学龄前儿童的身心发展特点、动作发展
规律，各级指标之间层层分解、环环相扣，形成适宜、合理的身体素养
体系。

二、体系的使用范围

本体系致力于让幼儿身体素养观察分析和发展评价更为科学、有效，
同时提升幼儿园一线体育教师、幼儿体育培训机构、家长等相关方展开对
学龄前儿童身体素养发展的观察和分析，以提高幼儿园教师的身体素养教
学和评价水平和专业实践能力，使其通过本体系的观察分析和发展评价促
进教师教育行为的优化和保教质量的提升。

三、体系的应用方法

（一）独立测评者遴选

根据研究需要，要求独立测评者能够对学龄前儿童身体素养研究感兴
趣，熟悉学龄前儿童的身心发展特点，熟悉幼儿园体育教学的理论、方法
和实践，具备幼儿园一线教学经验。

（二）测评者互不干扰

本体系在正式应用之前，对独立测评者进行使用培训，要求测评者在
测试过程中保持独立，互不干扰。需要对某些指标的具体使用方法，采用
案例说明的方式给予讲解，以便于观察能够更准确的掌握与界定各指标的
内涵。同时邀请4名测试者并对这部分内容进行使用培训，以回答这个体
系到底怎么用。

附件 G 学龄前儿童身体素养体系测评方案（测评者培训版）

一、测评的目的

为考察本研究研制的"学龄前儿童身体素养体系"在实际应用中的稳定性和可靠性，测评该体系的**实施信度、独立测评者信度、指标体系构念效度**。

二、测评的对象、时间及地点

1. 测评对象：小班、中班、大班的幼儿；

2. 测评时间：2022 年元月 10—14 日；

3. 测评地点：H 市 MH 区 YDLSY 幼儿园（HDSF 大学幼儿体育研究中心）、H 市 CN 区 XXL 路第一幼儿园、HDSF 大学 ZZ 幼儿园。

三、测试周期与频数

1. 测试周期：约 1 周，截至 2022 年元月 15 号；

2. 测试频数：拟分别选取三家幼儿园的小班、中班、大班进行各 1 次课的测试。

四、测评的人员

依据西登托普（Sidentop）等人在 *Physical Education Methods* 提出的身体素养实践测评模型，遴选并邀请 HDSF 大学对幼儿体育感兴趣的体育专业学生 5 名。

五、测评的内容

本研究研制的"学龄前儿童身体素养的体系"的 4 个维度分别进行拆分，即动机和信心、身体能力、知识和理解力、体育参与 4 个维度子量表。

六、测评伦理及注意事项

1. 疫情期间，测评者需要戴好口罩入园测评，并与测评对象保持安全的防疫距离；

2. 从伦理视角考虑，整个测评过程中，测评者不能与测评对象有任何亲密或让人误会的接触，例如拥抱、亲吻等举动；

3. 测评者在测评之前需提前 10 分钟到场，选好观察点；

4. 基于课程常态化收集学龄前儿童的表现，测评者要明确收集该年龄段儿童典型目标表现行为应记录的重点内容；

5. 借助录音笔、手机拍照、DV 等现代技术手段，捕捉现场信息的关键点和观察的瞬间感想，简易、及时、快速记录孩子稍纵即逝的动态表现，以便更加准确地帮助自己日后还原学龄前儿童的真实、客观表现；

6. 测评过程中，尽量不干扰孩子的活动，学龄前儿童自发进行的运动内容和游戏情景来自然收集信息，尊重其运动内容和情境的选择，做到基于真实自然的活动情景收集记录幼儿实际表现行为；

7. 测评工作结束后，安静、及时、有序离场，不扰乱幼儿园既有教学秩序。

附件 H　CHIN-SKIP 身体素养课程方案

课程方案一：跑步 & 篮球运球游戏课程方案

（小班）

课程方案目标：

● **动机和信心（情感）：** 激发学龄前儿童对体育游戏的好奇心，培养其运动的兴趣和积极性。

● **身体能力（身体）：** 发展学龄前儿童正确的体态和操控性动作技能以

及环境适应能力。

● **知识和理解力（认知）**：提高学龄前儿童运动过程中规避危险的安全意识和能力。

● **体育参与（行为）**：培养学龄前儿童遵守规则的意识和坚持完成游戏任务的意志品质。

时间安排	运动任务	组织	关键要素和提示
1 min	课程导入	—教师1和教师2组织儿童站在户外体育场地中央的圆圈上；宣布本课的任务。	**关键要素：** —注意听 **提示：** "冰冻"（安静并看向教师1，或其他惯用的口令）
2 min	热身游戏	—教师2播放音乐并发出"跑步""马步跑""单脚跳""侧滑步""垫步跳"等移动性动作技能的指令； —儿童听老师的指令围绕圆圈做出相应的运动。	**关键要素：** —鼓励儿童积极参与到游戏中 **提示：** "快跑""像马儿一样跑""双手张开侧过来滑行""垫起步子跑，背着书包的放学郎"……
20 s	过渡	教师1分配不同儿童到不同的技能站点，教师2带领幼儿找到各自的站点。	**提示：** —快速、有序
7 min	**技能站点1：** 篮球运球练习 —两个小伙伴之间相隔1米远，练习篮球运球，2组×10次 ☆挑战：数出自己或同伴成功完成技能的次数	—★**教师1**解释运动动作要点并作踢球动作展示 —儿童：站在塑胶标志垫（Polyspot）上与另一个小伙伴一起完成运球练习、数出成功完成运球个数的任务； —★**教师**观察儿童动作技能学习，提供动作学习指导和认知反馈； —练习结束，儿童把所用的器材捡起来放回原位。	**关键要素：** —双脚按照自己的习惯前后站立 —躯干稍前倾 —惯用手五指张开，弹拨球，运球高度在腰间位置，另一只手肘关节弯曲，保护身体 —提供个性化反馈 **安全提示：** —运球时用力不能过猛，接球的幼儿要注意避让危险来球 —听到老师指令后才能开始运球

（续表）

时间安排	运动任务	组织	关键要素和提示
7 min	"赛一赛"（移动性动作技能的游戏）：所有儿童被分为 4 小组，先后进行跑跳步、跨步跳、侧滑步的接力比赛，获得冠军和亚军的小组将每人获得小贴纸	★教师介绍游戏的玩法 ★教师指导儿童进行小组接力比赛，从场地的一边到另外一边	—积极为本组队员欢呼、呐喊 —遵守游戏规则
2 min	课程结束：放松动作练习并表达分享感受，达到一个共同的观点，反馈和小结学习过程，给予表现好的儿童奖励（小玩具或贴纸）		—积极发言，敢于表达自己
1 min	儿童起立，师生道别。场地恢复原样。教师带领儿童回到班级。		—有序离开运动场地

器材准备：

1. 音乐播放器、音乐素材；

2. 篮球约 30 个；

3. 精美贴纸约 30 个——暂未准备，请忽略；

4. 塑胶标志垫 30 个左右——如果没有，请忽略；

5. 摄像机＋支架——华师大学生自备；

6. 录音笔——华师大学生自备。

课程方案二：跑步 & 篮球传接球游戏课时计划

（中班）

课程方案目标：

● **动机和信心（情感）：** 提高学龄前儿童的运动动力，帮助其建立运动自信。

● **身体能力（身体）：** 提升学龄前儿童个人传接球动作技能、在不同环境下的运动能力以及自我保护能力。

● **知识和理解力（认知）：** 帮助学龄前儿童掌握运动知识，培养其运动感知能力。

● **体育参与（行为）：** 培养学龄前儿童为集体努力、喝彩以及亲社会行为。

时间安排	运动任务	组织	关键要素和提示
1 min	课程导入	一教师1和教师2组织幼儿站在户外体育场地中央的圆圈上；宣布本课的任务。	**关键要素：** 一注意听 **提示：** "冰冻"（安静并看向教师1，或其他惯用的口令）
2 min	热身游戏 先后进行"跑步""马步跑""单脚跳""侧滑步""跑跳步"等移动性动作技能	一教师2播放音乐并发出指令； 一幼儿听老师的指令围绕圆圈做出相应的运动。	**关键要素：** 一鼓励幼儿积极参与到游戏中 **提示：** "快跑""像马儿一样跑""双手张开侧过来滑行""垫起步子跑，背着书包的放学郎"……
7 min	**技能站点1：** 抛接球练习 一两个小伙伴之间相隔1米远，练习传球、接球，2组×10次 ☆挑战：数出自己或同伴成功完成技能的次数	一★**教师1**解释传球动作要点并作传、接球动作展示 一**儿童**：站在塑胶标志垫（Polyspot）上与另一个小伙伴一起完成传接球练习、数出成功完成运球个数的任务；	**关键要素（传球）：** 一双脚按照自己的习惯前后站立 一躯干稍前倾 一惯用手五指张开，弹拨球，传球高度在胸前一臂距离的位置 **关键要素（接球）：**

（续表）

时间安排	运动任务	组织	关键要素和提示
		一★**教师**观察幼儿动作技能学习，提供动作学习指导和认知反馈； 一练习结束，幼儿把所用的器材捡起来放回原位。	一准备阶段，肘部弯曲，手在身体前方 一手臂伸展以准备接触球 一球只能用手接球和控制 一肘部弯曲接住球 **安全提示：** 一传球时用力不能过猛，接球的儿童要注意避让危险来球 一听到老师指令后才能开始传接球
7 min	"赛一赛"（移动性动作技能的游戏）： 所有儿童被分为 4 小组，先后进行跑步、跑跳步、单脚跳的接力比赛，获得冠军和亚军的小组将每人获得小贴纸	★教师介绍游戏的玩法； ★教师指导儿童进行小组接力比赛，从场地的一边到另外一边。 	一积极为本组队员欢呼、呐喊 一遵守游戏规则
2 min	课程结束：放松动作练习并表达分享感受，达到一个共同的观点，反馈和小结学习过程，给予表现好的幼儿奖励（小玩具或贴纸）		一积极发言，敢于表达自己
1 min	儿童起立，师生道别。场地恢复原样。教师带领幼儿回到班级。		一有序离开运动场地

器材准备：

1. 音乐播放器、音乐素材；

2. 软皮球约 30 个；

3. 精美贴纸约 30 个——暂未准备，请忽略；

4. 塑胶标志垫 30 个左右——如果没有，请忽略；

5. 摄像机＋支架——HSD 学生自备；

6. 录音笔——HSD 学生自备。

课程方案三：足球踢球 & 抛接球游戏课程方案

（大班）

课程方案目标：

● **动机和信心（情感）**：激发学龄前儿童运动游戏参与的好奇心和积极性，提高其运动动力和运动自信。

● **身体能力（身体）**：发展学龄前儿童个人踢球、抛接球动作技能和环境适应能力。

● **知识和理解力（认知）**：发展学龄前儿童运动的运动感知能力和游戏的角色感。

● **体育参与（行为）**：培养学龄前儿童坚持完成游戏任务、为集体努力、喝彩的行为及遵守规则、文明比赛的体育道德风尚。

时间安排	运动任务	组织	关键要素和提示
1 min	课程导入	一教师 1 和教师 2 组织儿童站在户外体育场地中央的圆圈上； 一教师 1 根据本次游戏主题扮演角色并宣布本课的任务。	**关键要素：** 一注意听 **提示：** "冰冻"（安静并看向教师 1，或其他惯用的口令）
3 min	热身游戏	一教师 2 播放音乐并发出"跑步""马步跑""单脚跳""侧滑步""垫步跳"等移动性动作技能的指令。	**关键要素：** 一鼓励儿童积极参与到游戏中 **提示：** "快跑""像马儿一样跑""双手张开侧过来滑行""垫起步子跑，背着书包的放学郎"……

（续表）

时间安排	运动任务	组织	关键要素和提示
20 s	过渡	一儿童听老师的指令围绕圆圈做出相应的运动。	**提示：** 一快速、有序
7 min	**技能站点 1：** 踢球练习 一两个小伙伴之间相隔 2 米远，练习踢球和接球，2 组×10 次 ☆挑战：数出自己或同伴成功完成技能的次数	教师 1 分配不同幼儿到不同的技能站点，教师 2 带领幼儿找到各自的站点。 一★**教师 1** 解释踢球动作要点并作踢球动作展示，**教师 2** 作接球展示，两位教师相互配合 一儿童：站在塑胶标志垫（Polyspot）上与另一个小伙伴一起完成踢球、接球技能的练习； 一★**教师**观察儿童动作技能学习，提供动作学习指导和认知反馈； 一练习结束，儿童把所用的器材捡起来放回原位。	**关键要素：** 一快速连续接近球 一触球时躯干向后倾斜 一与踢腿相反的手臂向前摆动 一通过在非踢脚上跳跃来跟进 一提供个性化反馈 **安全提示：** 一踢球时用力不能过猛，接球的儿童要注意避让危险来球 一听到老师指令后才能开始踢球
20 s	过渡	一★教师组织儿童返回另一个技能站点，准备下一个活动。	**提示：** 一快速、有序
7 min	**技能站点 2：** 接球练习 一向 2 米远的小伙伴抛球，3 组×5 次	一★教师 1 和教师 2 两者相隔 2 米远站立，合作展示地面抛接球动作并作动作讲解； 一**教师 1** 正对**教师 2**，膝盖弯曲，对侧迈步，抛球手向后摆动，将球滚贴近地面抛出手 一**教师 2** 提前预判球的方向并作用手接住球并轻轻抛回 一儿童开始练习 一教师指导儿童动作，帮助其跟上游戏进程。	**关键要素：** 一准备阶段，肘部弯曲，手在身体前方 一手臂伸展以准备接触球 一球只能用手接球和控制 一肘部弯曲接住球 **安全提示：** 一接球时注意避让危险来球，保持警惕 一抛球时用力不能过猛，注意不能砸到其他小朋友 一注意不能投掷球，只能抛球

时间安排	运动任务	组织	关键要素和提示
20 s	过渡	教师 1 和教师 2 引导幼儿返回到场地中央的圆圈上	一积极为本组队员欢呼、呐喊 一遵守游戏规则
7 min	"赛一赛"（移动性动作技能的游戏）： 所有儿童被分为 4 小组，先后进行跑跳步、跨步跳、侧滑步的接力比赛，获得冠军和亚军的小组将每人获得小贴纸	★教师介绍游戏的玩法 ★教师指导儿童进行小组接力比赛，从场地的一边到另外一边	
2 min	课程结束：放松动作练习并表达分享感受，达到一个共同的观点，反馈和小结学习过程，给予表现好的儿童奖励（小玩具或贴纸）	师生共同整理、收齐器材	一积极发言，敢于表达自己
1 min	儿童起立，师生道别。场地恢复原样。教师带领儿童回到班级。		一有序离开运动场地

器材准备：

1. 音乐播放器、音乐素材；

2. 足球约 30 个、沙滩排球约 30 个；

3. 精美贴纸约 30 个；

4. 塑胶标志垫 30 个左右；

5. 摄像机＋支架；

6. 录音笔。

附件 I CHIN-SKIP 身体素养课程课堂观察实施方案

一、观察的内容

对本研究所设计的"基于学龄前儿童身体素养体系的运动课程"教学方案进行课堂观察、记录与评议。

二、观察的工具

本观察环节主要参照舒兹曼教学现场观察的记录格式进行课堂教学环节真实情景的观察。该观察工具主要以课堂观察日志的形式呈现，内容包括指标体系的领域指标、一级指标、二级指标、观察记录、个人记录与评议 5 个部分组成。整个工具主要围绕本研究所设计的指标体系展开对照观察、记录。

三、观察的对象

1. 上海市闵行区永德路实验幼儿园暨华东师范大学幼儿体育研究中心大班的学龄前儿童；
2. 上海市长宁区仙霞路第一幼儿园中班的学龄前儿童；
3. 上海市闵行区华东师范大学附属紫竹幼儿园小班的学龄前儿童。

四、观察的时间

2022 年元月 10—14 日（幼儿体育研究中心）

五、观察者

主试＋华师大本科生。

六、观察的设备与器件

1. 纽曼录音笔一支；

2. DV、支架各一；

3. 舒兹曼课堂观察记录表；

4. 黑色签字笔数 1 支等。

七、观察伦理及注意事项

1. 疫情期间，观察者需要戴好口罩入园测评，并与观察对象保持安全的防疫距离；

2. 从伦理视角考虑，整个测评过程中，测评者不能与测评对象有任何亲密或让人误会的接触，例如拥抱、亲吻等举动；

3. 观察前观察者需提前 10 分钟到场，选好观测点；

4. 基于课程常态化收集学龄前儿童的表现，观察者要明确收集该年龄段儿童典型目标表现行为应记录的重点内容；

5. 借助录音笔、手机拍照、DV 等现代技术手段，捕捉现场信息的关键点和观察的瞬间感想，简易、及时、快速记录孩子稍纵即逝的动态表现，以备更加准确地帮助自己日后还原学龄前儿童的真实、客观表现；

6. 观察过程中，尽量不干扰孩子的活动，学龄前儿童自发进行的运动内容和游戏情景来自然收集信息，尊重其运动内容和情境的选择，做到基于真实自然的活动情景收集记录幼儿实际表现行为；

7. 观察工作结束后，安静、有序离场，不扰乱幼儿园既有教学秩序。

附件 J　课堂观察日志记录表

维度指标	一级指标	二级指标	观察记录	个人记录与评议
动机和信心				
身体能力				
知识和理解				
体育参与行为				

附件 K　学龄前儿童身体素养体系测试量表

【测评者信息】

姓名：＿＿＿＿＿　学历：＿＿＿＿＿

性别：＿＿＿＿＿专业：＿＿＿＿＿

【被测者信息】

姓名：＿＿＿＿　年龄：＿＿＿＿　性别：＿＿＿＿　学校：＿＿＿＿幼儿园

【测试指标解读及打分标准】

1　2.3 身体协调性：2.3.1 运动时，各个关节动作灵活、敏捷，能够伴随音乐的节律协调展示动作；

2.3.2 运动时，动作协调，腰部核心区（腰、腹、臀、腿部）和肩部核心区（胸、肩、背部）稳定性良好。

2　2.4 体能：2.4.1 具备一定的心肺耐力；如能够练习行走 1—1.5 公里，能够快走 15—25 米左右；具备一定的肌肉力量，如能够单手将沙包投掷 2—5 米左右；

2.4.2 具备一定的柔韧性，如能够坐位体前屈坚持 3—5 秒；

2.4.3 具备一定的身体协调和灵活性，如能够伴随音乐跳房子，能够与他人玩追逐，躲闪的游戏。

3　2.5 环境适应能力：2.5.1 能够在较热或较冷的户外环境中连续活动半小时左右；

2.5.2 能够应用户外既有的运动器材、设备、玩具，进行户外运动游戏或身体活动；

2.5.3 在成人保护下，敢于尝试具有一定挑战性的运动游戏或身体活动；

2.5.4 能够较快适应新的集体生活和人际环境，如运动时有新的同伴加入时，能够较快适应。

4 3.1 运动常识的理解：3.1.1 询问：小朋友你知道下图中踢球动作中，应该用身体的哪个部位踢球吗？

评分标准：A低：不知道；B中：腿部；C高：足弓部

5 3.2 PMC：询问：小朋友，你觉得今天你在课上接球时的表现怎么样？

评分标准：A低：完全相反；　　B中：基本近似；　　C高：完全一致

6 4.1 个体责任：4.1.1 能够在成人的鼓励下，坚持完成运动任务，不怕累，具备基本的坚韧和顽强的意志品质；

4.1.2 在运动游戏中表现出为集体共同荣誉奉献、协作、喝彩的良好行为倾向。

7 4.2 终身受益的生活方式：询问：小朋友，你每天晚上几点睡？是否能够按时睡觉和起床？

评分标准：A低：不能（小于8小时，晚9点后入睡）；B勉强保证（8小时；9点入睡）；C高：完全保证（8—10小时；9点前入睡）

8 4.3 亲社会行为：4.3.1 在运动过程中，懂得积极与同伴、老师、教练等他人合作、交流、分享，如两人共享教具等，人际关系良好；

4.3.2 运动过程中，在同伴遇到困难、失败或挫折时，具有同情心、能够主动安慰他人，如简单的语言、肢体提示；

4.3.3 能够正确面对同伴与自己比赛中的输赢。

9 4.4 体育道德风尚：4.4.1 具备规则意识，不争抢，懂得排队，不拥挤等；

4.4.2 运动过程中，发现危险因素能及时给予同伴或他人提醒，遇到运动障碍物时能够及时提醒同伴；

4.4.3 运动过程中，不做任何妨碍、伤害、有损于他人利益的事情，如踢球时不做故意勾绊同伴的攻击性行为，具备基本的公德，文明运动和比赛。

3—6 岁学龄前儿童身体素养体系维度指标、一级指标的测试量表

维度指标	维度指标	数据采集方式	评分（请给出具体分值）		
			低 (0—10)	中 (11—20)	高 (21—30)
1 动机和信心（情感）	1.1 运动好奇心和兴趣	🔍			
	1.2 运动动力	🔍			
	1.3 运动自信	🔍			
2 身体能力（身体）	2.1 体态	🔍			
	2.2 基本动作技能（FMS）	🔍			
	2.3 身体协调能力	🔍			
	2.4 体能	🔍			
	2.5 环境适应能力	🔍			
3 知识和理解（认知）	3.1 运动常识的理解	📋			
	3.2 感知运动能力（PMC）【儿童认为他/她在某个活动领域的能力及发展的程度】	📋			
	3.3 运动游戏的角色感	🔍			
	3.4 运动安全意识与自我保护能力	🔍			
4 体育参与（行为）	4.1 个体责任	🔍			
	4.2 终身受益的生活方式	📋			
	4.3 亲社会行为	🔍			
	4.4 体育道德风尚	🔍			

（学龄前儿童身体素养体系）

注：🔍 表示观测；📋 表示询问

附件 L 缩略词中英对照表

序号	缩写	全 称	中文释义
1	AHP	Analytic Hierarchy Process	层次分析法
2	BC	British Columbia	（加）英属哥伦比亚省
3	ECE	Early Childhood Educator	儿童早期教育者
4	ECEC	Early Childhood Educate and Care	早期教育与保育
5	CS	Cognition Skill	认知技能
6	FCC	Home-based Family Childcares	托儿服务
7	GCC	Center-based Group Childcare	团体托儿服务
8	IPLA	International Physical Literacy Association	国际身体素养协会
9	FMS	Fundermental Motor Skill	基本动作技能
10	OECD	Organisation for Economic Co-operation and Development	经济合作与发展组织
11	OMEP	Organisation Mondiale pour l'éducation Préscolaire（French-World Organization for Pre-School Education）（法语）	世界学前教育组织
12	PL	Physical Literacy	身体素养
13	PA	Physical Activity	身体活动
14	PIA	Physical Inactivity	身体活动不足
15	PMC	Perceived Motor Competence	运动感知能力
16	SEWB	Social，and Emotional Wellbeing	社交和情感健康
17	UNICEF	United Nations International Children's Emergency Fund	联合国儿童基金会
18	WHO	World Health Organization	世界卫生组织

后　记

2025年新春伊始，又是充满希望和期待的一年！

《强势开端：学龄前儿童身体素养研究》历经2024—2025年近十个月的修订，终于要与各位学前教育、幼儿体育教育领域的学者以及幼儿园园长、一线教师、各位小朋友的家长、各位官员等利益相关方见面了。在这部拙著付梓之际，我十分欣喜地用充满诚意的文字感谢促成这部专著得以最终形成的人与事。

首先，感谢帮我开启"学龄前儿童身体素养研究之旅"的引路人、教育部长江学者、我的博导汪晓赞教授。这部学术专著的研究成果起源于我的博士学位论文《学龄前儿童身体素养体系的理论构建与实践探索》，是我2016—2022年于华东师范大学体育与健康学院攻读博士期间的研究结晶。当时正值2020年之初国内疫情肆虐，我刚从美国俄亥俄州立大学完成博士联培返回上海，一天夜里，汪老师把我喊到家里讨论我的博士论文选题和论文推进工作。因为2018年9月出国前我的开题答辩会的选题是"学龄前儿童核心素养"，经过两年的国外学习和研究经历，国内的研究趋向已经发生转变，因此，汪老师建议我往当时相对更为流行、更具国际视野的"身体素养"研究上走，而这恰恰与我在俄亥俄州立大学接触到的"俄亥俄州课程标准"产生勾连。于是经过2年的辛勤耕耘，我对英国威尔士、加拿大、美国、澳大利亚、丹麦、中国6国4洲学龄前儿童身体素养的发展现状、研究动态进行了相对深入的梳理和分析，并立足这样的国际视角进行了指向学龄前儿童身体素养中国本土化体系的构建及其实践探索研究，为当时乃至至今国际上尚不十分明朗的"身体素养"概念界定、"学龄前儿童身体素养"指标维度确定提供了中国的科研数据，也为我国一线幼儿园教师、家长等利益相关方进行学龄前儿童身体素养的培育提供了具体的指标参考和"脚手架"，相信专著中的指标体系构建能够为未来我国制定指向"身体素养"这一顶层设计的幼儿体育课程标准的制定提供有益参考。

其次，感谢对这一成果给予高度关注的各位学术前辈专家。在2022年7月9日的博士论文答辩会上，令我感到十分幸福的是，季浏教授、钟秉枢教授、谭华教授、张瑞林教授、孙晋海教授、白晋湘教授、丛湖平教授、薛原教授8位答辩专家参加了论文的审读和提问，各位专家对于研究内容提出了高屋建瓴的建设性指导意见，这些学术大家的真知灼见打开了我的学术视野、促成了本研究由理论成果向实践成果的落地转化，也深刻影响了我对本研究的深度理解，为这部专著的进一步完善起到不可替代的作用。尤其令我感动的是，谭华教授在答辩会后仍然多次与我继续讨论论文中一些值得进一步推敲、修改之处，提出了诸如"应多考虑中国当前'少子化'的研究背景而非'二胎'时代带来的'多子'现象""多思考学龄前儿童身心发展特点进行身体素养体系的构建""要注意每一个字的推敲和斟酌，因为要负文责"等非常善意且有价值的修改意见，这一过程让我有幸切身领悟前辈对学术研究的"较真劲"及其折射出的令人肃然起敬的严谨治学态度，我想，这是我今后扎根学术圈的立身之本，同时也鞭策我继续传承这样的态度和精神以进一步完善和修正"学龄前儿童身体素养研究"。对此，我在内心充满敬意、深深感谢各位专家对我的帮助和深远影响，希望有一天，通过多年辛勤的学术耕耘之后，我亦能有高深的学术"本领"加持而在学术领域强势崛起、成为和您们一样的大师！

第三，感谢我在苏州大学体育学博士后研究期间的合作导师陶玉流教授及苏州大学体育学院内外各位领导、专家、同事、同行的帮助和支持。平日，陶院工作十分繁忙，但每次与我面谈科研工作时，他总是循循善诱，"直至要害"地给予我学术上的关键指点，让我恍然大悟、获益匪浅。最关键的是，我以"师资博士后"身份入职苏州大学体育学院、体育学博士后流动站工作期间，陶院总是以谦逊的学者姿态和平和的同事态度在工作上给予我莫大的支持和提携，这为我的科研工作提供了十分宽松、自由的氛围，也在很大程度上为我展开我想从事的研究主题提供了广阔空间。此外，我也要真诚地感谢苏州大学体育学院朱建刚书记在我入职以来的一直认可和多次帮助——每一年朱书记都会在新教师座谈会上以对话的形式帮我们纾解教学、科研工作中的压力，尤其是在我科研产出速率相对缓慢时，调整教学方面的"重压"，尽可能让我得以在博士后第三年全力聚焦博士后研究工作，这为我进行这本专著的修订工作提供了重要的时间条件。感谢美国俄亥俄州立大学终身教授、美国运动科学学院院士李卫东老师一直以来对我学术生涯关键节点上的帮助，此前在华东师范大学体育与健康学院读博期间，在我为寻找出国博士联合培养学校发愁之际，是李老师非常迅速地做出了愿意接收我赴美国俄亥俄州立大学进行 2 年学习旅程的反应。而今，在我参加工作后，其作为苏州大学体育学院外聘专家 2024年暑假回到中国进行科研指导之时，我们有了合作研究的契机，其中衍生于本专著第 2 章节的《国际学龄前儿童身体素养：发展现状、研究动态和中国镜鉴》得以发表离不开李老师前后一年多的多次盯催和认真修改，从中我也学到了李老师严谨的治学态度和客观的科研风格。同时，我也要真诚地感谢苏州大学王家宏老师、王国祥老师、戴俭慧老师、熊瑛子老师、钟华老师、朱国生老师、王平老师、张庆如老师、殷荣宾老师、邱林老师、赵刚老师等我在苏州大学博士后研究时遇到的前辈、同事，感谢老师们用一流的工作业绩感召我、让我有一种能与高级别专家成为同事的荣誉感和幸福感，感谢老师们日常对我工作上释放的善意和真诚，您们为我营造的相互关怀的情感连接，就像苏州大学东校区"凌云楼"灯塔一样指引我保持努力的热情和动力！此外，还要感谢首都体育学院原校长王凯珍老师、体育休闲学院院长郝晓岑老师，北京师范大学韩晓伟博士后，江苏幼儿体育协会李佳鑫老师等，谢谢你们对我学术上的关注、肯定和帮助！作为一名青年学者，对此我深表感激。同时，感谢在研究数据收集过程中上海华东师范大学附属紫竹幼儿园范庆磊老师，上海市闵行区永德路实验幼儿园朱老师、大陆老师、小陆老师以及苏州市姑苏区苏州大学附属幼儿园顾晓红园长，苏州市高新区枫观幼儿园侯欣华园长，苏州市吴中区实验幼儿园沈燕园长，苏州鲸希教育科技有限公司朱如达先生一直以来对我从事幼儿体育科研工作的无私支持和帮助！

此外，除了以上学者的身份，我还要感谢赋予我女儿、妻子、妈妈、学生及朋友等身份的诸位"亲人"。感谢远在老家江苏扬中长江之畔独自一人生活的妈妈，为了不打扰我的工作、不给我造成生活负担，妈妈在老爸离开之后，选择一人在扬中生活和上班。感谢先生平日承担了大部分的孩子辅导任务。感谢我的儿子徐翊宸小朋友在我博士毕业进入博士后流动站工作以来依然没有太让我分心，这为腾出更多时间投身科研工作、完成流动站科研任务提供了必要条件。感谢我的硕士导师潘绍伟教授在我进站以来对我科研上的帮扶和生活上的关心！感谢我的舅公、原北京大学光华管理学院书记丁国香先生时常与我交流所赋予我的正能量。感谢我扬州大学的本科同学王丽、研究生同学王莉，谢谢你们在我困难之时，愿意伸出援助之手给予我经济援助，支持出版这本专著！

最后，也要感谢在学术生涯里一度过度努力、夜不能寐却也坚持到底的自己。面对3年的科研考核压力，焦虑的情绪似乎贯穿了我的整个博士后工作生涯，一度努力却成果寥寥之时，我似乎重新回到读博时身处"孤岛"一般无助的艰难时光，好在另一个积极的自己时刻在内心发出有益提醒——"放松、放开、轻装上阵才是赢家！"，再次让自己投身切实的努力中，鼓励自己要用实际产出缓解内心的焦灼和不确定，在有限的时间里必须咬紧牙关让自己忙起来，专注于科研任务、把成果踏踏实实做出来才能与自己和解并向外界证明自己！我想，在这部专著出版的这一刻，我做到了，这是一份给自己之前努力挣扎的顶好礼物！最后，本书的如愿出版，更得益于上海人民出版社罗俊华编辑老师一次次对于书稿的反复校对、修改，您辛苦了！向您致敬！

陶小娟

2025 年 2 月 5 日

于苏州大学东校区凌云楼

体育学博士后流动站

图书在版编目(CIP)数据

强势开端 : 3—6岁儿童身体素养之旅 / 陶小娟著.
上海 : 上海人民出版社, 2025. -- ISBN 978-7-208
-19690-2

Ⅰ. G613.7

中国国家版本馆 CIP 数据核字第 20255HB937 号

责任编辑　　罗俊华
封面设计　　谢定莹

强势开端:3—6岁儿童身体素养之旅

陶小娟　著

出　　　版　上海人民出版社
　　　　　　（201101　上海市闵行区号景路 159 弄 C 座）
发　　　行　上海人民出版社发行中心
印　　　刷　上海商务联西印刷有限公司
开　　　本　720×1000　1/16
印　　　张　20.75
插　　　页　4
字　　　数　280,000
版　　　次　2025 年 8 月第 1 版
印　　　次　2025 年 8 月第 1 次印刷
ISBN 978 - 7 - 208 - 19690 - 2/G · 2230
定　　　价　88.00 元